4357.

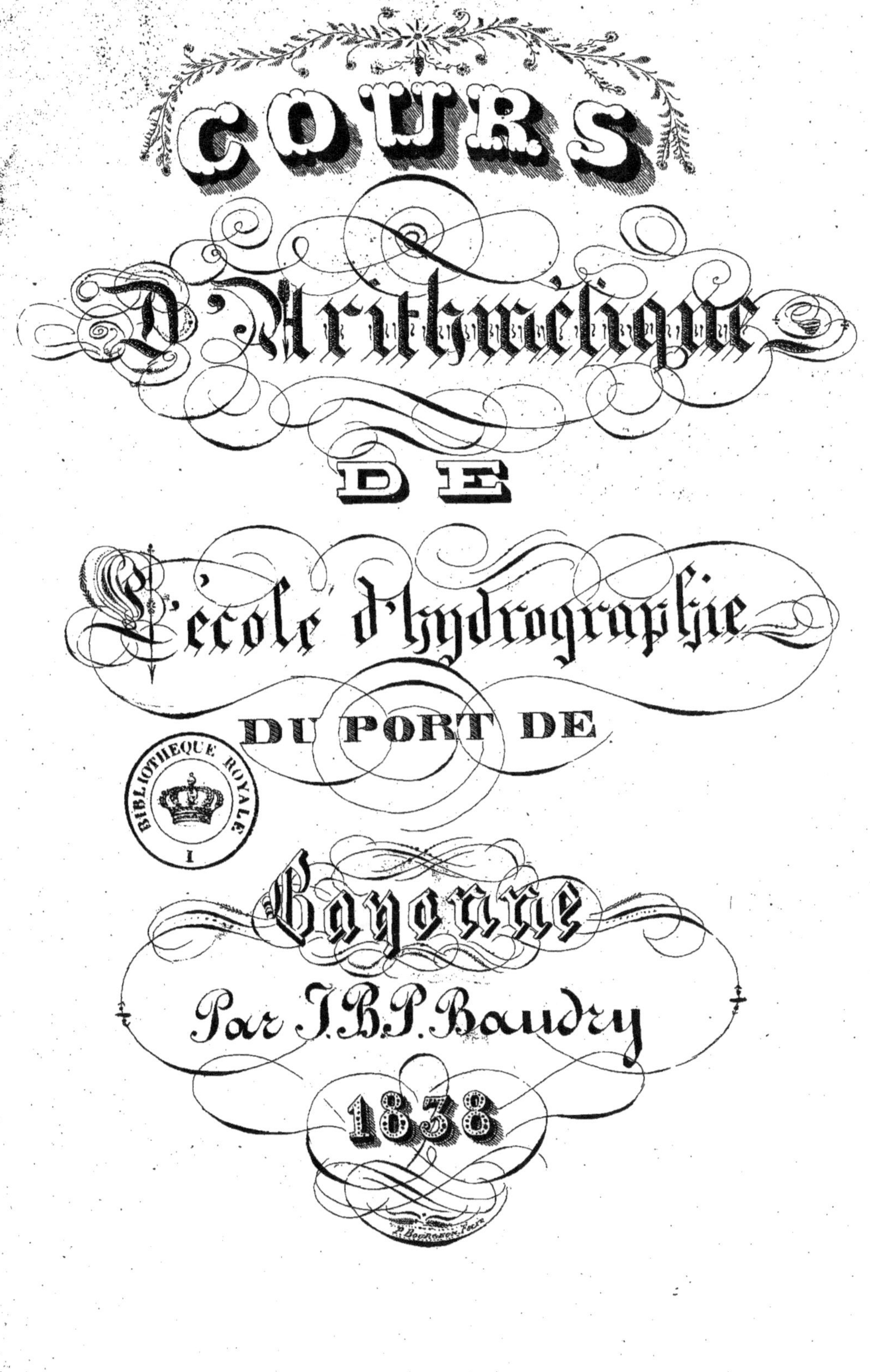

COURS
D'Arithmétique
DE
L'école d'hydrographie
DU PORT DE
BIBLIOTHEQUE ROYALE
I
Bayonne
Par J.B.P. Baudry
1838

En faisant imprimer ce cours d'arithmétique, j'ai eu pour but d'épargner à mes élèves de perdre un tems précieux à copier les notes qui entraient dans le cours de l'école d'hydrographie que je dirige.

Pour leur facilité, j'avais d'abord rédigé une sorte de mémorial ; mais je sentis bientôt qu'il importait d'appliquer à des exemples numériques, certaines théories qui sans cela auraient été peu intelligibles.

Le cours d'arithmétique que je mets aujourd'hui dans leurs mains, est des plus complets ; j'ai inséré plusieurs notes de professeurs distingués, et j'y ai consigné en outre, les principales opérations des quantités littérales, au moyen desquelles je démontre des propositions qui eussent été moins claires et moins générales : d'ailleurs ces règles sont indispensables pour saisir les formules dont il est à chaque instant fait usage dans les trigonométries et dans la navigation.

Je pense donc que ce cours d'arithmétique, nécessaire pour les candidats au grade de capitaine de navires du commerce, sera encore utile aux jeunes gens qui se destinent pour n'importe quelle carrière, soit civile, soit militaire.

Je n'ai point numéroté chaque proposition, comme cela se pratique ; il m'a paru plus avantageux pour l'intelligence des élèves, de citer textuellement l'énoncé même de la proposition, dans les démonstrations où il est d'obligation de les relater pour la clarté du raisonnement.

Il m'est précieux de saisir l'occasion de rendre un hommage particulier à M. Caillet, examinateur hydrographe de la marine, qui, dans ses examens et dans ses bienveillans entretiens avec moi, m'a suggéré des démonstrations dont je me suis empressé de faire usage dans mes cours.

Le 10 Juillet, 1838.

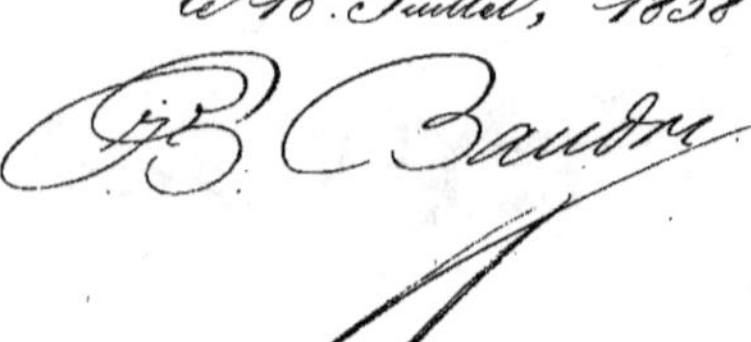

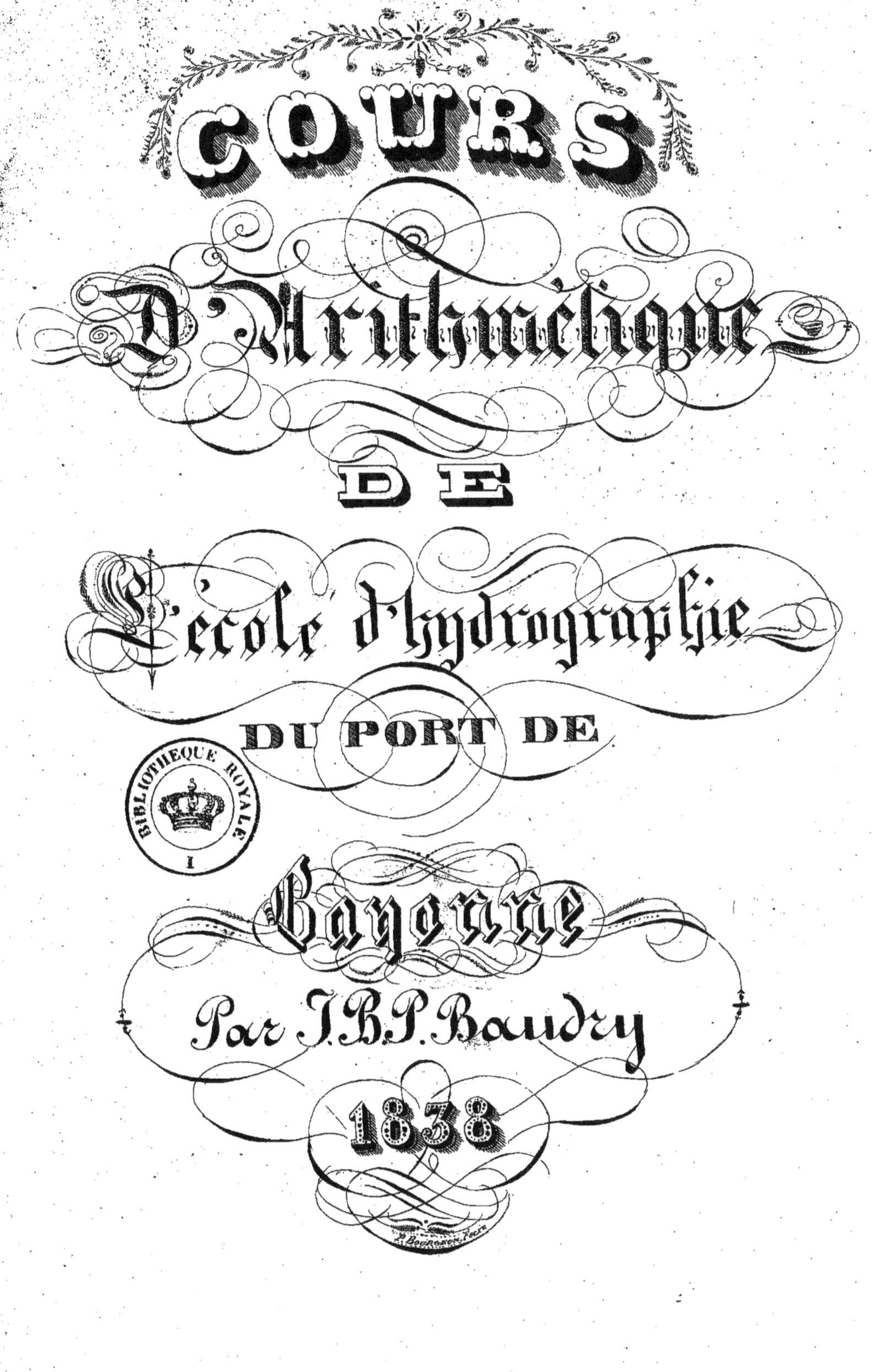

COURS
D'Arithmétique
DE
l'école d'hydrographie
DU PORT DE
BIBLIOTHEQUE ROYALE
I
Bayonne
Par J. B. P. Baudry
1838

En faisant imprimer ce cours d'arithmétique, j'ai eu pour but d'épargner à mes élèves de perdre un tems précieux à copier les notes qui entraient dans le cours de l'école d'hydrographie que je dirige.

Pour leur facilité, j'avais d'abord rédigé une sorte de mémorial ; mais je sentis bientôt qu'il importait d'appliquer à des exemples numériques, certaines théories qui sans cela auraient été peu intelligibles.

Le cours d'arithmétique que je mets aujourd'hui dans leurs mains, est des plus complets ; j'ai inséré plusieurs notes de professeurs distingués, et j'y ai consigné en outre, les principales opérations des quantités littérales, au moyen desquelles je démontre des propositions qui eussent été moins claires et moins générales : d'ailleurs ces règles sont indispensables pour saisir les formules dont il est à chaque instant fait usage dans les trigonométries et dans la navigation.

Je pense donc que ce cours d'arithmétique, nécessaire pour les candidats au grade de capitaine de navires du commerce, sera encore utile aux jeunes gens qui se destinent pour n'importe quelle carrière, soit civile, soit militaire.

Je n'ai point numéroté chaque proposition, comme cela se pratique ; il m'a paru plus avantageux pour l'intelligence des élèves, de citer textuellement l'énoncé même de la proposition, dans les démonstrations où il est d'obligation de les relater pour la clarté du raisonnement.

Il m'est précieux de saisir l'occasion de rendre un hommage particulier à M. Caillet, examinateur hydrographe de la marine, qui, dans ses examens et dans ses bienveillans entretiens avec moi, m'a suggéré des démonstrations dont je me suis empressé de faire usage dans mes cours.

Ce 10 Juillet, 1838.

B. Baudry

Cours D'Arithmétique

Préliminaires

Les Mathématiques sont les sciences qui ont pour objet les quantités.
On appelle quantité ou grandeur, tout ce qui est susceptible d'augmentation ou de diminution.

On distingue deux espèces de quantités: la quantité discrète et la quantité continue.

La quantité discrète est celle qui est composée de parties naturellement séparées les unes des autres, comme une forêt, un troupeau.

La quantité continue est celle qui est considérée comme un tout sans distinction de partie, telle que la distance d'un point à un autre.

Les mathématiques se divisent en pures et mixtes; les dernières s'appellent physico - Mathématiques.

Les Mathématiques pures considèrent la grandeur sous un point de vue général simple et abstrait. Cette première classe comprend.

1.° L'arithmétique, ou la science des nombres.

2.° La Géométrie, qui traite de la mesure de l'étendue.

3.° L'analyse ou algèbre, qui comprend le calcul des grandeurs en général.

4.° La Géométrie mixte, combinaison de la géométrie et de l'algèbre.

Les Mathématiques mixtes empruntent de la physique une ou plusieurs expériences incontestables, ou bien supposent dans les corps une quantité principale et nécessaire; ensuite par des raisonnemens méthodiques et démonstratifs elle tirent du principe établi des conclusions évidentes et certaines, comme celles que les Mathématiques pures tirent immédiatement des axiomes et des définitions; à cette seconde classe appartiennent.

1.° La mécanique, ou la science de l'équilibre et du mouvement des corps solides;

2.° L'hydrodinamique, ou la science de l'équilibre et du mouvement des corps fluides;

3.° L'astronomie, ou la science des mouvement des corps célestes;

4.° L'optique, ou la théorie des effets de la lumière;

5.° L'acoustique, ou la théorie du son.

L'unité est une quantité prise arbitrairement, ou dans la nature, pour servir de terme de comparaison à toutes les quantités de la même espèce.

On appelle nombre ce qui indique combien une quantité renferme d'unités ou de parties de l'unité de même espèce.

Axiome. Une quantité augmente ou diminue comme le nombre et l'espèce de ses unités; si le nombre reste le même, la quantité augmente comme l'espèce des unités; si l'espèce reste la même, la quantité augmente comme le nombre; et la quantité ne change point quand le nombre de ses unités diminue autant que l'espèce en augmente.

On appelle nombre entier, celui qui contient l'unité un nombre exact de fois.

Les Fractions sont les nombres qui ne renferment qu'une partie de l'unité.

Un nombre Fractionnaire, est celui qui contient des unités entières et des parties de l'unité.

Un nombre est dit abstrait, quand on l'énonce sans désigner l'espèce de l'unité.

Un nombre est concret, quand on désigne l'espèce de l'unité.

Le nombre complexe est celui qui contient des unités de différentes espèces relatives à une même quantité, qui est appelée principale.

Le nombre incomplexe, est celui qui ne contient qu'une seule espèce d'unité, qu'on considère comme principale.

Le nombre commensurable est celui qui peut être formé par la répétition de l'unité, ou des parties égales de cette unité. Il est incommensurable ou irrationnel lorsqu'il ne peut être formé par la répétition de l'unité, ni par celle d'une des parties égales de cette unité, quelque grand que soit leur nombre.

Le but de l'arithmétique est de considérer la nature et les propriétés des nombres; elle donne des moyens faciles tant pour les représenter que pour les composer et les décomposer; c'est ce qu'on appelle calculer.

De la Numération

La Numération est l'art d'exprimer tous les nombres possibles, par une quantité limitée de noms et de caractères; ces caractères s'appellent Chiffres.

On appelle base d'un système de numération, le nombre de caractères ou chiffres qu'on emploie dans ce système.

Pour exprimer un nombre quelconque avec un système donné, si le nombre ne surpasse pas le plus fort chiffre du système, on l'écrit avec un des caractères donnés, et le plus fort nombre qu'on puisse exprimer par un seul caractère est le plus grand chiffre du système. Si on ajoute un à ce plus fort chiffre, on retombe sur la base, avec ce nombre d'unités, égal à la base, on forme une unité du second ordre, qu'on représente par le chiffre Un, mais pour ne pas la confondre avec celle du premier ordre, on met un zéro à sa droite: on remplace successivement le zéro par chacun des chiffres du système. Si on ajoute un à ce plus fort chiffre du système, qui est à la droite de l'unité, on retombe sur la base, avec ce nombre d'unités, du premier ordre, égal à la base, on forme une unité du 2me, ordre qui jointe avec celle qu'on avait déjà, donne deux unités du second ordre, qu'on représente par le chiffre deux, mais pour ne pas les confondre avec celles du premier ordre, on place un zéro à sa droite. On remplace successivement le zéro par chacun des chiffres du système. Si on ajoute Un au plus fort chiffre du système placé à la droite des deux unités du deuxième ordre, par cette augmentation, on retombe sur la base, avec ce nombre d'unités du premier ordre, égal à la base, on forme une unité du second ordre qui jointe aux deux qu'on avait donne trois unités du second ordre, qu'on représente par le chiffre trois, mais pour ne pas les confondre avec celles du premier ordre, on écrit un zéro à sa droite: en continuant ainsi les mêmes opérations et les mêmes raisonnemens, on parvient à un nombre composé de deux chiffres chacun égal au plus fort chiffre du système.

En ajoutant un aux unités du premier ordre de ce nombre on retombe sur la base; avec ce nombre d'unités, égal à la base, on forme une unité du deuxième ordre qui jointe à celles qu'on a déjà, fait encore retomber sur la base; avec ce nombre d'unités du second ordre, égal à la base, on forme une unité du troisième ordre qu'on représente par le chiffre Un; mais pour ne pas confondre cette unité avec celle des second ordre, on place deux zéros à sa droite; on remplace successivement les deux zéros par tous les nombres, à partir de un jusqu'à celui à deux chiffres égaux l'un et l'autre au plus fort du système. Si l'on ajoute une unité au premier chiffre à droite de ce dernier nombre on retombe sur la base; avec ce nouveau nombre d'unités du second ordre, égal à la base, on forme une nouvelle unité du troisième ordre, qui jointe avec celle qu'on a déjà, en donne deux qu'on représente par le chiffre 2; mais pour ne pas les confondre avec celles du premier ordre ou second ordre, on écrit deux zéros à la droite du chiffre deux.

En continuant ainsi on parvient à représenter un nombre composé de trois chiffres, chacun égal au plus fort chiffre du système; d'où l'on voit qu'en raisonnant de la même manière on peut représenter tous les nombres possibles avec un système donné.

Dans tous les systèmes de numération pratiqués par tous les peuples commerçants la base égale dix.

Voici la figure et le nom de ces chiffres qu'on nomme Arabiques, parce qu'ils viennent des arabes: un 1; deux 2; trois 3; quatre 4; cinq 5; six 6; sept 7; huit 8; neuf 9; et zéro, 0;

Si l'on avait continué de la même manière en désignant chaque nouvelle réunion ou collection par un nom simple et par un chiffre particulier, on se serait jeté dans la nécessité d'inventer un nombre infini de noms de chiffres particuliers, qui aurait bientôt épuisé la mémoire la plus heureuse; on a obvié à ces inconvéniens en employant les moyens ingénieux que nous avons développés dans le système de numération dont la base est un nombre quelconque; nous allons l'appliquer à notre système appelé décimal à cause des dix caractères qu'on y emploie.

Pour exprimer tous les nombres possibles avec nos dix caractères, si le nombre ne surpasse pas neuf, on le représente par le caractère qui lui est particulier; le plus fort nombre qu'on puisse exprimer par un seul chiffre est neuf; si l'on ajoute un à ce plus fort chiffre, on retombe sur la base dix; avec ce nombre d'unités égal à la base, on forme une unité du second ordre qu'on représente par le chiffre Un, mais pour ne pas confondre cette unité avec celle du premier ordre, on écrit un zéro à sa droite; ces unités du second ordre s'appellent en général des dixaines, de sorte que dix ou ↑ dixaine s'écrit ainsi 10. En remplaçant successivement le zéro par chacun des 9 chiffres du système, on aura ainsi les nombres 11; dix et un, ou onze; 12, dix et deux, ou douze; 13, dix et trois etc.; 17, dix — sept, 17; 18; dix et huit ou dix-huit; 19 dix et neuf, ou dix-neuf; dont les 6 premiers noms sont superflus mais consacrés par l'usage. Ajoutant de nouveau 1 au plus fort chiffre 9 du système qui est à droite de l'unité du second ordre, on retombe sur la base, dix; avec ce nombre d'unités égal à la base, on forme une unité du second ordre ou une dixaine, qui jointe à celle qu'on avait déjà, donne deux unités du second ordre ou deux dixaines. Mais pour ne pas les confondre avec les deux unités du premier ordre, on place un zéro à leur droite; de sorte que deux dixaines ou Vingt , d'après l'usage, s'écrivent 20.

En raisonnant de la même manière, et remplaçant successivement le zéro placé à la droite des dixaines, par chacun des neuf chiffres du système, on parviendra à exprimer le nombre 99 qu'on prononcera nonante-neuf, ou d'après l'usage quatre vingt dix neuf. Voici comment on représente les neuf dixaines et les noms particuliers qu'on leur donne, 10, une dixaine; 20, 2 Dixaines, ou Vingt; 30, 3 dixaines, ou trente; 40, 4 dixaines, ou quarante; 50, 5 di-xaines, cinquante; 60, 6 dixaines, soixante; 70, 7 dixaines, septante, ou plutôt soixante- dix; 80, 8 dixaines, octante ou plutôt quatre- vingts; 90, 9 dixaines, Nonante, ou plutôt quatre-vingt-dix.

Parvenu au nombre 99, formé de deux chiffres, chacun égal au plus fort chiffre du système, en ajoutant 1 aux unités 9 du premier Ordre de ce nom-bre, on retombe sur la base; avec ce nombre d'unités égal à la base on forme une unité du second ordre ou 1ʳᵉ dixaine qui jointe aux neuf qu'on a déjà; fait encore retomber sur la base, avec ce nombre dix d'unités du second ordre, on forme une unité du troisième ordre, qu'on représente par le chiffre un; mais pour ne pas confondre cette unité du troisième ordre avec celle du second ordre, on écrit deux zéros à sa droite: ces unités du troisième ordre s'appellent centaines, de sorte que dix dixaines ou cent s'écrivent 100, On remplace successivement les zéros par tous les nombres à partir de 1 jusqu'à 99; et on aura le nombre 199 , cent- quatre- vingt-dix- neuf.

En continuant ainsi; on parvient à représenter le nombre 999 qu'on prononce neuf- cent quatre-vingt-dix neuf. Il est aisé d'étendre ce procédé ingénieux à de plus grands nombres, il suffit de concevoir qu'un chiffre placé à la gauche d'un autre désigne des unités dix fois plus fortes que celui qui est à sa droite, et de donner des noms convenables à ces différentes unités.

Par cette convention bien simple, qui est une suite de celle qui vient de nous guider, on pourra s'élever à un nombre aussi grand que l'on voudra par l'augmentation successive d'une unité dont les dix dans chaque ordre en donneront une de l'ordre immédiatement

supérieurs, sans que cette augmen.ᵗᵒⁿ ait aucune borne, puisque le nombre des
ordres ou rangées est illimité.

On aurait pu donner un nom simple à chaque ordre particulier, après
les trois premiers déjà connus, mais on a préféré faire servir les trois
premiers à former les supérieurs, à l'aide des nouveaux noms mille,
million, billion, trillon etc, qui correspondent aux unités du quatrième,
septième, dixième, treizième, ordre etc ; et ainsi de suite de trois en trois
        en sorte que, pour passer des milles aux millions etc, on trouve
leurs unités, dixaines et centaines.

Dans tout système de numération le zéro n'exprime rien par lui
même, mais il sert à tenir la place des unités de l'ordre qui manquent, de
sorte qu'il donne aux chiffres qui sont à sa gauche leur véritable valeur, et ne
change point la valeur de ceux qui sont à sa droite, puisqu'il ne change point
leur position à l'égard de la place des unités simples.

Pour énoncer un nombre d'autant de chiffres qu'on voudra, on le partage
par un point, en allant de droite à gauche, en tranches de trois chiffres chacune,
la dernière pouvant être incomplète, on nomme la première tranche
celle des unités, la deuxième, des milles, la troisième celle des millions, la
quatrième celle des billions etc, en sorte que ces tranches comprennent
chacune des unités, dixaines, centaines, puis en allant de gauche à droite, on
énonce chaque tranche comme si elle était seule, en y ajoutant le nom de
la tranche déterminé par le rang qu'elle occupe. Il suffit donc de savoir
lire un nombre de trois chiffres seulement, et de se rappeler les noms de
chaque tranche, pour être à même d'exprimer les nombres les plus grands.

Pour écrire sous la dictée un nombre quelconque, on le considère comme
devant être partagé en tranches de trois chiffres chacune, puis en allant de
gauche à droite, et commençant par la première tranche énoncée, on écrit
chaque tranche comme si elle devait être seule, en ayant soin de se rappeler
dans quel ordre se succèdent les tranches, pour n'en omettre aucune, en
remplaçant par des zéros celles qui pourraient manquer dans l'énoncé du nombre
à écrire, ou seulement les centaines et les dixaines qui ne seraient point exprimées.

Il est clair que le nombre, le nom et la position des tranches sont déterminés
par le nom de la première tranche.

Tout chiffre a deux valeurs, la valeur propre ou absolue, et la valeur locale
ou relative. La valeur absolue d'un chiffre dépend de la forme qu'il a, et
sa valeur locale, du rang qu'il occupe, par rapport aux autres chiffres avec
lesquels il est combiné.

Lorsqu'on écrit un zéro à la droite d'un nombre entier, ce nombre devient dix
fois plus grand ; car ce nombre renferme alors autant de dixaines qu'il

renfermait d'unités simples, mais les dixaines sont dix fois plus grandes que les unités, ainsi le nombre des parties étant le même & l'espèce de ces unités dix fois plus grande, la quantité est donc devenue dix fois plus grande.

On démontrerait, de la même manière, qu'en mettant à la droite d'un nombre entier deux, trois zéro etc, le nombre devient cent fois, mille fois, etc. plus grand.

De la Numération des décimales.

Les décimales sont des quantités de dix en dix fois plus petites que l'unité principale.

Pour se faire une idée exacte des décimales, il faut concevoir que l'unité principale, quelle qu'elle soit, a été divisée en dix parties égales, et comme chacune de ces parties est la dixième de l'unité principale, on lui a donné pour cette raison le nom de dixième. Les dixièmes s'écrivent un rang à la droite de l'unité principale, dont on les sépare par une virgule, si l'on n'avait point d'unités entières, on aurait l'attention d'écrire un zéro pour en tenir la place.

On conçoit de même que le dixième a été partagé en dix parties égales, chacune de ces parties étant dix fois plus petite que le dixième, et le dixième étant dix fois plus petit que l'unité principale, c'est pour cette raison qu'on leur a donné le nom de centième. On écrit les centièmes en rang à la droite des dixièmes, et par conséquent deux rangs à la droite de l'unité principale. En formant ainsi des unités de dix en dix fois plus petites, et leur donnant les noms de millièmes, dix-millièmes, cent-millièmes, millionièmes, dix-millionièmes, etc. et ayant soin de placer chacune de ces nouvelles unités à la droite de celles qui sont précédemment formées, on parvient à exprimer tous les plus petits nombres décimaux possibles, avec nos dix caractères.

Il résulte de cette nouvelle numération qu'un chiffre représente des unités dix, cent fois plus petites, selon qu'il est avancé d'un, deux, rangs etc, vers la droite, ou bien qu'il a un ou deux chiffres décimaux à sa gauche.

Le zéro, dans la numération des décimales, comme dans celle des nombres entiers, n'a aucune valeur par lui-même; mais il tient aussi la place des décimales qui manquent, ce n'est qu'aux chiffres qui sont à sa droite, qu'il donne leur véritable valeur: quant à ceux qui sont à sa gauche, il n'en change pas la valeur; puisqu'il ne change pas leur position à l'égard de la place de l'unité principale.

La numération des décimales suit le même ordre que celle des nombres entiers; en effet les décimales sont de dix en dix fois plus petites en allant de gauche à droite, réciproquement elles deviennent de dix en dix fois plus grandes en allant de droite à gauche; donc les deux numérations suivent le même ordre.

Les unités décimales se réduisent à leur plus petite espèce comme les unités entières supérieures à l'unité se réduisent en unités simples; car la numération des décimales suit le même ordre que celle des nombres entiers.

Une quantité décimale s'énonce comme un nombre entier; en y ajoutant le nom de la dernière figure décimale, déterminé par le rang qu'elle occupe, nom qui sera facile à trouver en comptant depuis la première figure décimale les noms de dixième, centième, etc. jusqu'au dernier chiffre décimal; car en réduisant toutes les décimales à leur plus petite espèce, les chiffres décimaux écrits désigneront le nombre de ces unités décimales; il faut donc lui donner le nom de cette plus petite espèce, qui est déterminé par le rang qu'occupe le dernier chiffre décimal. On agirait de même si la quantité décimale contenait en outre des unités entières, ou bien on pourrait les énoncer d'abord, et ensuite les décimales. Pour écrire une quantité décimale énoncée, il faut l'écrire comme un nombre entier, en réservant pour la dernière figure décimale la place désignée par son nom. Car puisque la numération des décimales suit le même ordre que celle des nombres entiers, un nombre quelconque d'unités décimales de la plus petite espèce, doit s'écrire de la même manière qu'un pareil nombre d'unités entières. Il ne s'agit donc plus que de désigner l'espèce de ces unités décimales, ce qui se fait en réservant pour la dernière figure décimale la place désignée par son nom.

Pour donner à la dernière figure décimale la place désignée par son nom, il suffit de mettre, s'il est nécessaire, à la gauche de la première figure décimale, autant de zéros qu'il faut de chiffres, pour désigner l'espèce de la dernière figure décimale.

Une quantité décimale devient dix, cent, mille fois etc, plus grande si l'on avance la virgule d'un, deux, ou trois rangs, vers la droite, et au contraire elle devient dix, cent, mille fois plus petite si l'on avance la virgule d'un, deux ou trois rangs vers la gauche; car si l'on conçoit que, soit avant, soit après le déplacement de la virgule, toutes les unités entières ou décimales soient réduites à leur plus petite espèce décimale, les chiffres écrits désigneront le nombre des unités décimales de cette plus petite espèce; mais par le déplacement de la virgule, cette plus petite espèce de décimales devient dix, cent fois etc, plus grande ou plus petite, suivant qu'on avance la virgule vers la droite ou vers la gauche, donc la quantité décimale elle-même devient dix, cent fois, plus grande ou plus petite, suivant qu'on avance la virgule d'un, deux rang vers la droite ou vers la gauche, puisque le nombre des unités est le même dans les deux quantités mais l'espèce est devenue dix ou cent fois plus grande ou plus petite.

Une quantité décimale ne change pas de valeur, lorsqu'on écrit un ou plusieurs zéros à sa droite.

Car en énonçant la quantité décimale en unités de la plus petite espèce, elle contiendra dix, ou cent, ou mille fois etc plus de parties qu'auparavant, suivant qu'on aura écrit un, ou deux, ou trois zéros, mais ces parties seront devenues les mêmes nombres de fois plus petites; il y aura donc compensation. Réciproquement si l'on supprimait un, deux, ou trois zéros, de la droite d'une quantité décimale, cette quantité ne changerait pas de valeur.

Il résulte de là que si à la droite d'un nombre entier, on supprimait les deux premiers chiffres de droite, par exemple, ce nombre deviendrait cent fois plus petit, et serait diminué ensuite d'autant de centièmes qu'il y avait d'unités dans les deux chiffres supprimés.

Si l'on devait rendre une quantité dix, cent mille fois plus grande ou plus petite, et qu'il n'existât pas assez de chiffres pour avancer la virgule d'assez de rangs vers la droite ou la gauche, on mettrait autant de zéros qu'il est nécessaire à sa droite ou à sa gauche, ce qui ne changera pas la valeur de la quantité; puisqu'un nombre décimal n'est pas altéré en écrivant à sa droite autant de zéros qu'on voudra, pas plus qu'un nombre entier ne l'est en mettant des zéros à sa gauche.

Il suit de ce qu'on vient de dire, que si entre les chiffres d'une quantité décimale on interpose des zéros, la partie à gauche ne change pas de valeur; mais la partie à droite devient cent fois plus petite, par exemple, si l'on a écrit deux zéros intermédiaires.

Des quatre opérations fondamentales de l'arithmétique sur les nombres entiers et les nombres décimaux.

Toutes les opérations qu'on peut faire sur la grandeur ne peuvent tendre qu'à l'augmenter ou la diminuer.

Il n'y a donc dans l'arithmétique que deux sortes de règles, une qui se rapporte aux différentes manières d'augmenter, et l'autre de diminuer. La première comprend l'addition et la multiplication, la seconde, la soustraction et la division.

Lorsque dans la résolution d'une question, on cherche par le raisonnement l'opération ou les opérations que l'on doit faire sur les nombres donnés, on se contente d'indiquer ces opérations. On appelle signes les caractères qui servent à indiquer les opérations que l'on doit faire subir aux quantités qui en sont affectées.

De l'addition.

L'Addition est une opération qui a pour but de réunir plusieurs nombres donnés de même espèce en un seul: ce nombre, ou le résultat de l'addition, se nomme somme ou total.

Le signe de l'addition est une croix verticale + qu'on prononce plus; toute quantité qui n'a pas de signe est censée avoir le signe plus.

Pour additionner des nombres il faut savoir augmenter un nombre quelconque d'un autre exprimé par un seul chiffre, ce qui ne s'apprend que par l'usage.

Pour faire l'addition des nombres exprimés par tant de chiffres qu'on voudra, on écrit les nombres à ajouter les uns sous les autres, en plaçant leurs unités de même ordre dans une même colonne verticale. On souligne le dernier nombre, pour le séparer du résultat; on ajoute successivement, en commençant par la droite, les nombres contenus dans chaque colonne. Si la somme ne surpasse pas neuf, on l'écrit au dessous; si elle surpasse neuf, on n'écrit au dessous que l'excédent du nombre de dizaines; on retient ces dizaines, pour les ajouter à la colonne suivante; on continue ainsi de colonne en colonne jusqu'à la

dernière, sous laquelle on écrit la somme telle qu'on la trouve. Ainsi
l'opération est composée d'autant d'opérations particulières qu'il y a de
chiffres dans le plus grand de ces nombres. La raison des procédés suivis
pour faire l'addition est basée sur ce que le résultat trouvé est égal à
la somme des parties qui composent les nombres, et que par conséquent il
est égal à la somme des nombres donnés.

On opère dans l'addition de droite à gauche, parce que si on la
commençait par la gauche, toutes les fois que la somme des chiffres d'une
colonne passerait neuf, il faudrait corriger le chiffre posé pour la som-
-me de la colonne précédente, et l'augmenter d'autant d'unités que la
colonne suivante aurait donné de dizaines d'unités.

Si par inadvertence l'on portait un des nombres d'un rang vers la
gauche, la somme augmenterait de neuf fois la valeur de ce nombre.
En effet, en avançant ce nombre d'un rang vers la gauche, on le rend
dix fois plus grand; la somme doit augmenter de neuf fois la valeur de ce nom-
-bre, puisqu'il y est déjà une fois.

Si l'on avançait seulement un des nombres d'un rang vers la droi-
-te, la somme augmenterait de neuf fois la valeur de tous les autres qui
seraient sur la gauche; en effet ce serait comme si l'on avait avancé les
autres nombres d'un rang vers la gauche.

Il est évident que si l'on rend toutes les parties d'une somme deux, trois
fois etc. plus grandes ou plus petites, la somme elle-même devient deux ou trois
fois plus grande ou plus petite.

L'addition des quantités décimales se fait comme celle des nombres entiers, en ayant l'attention de mettre les unités décimales de même ordre dans
une même colonne verticale, et de placer à la somme la virgule dans la mê-
-me colonne où se trouvent toutes celles des nombres à ajouter.

La raison de ce procédé est que les nombres décimaux, ainsi que
les nombres entiers, sont de dix en dix fois plus grands en allant de droi-
-te à gauche, et que la somme est de l'espèce des nombres réduits à la plus
petite espèce désignée par celle du nombre qui a le plus de figures décimales.

De la Soustraction.

La soustraction est une opération qui a pour but d'ôter d'un nom-
-bre, toutes les unités d'un autre; le résultat de cette opération se nomme
reste, excès ou différence.

Ces trois mots, quoique synonymes, ne s'emploient pas indifféremment
On dit le reste, lorsqu'on fait l'opération pour ôter un nombre d'un autre;

la différence; lorsqu'on n'a pour but que de connaître l'inégalité des nombres; l'excès, si l'on veut savoir de combien une quantité en surpasse une autre.

Le signe de la soustraction est un trait horisontal —, qu'on prononce moins; il sépare la quantité qui doit être soustraite, de la quantité de laquelle on la doit soustraire.

Pour soustraire un nombre d'un autre, il faut savoir ôter un nombre exprimé par un seul caractère, d'un nombre moindre que vingt, opération qui se fait sans aucun art par les premiers principes de la numération, et en renversant le raisonnement qui a été fait pour l'addition.

Pour faire la soustraction de nombres exprimés par tant de chiffres qu'on voudra, il faut placer le plus petit nombre sous le plus grand, de manière que leurs unités de même ordre soient dans une même colonne verticale; après avoir souligné le plus petit nombre pour le séparer du résultat, on retranche successivement dans chaque colonne, en commençant par la droite, chaque chiffre inférieur de son correspondant supérieur, on écrit le reste au dessous, et zéro lorsqu'il ne reste rien.

Si le chiffre inférieur était plus grand que son correspondant supérieur, on augmenterait celui-ci de dix unités, qu'on aurait en empruntant par la pensée, une unité au chiffre qui est à sa gauche, lequel doit être compté comme moindre d'une unité dans le cours de l'opération; ou ce qui revient au même, on augmente d'une unité le chiffre correspondant dans le nombre à soustraire, la différence sera toujours la même.

Si le chiffre sur lequel on doit faire l'emprunt était un zéro, l'emprunt ne se ferait pas sur ce zéro, mais sur le premier chiffre significatif qui viendrait après, et chaque zéro intermédiaire compterait pour neuf dans le cours de l'opération: car s'il y avait un ou deux zéros intermédiaires, l'unité que l'on emprunterait sur le chiffre significatif vaudrait cent ou mille unités; mais comme on n'a besoin que de dix, il s'ensuit que pour employer les quatre-vingt-dix ou neuf cent quatre-vingt-dix unités, (c'est-à-dire les neuf dixaines ou quatre-vingt-dix-neuf dixaines) restantes, il faut compter chaque zéro intermédiaire pour autant de neuf.

Par cette manière d'opérer, on voit que le résultat trouvé est composé de la différence des unités, de celle des dixaines &c des nombres proposés; on a donc la différence cherchée.

Pour faire la soustraction des nombres décimaux, on écrit le plus petit nombre sous le plus grand, de manière que les unités d'une même espèce se correspondent; on complète les décimales, ce qui se fait en écrivant à la droite du nombre qui a le moins de chiffres décimaux, autant de zéros qu'il est nécessaire pour que le nombre des chiffres décimaux soit le même dans chacun, ce qui n'en change pas la valeur; on fait la soustraction, comme si les nombres étaient entiers, et l'on place, à la différence, la virgule sous la colonne des virgules.

On complète les décimales, parce qu'on ne peut faire la soustraction que sur des nombres de même espèce; on opère sur les décimales comme sur les nombres entiers, parce que leur système de numération est le même; et l'on place la virgule sous la colonne des virgules, parce que la différence doit être de même espèce que les nombres sur lesquels on opère.

On commence la soustraction par la droite, parce que de cette manière chaque soustraction partielle fournit un chiffre du reste demandé; tandis qu'il n'en serait pas toujours de même en la commençant par la gauche; car si les chiffres du nombre à soustraire étaient plus grands que les chiffres correspondants du nombre dont on veut le soustraire, comme les chiffres précédents seraient employés par les soustractions précédentes, on ne pourrait plus rendre la soustraction possible par un emprunt, à moins de changer les chiffres du reste déjà obtenu.

Preuves de l'addition et de la soustraction.

On appelle preuve d'une opération arithmétique une autre opération que l'on fait pour s'assurer de l'exactitude du résultat de la première.

Pour faire la preuve de l'addition, il faut ajouter de nouveau par parties mais en commençant par la gauche, chacune des colonnes; on retranche la somme qu'on obtient de celle qui est marquée au dessous de cette colonne, on écrit le reste trouvé, et on le joint, comme des dizaines, au chiffre de la somme de la colonne suivante à droite, on continue ainsi jusqu'à la dernière colonne, et si l'opération a été bien faite, on doit trouver zéro pour reste.

Pour sentir la raison de ce procédé il faut concevoir que les centaines de la somme, par exemple, sont composées de la colonne des centaines, plus les centaines provenant de la retenue de la colonne des dizaines. Si de cette somme composée de deux parties, on retranche l'une d'elles qui est la colonne des centaines, le reste ne contiendra que l'autre, c'est par té qui est celle des centaines provenant de la colonne des dizaines, convertissant ce reste en dizaines, et y ajoutant celles de la somme, le total contiendra la colonne des dizaines, plus celles provenant de la colonne des unités. Si l'on en retranche la colonne des dizaines, le reste ne contiendra que celles provenant de la colonne des unités; convertissant ce reste en unités et y ajoutant celles de cette colonne, le total doit être égal à la colonne des unités, qui n'a été augmentée par aucune retenue; donc si on en retranche cette colonne des unités, on ne doit rien trouver pour reste. D'après cela, s'il restait quelque chose, la somme primitive ne serait pas celle des nombres proposés; car, si elle l'était, il ne devrait rien rester.

La preuve de la soustraction se fait en ajoutant la différence au plus petit nombre, et si l'opération a été bien faite, on doit retrouver le plus grand, car c'est ajouter au plus petit nombre ce qui lui manque pour égaler le plus grand.

De la multiplication.

La multiplication est une opération qui a pour but de répéter un nombre nommé multiplicande, autant de fois qu'il y a d'unités dans un autre nombre appelé multiplicateur; le résultat de cette opération s'appelle produit.

Le multiplicande et le multiplicateur considérés ensemble se nomment les facteurs du produit.

Lorsqu'un nombre entier est le produit de deux autres il est appelé multiple de chacun d'eux.

Un nombre est dit sous multiple d'un autre quand il y est exactement contenu.

Le signe de la multiplication est une croix en forme d'X, $\times$ qu'on prononce multiplié par; il se place toujours entre les facteurs.

Le multiplicande et le produit sont toujours de même espèce, et le multiplicateur est un nombre abstrait qui marque combien de fois le multiplicande doit être répété; car multiplier un nombre par un autre, c'est ajouter le multiplicande à lui-même, autant de fois moins une qu'il y a d'unités dans le multiplicateur; or un nombre ajouté avec lui-même autant de fois qu'on voudra, donne toujours un résultat de même espèce que lui, donc cette somme, qui n'est que le produit, doit être de même espèce que le multiplicande. A l'égard du multiplicateur, on voit qu'il

14.

doit être un nombre abstrait; puisqu'il marque combien de fois le mul-
-tiplicande doit être répété.

Dans la pratique du calcul on considère pendant le cours de l'opé-
-ration; le multiplicande et le multiplicateur comme nombres abstraits;
mais quand elle est achevée; on fixe la nature des unités du produit d'a-
-près l'espèce du multiplicande.

Tant qu'on ne considère les nombres que d'une manière abstrai-
-te; il est indifférent de prendre le multiplicande pour le multiplicateur; et
réciproquement. Supposons que les deux facteurs soient les nombres 4 et 3.

On décompose le multiplicande 4 en ses unités simples en; $1+1+1+1$ pour
avoir le produit de 4 par 3, il suffit d'écrire au dessous de cette ligne
deux lignes semblables, et on aura.

$$1 \; , 1 \; , 1 \; , 1 .$$
$$1 \; , 1 \; , 1 \; , 1 .$$
$$1 \; , 1 \; , 1 \; , 1 .$$

Si l'on compte les unités de ce tableau, dans le sens des lignes horizon-
-tales, on aura le nombre 4, répété autant de fois qu'il y a de lignes, c'est-à-dire 3
fois 4. Si l'on compte maintenant les unités de la figure dans le sens des colon-
-nes, ou lignes verticales, on aura le nombre 3 répété autant de fois qu'il y a de co-
-lonnes, c'est-à-dire; 4 fois 3; et comme on a le même nombre d'unités, on con-
-clut que 3×4 égale 4×3.

Il est facile d'étendre ce raisonnement à des nombres quelconques, en
concevant que chaque ligne horizontale contienne autant d'unités qu'il y en a
dans le multiplicande; et qu'on ait placé les uns sous les autres, un nombre
de lignes égal au multiplicateur.

Un produit composé d'autant de facteurs qu'on voudra; est toujours le même;
quels que soient les facteurs par lesquels on commence la multiplication.

Soient les trois facteurs $3 \times 4 \times 5$; d'abord on ne changera pas le produit
en transposant les deux premiers facteurs, d'après la proposition précédente,
puisque $3 \times 4 = 4 \times 3$ (le signe $=$ se prononce égale), si on les multi-
-plie par le même nombre 5, les résultats $3 \times 4 \times 5$ et $4 \times 3 \times 5$, seront donc é-
-gaux.

Reste à démontrer que l'on peut changer l'ordre des deux derniers fac-
-teurs.

Le produit $3 \times 4 \times 5$ se compose évidemment de la somme des unités du
tableau que voici:

$$3 \; , 3 \; , 3 \; , 3 .$$
$$3 \; , 3 \; , 3 \; , 3 .$$
$$3 \; , 3 \; , 3 \; , 3 .$$
$$3 \; , 3 \; , 3 \; , 3 .$$
$$3 \; , 3 \; , 3 \; , 3 .$$

Or si l'on compte les unités de cette figure dans le sens des lignes horizontales, on aura 3×4 répété autant de fois qu'il y a de ces lignes, ou $3 \times 4 \times 5$. Si on les compte dans le sens des colonnes verticales, on aura 3×5 répété autant de fois qu'il y a de colonnes, ou $3 \times 5 \times 4$; et comme on a, dans l'un et l'autre cas, les unités du tableau, il faut en conclure que $3 \times 4 \times 5 = 3 \times 5 \times 4$.

Enfin pour démontrer que le principe énoncé convient à un nombre quelconque de facteurs, il suffit de prouver qu'on ne change pas le produit en transposant deux facteurs consécutifs quelconques.

Soit le produit $4 \times 5 \times 6 \times 3 \times 7 \times 2$, il faut démontrer qu'on peut sans changer le produit intervertir l'ordre des deux facteurs consécutifs quelconques, 6 et 3 par exemple.

Le produit, $4 \times 5 \times 6 \times 3$ devant être effectué avant qu'on multiplie par les facteurs 7 et 2 on peut ne pas tenir compte de ces derniers, et il suffit de prouver que $4 \times 5 \times 6 \times 3 = 4 \times 5 \times 3 \times 6$.

Le produit 20 des facteurs 4, et 5 devant être formé avant qu'on multiplie par les facteurs 6 et 3, la question se réduit à démontrer que $20 \times 6 \times 3 = 20 \times 3 \times 6$ et l'on a prouvé dans le cas précédent que cette égalité est vraie. On peut donc, dans un produit de plusieurs facteurs, intervertir l'ordre de deux facteurs consécutifs.

Il résulte de ce qu'on vient de démontrer, qu'on peut sans changer un produit, faire occuper à chaque facteur la place que l'on voudra en l'avançant successivement d'un rang vers la gauche ou vers la droite.

Pour faire toutes les multiplications possibles il faut savoir multiplier un nombre d'un seul chiffre par un nombre d'un seul chiffre; c'est ce qu'enseigne la table ci-dessous, due à **Pythagore**.

1	2	3	4	5	6	7	8	9	10	11	12
2	4	6	8	10	12	14	16	18	20	22	24
3	6	9	12	15	18	21	24	27	30	33	36
4	8	12	16	20	24	28	32	36	40	44	48
5	10	15	20	25	30	35	40	45	50	55	60
6	12	18	24	30	36	42	48	54	60	66	72
7	14	21	28	35	42	49	56	63	70	77	84
8	16	24	32	40	48	56	64	72	80	88	96
9	18	27	36	45	54	63	72	81	90	99	108
10	20	30	40	50	60	70	80	90	100	110	120
11	22	33	44	55	66	77	88	99	110	121	132
12	24	36	48	60	72	84	96	108	120	132	144

D'ailleurs on peut facilement obtenir ces produits en ajoutant le multiplicande avec lui-même autant de fois, moins une, qu'il y a d'unités dans le multiplicateur.

Cette table peut se former en lignes horizontales, ou en colonne verticale; la première ligne ou colonne contient les nombres naturels jusqu'à 12; la seconde les multiples de 2, et se forme en ajoutant 2 successivement à lui-même; la troisième les multiples de 3 et se forme par l'addition successive de 3; ainsi de suite, et qu'on peut pousser aussi loin qu'on voudra.

D'après la formation de cette table, le produit de deux nombres compris dans la première ligne horizontale et dans la première colonne verticale, se trouve à la rencontre de la ligne horizontale et de la ligne verticale qui commence par les facteurs.

Lorsqu'on a une somme à multiplier par un nombre, on peut pour obtenir le produit, multiplier chaque partie de cette somme par ce nombre et ajouter les produits partiels. Pour le démontrer, supposons qu'on ait $4 + 5 + 2$ à multiplier par 3, on écrit la somme $4 + 5 + 2$ autant de fois qu'il y a d'unités dans 3, on aura

$$4 + 5 + 2.$$
$$4 + 5 + 2.$$
$$4 + 5 + 2.$$

Il est évident que la somme de tous ces nombres sera le produit cherché; mais dans la formation de cette somme, on peut suivre tel ordre d'addition qu'on voudra; on pourra donc commencer par faire l'addition des trois nombres égaux à 4, ce qui donne le produit de 4 par 3; ensuite celle des trois nombres égaux à 5, ce qui donnera le produit de 5 par 3; et enfin celle des trois nombres égaux à 2, ce qui donnera le produit de 2 par 3; ajoutant tous ces résultats partiels on aura la somme totale, c'est-à-dire, le produit de $4 + 5 + 2$ par 3.

Lorsqu'on a un nombre à multiplier par une somme, on peut pour obtenir le produit, multiplier ce nombre par chaque partie de cette somme, et ajouter les produits partiels. Car on peut intervertir l'ordre des facteurs et on retombe sur le cas précédent.

Il suit de ces deux propositions que multiplier une somme par une somme, cela revient à multiplier chaque partie de la somme multiplicande, par chaque partie de la somme multiplicateur, et à faire la somme de tous ces produits partiels.

Pour multiplier un nombre composé de plusieurs chiffres par un nombre d'un seul, on place le multiplicateur sous les unités du multiplicande, on tire un trait au-dessous de ces nombres, pour les séparer du produit; on multiplie d'abord les unités du multiplicande par le multiplicateur; si le produit ne surpasse pas neuf, on l'écrit au dessous, s'il surpasse neuf on écrit seulement les unités, et on retient les dizaines, pour les ajouter au produit suivant; on continue successivement de multiplier, suivant la même règle, tous les chiffres du multiplicande jusqu'au dernier chiffre à gauche, dont on écrit le résultat tel qu'il se trouve.

En effet, soit 543 le multiplicande, et 7 le multiplicateur, on peut considérer 543 comme étant composé de 500 + 40 + 3; mais il a été démontré qu'on multiplie une somme par un nombre, en multipliant chaque partie de cette somme par ce nombre, et ajoutant ensuite les produits partiels: ainsi on obtiendra le produit cherché en multipliant 3 par 7, 40 par 7 et 500 par 7, ce que donne 21 + 280 + 3500 ou 3801; où l'on voit qu'on ajoute les dizaines de chaque produit partiel au produit suivant.

Pour multiplier deux nombres quelconques l'un par l'autre, on multiplie d'abord tous les chiffres du multiplicande par les unités du multiplicateur, ensuite par les dizaines, puis par les centaines, ainsi de suite; on recule chaque produit d'un rang vers la gauche, et on ajoute tous ces produits partiels: leur somme sera le produit total.

En effet, soit 543 à multiplier par 687, cela revient à prendre le multiplicande 687 fois, c'est-à-dire 7 fois + 80 fois + 600 fois; or, on a indiqué comment on effectuait ces produits: faisant leur somme, on aura le produit demandé; et comme chaque chiffre du multiplicateur en allant de droite à gauche exprime des unités de dix en dix fois plus grandes, les zéros mis à leur suite ne comptant pour rien dans l'addition, on se dispense de les écrire, en ayant soin de reculer chaque produit partiel d'un rang vers la gauche.

S'il se trouve des zéros entre les chiffres du multiplicateur, on ne multiplie pas par ces zéros, mais par le premier chiffre significatif qui vient après, et on recule le produit d'autant de rangs plus un, qu'il y a de zéros intermédiaires; car, le chiffre significatif placé à leur gauche, représente des unités cent, mille, dix mille fois plus fortes que celles du chiffre significatif placé à leur droite: donc les unités de ce produit doivent être placées 2, 3, ou 4 rangs à la gauche du produit précédent.

Lorsque les deux facteurs sont terminés par des zéros, on fera l'opération comme si les zéros n'existaient pas, c'est-à-dire qu'on opère seulement sur les chiffres significatifs, et on met à la droite du produit obtenu, d'après ces chiffres, autant de zéros qu'il y en avait tant dans le multiplicande, que dans le multiplicateur; car, s'il y avait deux zéros dans le multiplicande, et un dans le multiplicateur, en supprimant les deux zéros du multiplicande, on le rend cent fois plus petit; en supprimant celui du multiplicateur, on le rend dix fois plus petit: On répète donc dix fois trop peu

un nombre rendu cent fois trop petit: le produit est donc $10 \times 100 = 1000$ fois
trop petit; il faut donc, pour le rendre à sa juste valeur, écrire trois zéros
à sa droite; ce qui est précisément le nombre de zéros qu'il y avait dans
les deux facteurs.

La multiplication se fait en allant de droite à gauche, parceque si on
la commençait par les unités les plus élevées, on ne pourrait pas reporter les retenues sur les ordres supérieurs: de sorte que pour multiplier par un chiffre
le multiplicande, on serait obligé d'écrire tous les produits partiels, et de faire
une addition pour avoir ce produit. Du reste il serait indifférent de commencer
par la droite ou par la gauche, si chaque produit ne surpassait pas
neuf.

Si l'on rend le multiplicande un certain nombre de fois plus grand,
le produit devient ce même nombre de fois plus grand. En effet le produit
peut être considéré comme une somme composée d'autant de nombres
égaux au multiplicande, qu'il y a d'unités dans le multiplicateur; mais il
est évident qu'en rendant toutes les parties d'une somme un certain nombres de fois plus grandes, la somme elle-même devient ce même nombre de
fois plus grande; donc le produit, qui n'est que cette somme, est rendu le même
nombre de fois plus grand.

En rendant le multiplicateur un certain nombre de fois plus grand,
le produit devient ce même nombre de fois plus grand, car on sait qu'on peut
intervertir l'ordre des facteurs: on pourra donc prendre le multiplicateur
pour le multiplicande, et on retombe dans le cas précédent.

Si l'on rend chacun des facteurs un certain nombre de fois plus grand,
le produit devient autant de fois plus grand que l'indique le produit
des nombres dont les facteurs sont devenus plus grands.

Car en rendant le multiplicande trois fois plus grand et le multiplicateur
deux fois plus grand, on répéterait deux fois plus souvent un nombre rendu
trois fois plus grand: le produit serait donc deux fois trois, ou six fois
plus grand qu'il n'était.

En général pour multiplier un nombre par le produit de plusieurs
facteurs, il suffit de multiplier successivement par ces facteurs.

On appelle *puissance* d'un nombre, le produit qu'on obtient en
multipliant ce nombre par lui-même un certain nombre de fois. La
première puissance d'un nombre est ce nombre lui-même. La seconde *puissance* est le produit de ce nombre par lui-même. La troisième *puissance* est le produit de ce nombre par la seconde puissance,
et ainsi de suite pour toutes les autres.

Toutes les puissances de l'unité sont un; car un multiplié par lui-mê-

-me autant de fois qu'on voudra, donne toujours un pour produit.

Pour indiquer une puissance d'un nombre donné, on fait usage de l'ex-
-posant.

L'exposant est un nombre placé à la droite du nombre donné, et
un peu au dessus, il marque combien de fois le nombre donné doit être pris com-
-me facteur. Alors $2^3 = 2 \times 2 \times 2$: c'est ainsi qu'on dégage une quantité de son
exposant.

Quand un nombre n'a pas d'exposant il est sensé avoir l'unité pour
exposant.

Le produit de plusieurs puissances d'un même nombre, est égal à ce
nombre donné affecté d'un exposant égal à la somme des exposants du nom-
-bre donné dans les différents facteurs, car un produit doit contenir tous les fac-
-teurs des nombres que l'on multiplie entre eux.

Il suit de là que pour élever un produit à une puissance, il suffit d'éle-
-ver chaque facteur à cette puissance; car pour élever le produit 2×5 à la troisiè-
-me puissance il faudrait prendre 2×5 trois fois facteurs, alors la puissance contien-
-dra trois facteurs égaux à 2, et trois égaux à 5 (puis qu'on peut intervertir
l'ordre des facteurs): cette puissance sera donc $2^3 \times 5^3$.

Multiplier un nombre quelconque 1, par (3, 25), par exemple, c'est pren-
-dre ce nombre trois fois, et y ajouter au résultat 25 fois la centième partie de ce
nombre 1. Et en général multiplier un nombre par un autre, c'est former un
troisième nombre qui soit composé avec le premier, comme le second est compo-
-sé avec l'unité.

La multiplication des quantités décimales se fait comme celle des nombres
entiers, en faisant abstraction de la virgule dans les deux facteurs, mais ensui-
-te on sépare, à la droite du produit, par une virgule, autant de chiffres qu'il
y a de figures décimales tant dans le multiplicande que dans le multiplica-
-teur. car s'il y avait trois figures décimales dans le multiplicande, et deux dans
le multiplicateur, en supprimant la virgule dans le multiplicande on le rend
mille fois trop fort, en supprimant la virgule dans le multiplicateur on le
rend cent fois trop fort; on répète donc cent fois trop un nombre rendu mille
fois trop grand, donc le produit est cent fois mille, ou cent mille fois trop
grand, et pour le ramener à sa juste valeur, il faut séparer cinq figures déci-
-males vers sa droite, ce qui est précisement le nombre de chiffres décimaux
qu'on avait tant dans le multiplicande que dans le multiplicateur.

Si le produit contenait moins de chiffres qu'il y a de figures déci-
-males dans les deux facteurs, on l'imaginerait précédé d'un nombre suffi-
-sant de zéros et on séparerait ensuite à sa droite autant de chiffres
décimaux qu'il y en avait dans les deux facteurs. En effet lorsqu'on ne

fait aucune attention à la virgule, le produit est un nombre entier, qui ne change pas de valeur en mettant à sa gauche autant de zéros qu'on voudra: donc après avoir mis un nombre suffisant de zéros il sera toujours possible de séparer vers la droite du produit autant de figures décimales qu'il est nécessaire.

La multiplication sert: 1° à trouver la valeur de plusieurs choses égales, quand on connaît leur nombre et la valeur d'une seule; car la valeur de plusieurs choses de même valeur, doit être évidemment égale à celle d'une seule répétée autant de fois qu'il y en a.

2° À doubler, tripler, quadrupler etc, une quantité, puisque doubler, tripler une quantité n'est autre chose que la rendre, 2, 3, ou 4, fois plus grande, ou la multiplier par 2, 3, 4.

3° À convertir des unités d'une certaine espèce en unités d'une espèce plus petite; pour y parvenir; il faut multiplier le nombre des unités proposées par celui qui indique combien de fois la plus petite espèce d'unités est contenue dans la plus grande; car il est évident qu'une quantité conserve toujours la même valeur quand le nombre de ses unités augmente autant que l'espèce diminue.

De la Division.

La division est une opération qui a pour but de trouver combien un nombre appelé **dividende**, en contient un autre appelé **diviseur**, le résultat de cette opération s'appelle **quotient**.

La division a pour signe deux points (:) qu'on prononce divisé par, et qu'on place entre le dividende et le diviseur. On indique aussi une division en plaçant le diviseur sous le dividende, en les séparant par un trait horizontal, ainsi $8:4$ ou $\frac{8}{4}$ ont la même signification.

D'après la définition de la division on serait porté à soustraire le diviseur du dividende, autant de fois successivement que cela serait possible, en soustrayant d'abord du dividende, puis du reste; ensuite du second reste, et jusqu'à ce que le reste fût plus petit que le diviseur; le nombre de soustractions serait le quotient.

Ce procédé étant très long, on observe que le produit de deux facteurs contenant l'un d'eux autant de fois que l'indique l'autre, on

considère le produit comme le dividende d'une division, un des facteurs com-
-me le diviseur, et l'autre comme le quotient; par conséquent le diviseur mul-
-tiplié par le quotient égale le dividende.

La division a donc pour but de résoudre cette question: trouver un
nombre tel qu'en multipliant ses unités, dixaines etc, par un diviseur tel que
9 par exemple, on obtienne pour produit les unités, dixaines etc d'un dividende
tel que 306. Ce nombre doit être plus grand que un; car s'il était un le
produit de un par 9 égale 9. Or 9 est plus petit que 306; donc ce nombre est
plus fort qu'un. S'il était dix, $9 \times 10 = 90$ plus petit que 306; donc ce nom-
-bre est encore plus grand que 10. Si ce nombre était cent, $9 \times 100 = 9$ cen-
-taines; mais le nombre qu'on doit reproduire n'en contient que 3, donc le
quotient doit être plus petit que 100; ainsi le nombre cherché sera entre 10
et 100, il sera donc composé de deux chiffres, de dixaines et d'unités. Le divi-
-seur 9 multiplié par les dixaines du quotient donne évidemment des dixaines,
on ne doit donc chercher ce produit que parmi les dixaines du dividende; le premier
chiffre à droite n'en faisant pas partie, on le sépare. Le chiffre des dixaines du
quotient doit être tel qu'en multipliant par 9 le nombre qu'il exprime, on
ait pour produit 30, ou le multiple de 9 le plus approché de 30. Cette restric-
-tion est nécessaire à cause des retenues qu'a pu fournir la multiplication
des autres chiffres du quotient par le diviseur, retenues qui ont déjà dû se réunir
au produit des dixaines. Le nombre qui remplit cette condition est 3; mais 3
dixaines multipliées par 9 donnent 27 dixaines, et le dividende 306 ne con-
-tient 30, la différence 3 provient donc de la retenue résultant de la mul-
-tiplication des unités du quotient par le diviseur. Si maintenant on retran-
-che le produit partiel 27 dixaines, ou 270 du produit total 306, le reste
36, contiendra le produit des unités du quotient par le diviseur. La ques-
-tion se réduit donc à trouver un nombre qui multiplié par 9
donne 36. Le nombre 4 remplit cette condition, et le produit ne laisse au-
-cun reste; il s'ensuit que 34 est le facteur demandé.

Appliquons le cas où le diviseur contient un nombre quelconque
de chiffres.

Qu'il soit question de diviser 57981 par 251, par exemple, on voit faci-
-lement que le quotient n'a pas de chiffres au delà des centaines; puisque
s'il avait seulement des mille, le dividende contiendrait des centaines de mille,
ce qui n'a pas lieu; de plus ce chiffre de centaines devrait être tel que mul-
-tiplié par 251 il donnât pour produit 579, ou le multiple de 251 le plus ap-
-proché de 579, mais moindre que ce nombre, restriction nécessaire à cause
des retenues qu'a pu fournir la multiplication des autres chiffres du quotient
par le diviseur. Le nombre qui remplit cette condition est 2; mais 2 centaines

multiplié par 251 = 502, et le dividende en contient 579; la différence 77 cen-
-taines proviennent donc des retenues résultant de la multiplication des unités
et des dixaines du quotient par le diviseur. Si maintenant on retranche le
produit partiel 502 centaines ou 50200 du produit total 57981, le reste 7781
contiendra le produit des unités et des dixaines du quotient par le diviseur. La
question se réduit encore à trouver un nombre qui multiplié par 251 = 7781.
Dans la pratique on n'écrit que les chiffres nécessaires à la formation des
dividendes partiels, on achèvera de la même manière l'opération, qu'on
peut énoncer ainsi:

Pour diviser un nombre par un autre, on place le diviseur à la droite du
dividende, on les sépare par un trait vertical, et on en tire un autre sous le divi-
-seur pour marquer la place du quotient; on prendra sur la gauche du divi-
-dende autant de chiffres qu'il en faut pour contenir le diviseur; on cherche
combien de fois le nombre exprimé par le premier chiffre du diviseur, est con-
-tenu dans le premier ou dans les deux premiers du dividende, on multiplie
le diviseur par ce chiffre, et si le produit est plus grand que le dividende par-
-tiel, on ôte successivement autant d'unités du quotient qu'il est nécessai-
-re pour obtenir un produit qui puisse se retrancher du dividende par-
-tiel, on fait la soustraction, et s'il restait plus que le diviseur, ce serait
une preuve que le quotient a été trop diminué, on l'augmenterait en
conséquence. A côté du reste on abaisse le chiffre suivant du dividen-
-de, on cherche comme précédemment, combien de fois ce dividende par-
-tiel contient le diviseur, on écrit au quotient le nombre trouvé qu'on
multiplie par le diviseur, pour retrancher le produit du dividende par-
-tiel; on continue ainsi jusqu'à ce qu'on ait abaissé tous les chiffres du
dividende proposé.

Si un dividende partiel ne contenait pas un diviseur, on écrirait
zéro au quotient, et on abaisserait le chiffre suivant du dividende princi-
-pal, ce qui donnerait un nouveau dividende partiel, sur lequel on continu-
-era d'opérer. Car le produit du diviseur par le quotient zéro égale zéro,
que retranché du dividende partiel donne un reste égal à ce dividende partiel,
et à côté de ce reste il faut abaisser le chiffre suivant du dividende principal,
pour former un nouveau dividende partiel.

Lorsqu'on cherche à déterminer, par tâtonnement, le chiffre que l'on
doit écrire au quotient, en comparant le premier ou les deux premiers chiffres
à gauche du dividende partiel avec le premier à gauche du diviseur, il est
expédient d'augmenter celui-ci d'un, lorsque le chiffre suivant est plus fort que
cinq. Mais il faut toujours éprouver le chiffre que l'on détermine ainsi, parce
qu'il pourrait être trop faible, le diviseur fictif étant trop fort.

La division est la seule des quatre règles qui procède de gauche à droite, parce qu'on ne peut éxécuter que dans cet ordre les produits du diviseur par chaque chiffre inconnu du quotient; produits qui, avec quelques retenues mêlées avec eux forment les dividendes partiels successifs propres à donner chaque chiffre du quotient.

Pour retrancher de l'un des dividendes partiels le produit du diviseur par un chiffre du quotient, on peut se dispenser d'écrire ce produit sous le dividende partiel; pour cela il faut multiplier les unités du diviseur par le quotient; et l'on retranche le produit des unités du dividende, augmentées d'autant de dixaines qu'il est nécessaire; mais ensuite au lieu de diminuer sur le chiffre suivant du dividende les dixaines qu'on a empruntées, on les ajoute au produit des dixaines du diviseur par le quotient; et l'on retranche leur somme de celles du dividende, augmentées d'autant de centaines qu'il est nécessaire; et on continue ainsi jusqu'à ce que l'on ait retranché tout le produit du diviseur par le quotient. La raison de ce procédé est une conséquence de la seconde manière d'effectuer la soustraction, lorsque le chiffre inférieur est plus grand que son correspondant supérieur.

Dans le cours d'une division on ne peut jamais mettre plus de 9 au quotient, car si un dividende partiel contenait le diviseur 10 fois, ce serait une preuve que le quotient précédent serait faux; puisque la dixaine qu'on trouverait dans le quotient actuel appartiendrait au quotient précédent.

Pour faire la division lorsque le dividende et le diviseur sont suivis de zéros, il faut supprimer un même nombre de zéros à leur droite et autant qu'il y en a à la droite de celui qui en a le moins, et le quotient ne change pas; car en supprimant par exemple, deux zéros dans le dividende et deux dans le diviseur, le dividende étant devenu cent fois moindre contiendra cent fois moins le diviseur, et le quotient sera cent fois trop petit; mais le diviseur devant être aussi cent fois plus petit par la suppression de ses deux zéros sera contenu cent fois plus dans le dividende proposé et le quotient sera cent fois plus grand: d'une part il est devenu cent fois plus petit, et de l'autre cent fois trop grand; il y a donc compensation, par conséquent le quotient n'a pas changé de valeur.

Pour faire la division lorsque le diviseur seul est suivi de zéros, on sépare à la droite du dividende par une virgule, autant de chiffres qu'il y a de zéros dans le diviseur, on divise ensuite la partie restante à gauche dans le dividende par les chiffres significatifs du diviseur et le reste, joint aux chiffres séparés dans le dividende, formera le reste de la division; car en séparant sur la droite du dividende autant de chiffres qu'il y a de zéros dans le diviseur, on a déjà divisé le dividende par l'unité suivie d'autant de zéros qu'il y en a dans le diviseur; et en divisant la partie restante à y cache du dividende par les chiffres significatifs du diviseur, on a donc divisé par la totalité du diviseur : à l'égard du reste de cette division, si on le joint aux chiffres séparés vers la droite, il formera le reste total de la division; puisque les chiffres séparés ne pouvant valoir une des unités de l'ordre du reste, celui-ci ne peut plus contenir le diviseur.

Le quotient devant désigner par sa nature combien de fois le dividende contient le diviseur, considérés comme de même espèce, doit être un nombre abstrait, qui peut devenir concret dans la pratique et d'une espèce déterminée par le sens de la question particulière qui conduit à la division. En effet le dividende concret pouvant être considéré comme le produit d'une multiplication qui désigne toujours le prix ou la valeur quelconque d'un certain nombre d'objets marqué par le multiplicateur, et dont le prix d'un seul est désigné par le multiplicande, on peut dire que le quotient marque le prix ou la valeur d'un seul objet, ou le nombre des objets : dans le premier cas il est de même espèce que le dividende, et dans le second il est de l'espèce des objets énoncés dans la question.

Lorsqu'on multiplie ou divise le dividende par un certain nombre, le quotient est multiplié ou divisé par ce même nombre.

En effet, supposons qu'on multiplie le dividende par 4, par exemple, ce nombre étant devenu 4 fois plus grand contiendra 4 fois plus souvent le diviseur, par conséquent le quotient, qui exprime combien de fois le diviseur est contenu dans le dividende, sera 4 fois plus grand.

On prouve par un semblable raisonnement que le quotient est divisé par le nombre qui divise le dividende.

Lorsqu'on multiplie ou qu'on divise le diviseur par un certain nombre, le quotient est divisé ou multiplié par ce même nombre.

En effet supposons qu'on multiplie le diviseur par 5, par exemple, ce nombre étant devenu 5 fois plus grand, sera contenu 5 fois moins souvent dans le dividende, par conséquent le quotient, qui exprime combien de fois le diviseur est contenu dans le dividende, sera 5 fois plus petit.

On prouve par un semblable raisonnement que le quotient est multiplié par le nombre qui divise le diviseur. Cette double liaison du quotient avec le dividende et le diviseur, s'énonce ordinairement ainsi:

Le quotient varie directement comme le dividende, et inversement comme le diviseur.

On peut multiplier ou diviser le dividende et le diviseur par un même nombre, sans que le quotient soit altéré.

En effet supposons qu'on multiplie le dividende par 3, par exemple, ce nombre étant devenu 3 fois plus grand, contiendra 3 fois plus souvent le diviseur, par conséquent le quotient, sera 3 fois plus grand; en multipliant le diviseur par 3, il sera contenu 3 fois moins souvent dans le dividende primitif, donc le quotient sera 3 fois plus petit; mais d'abord il était 3 fois plus grand; ensuite il est devenu 3 fois plus petit; il n'a donc pas changé de valeur.

Lorsqu'on multiplie ou qu'on divise le dividende et le diviseur par deux nombres différens, le quotient est multiplié ou divisé par le quotient des nombres par lesquels on multiplie ou l'on divise le dividende et le diviseur.

Supposons qu'on multiplie le dividende par 6, et le diviseur par 2; le quotient sera $\frac{6}{2}$ ou 3 fois plus grand; en effet, en multipliant le dividende par 6, le quotient devient 6 fois plus grand; et en multipliant le diviseur par 2, il devient 2 fois plus petit; d'une part il est 6 fois plus grand, et de l'autre 2 fois plus petit; il est donc encore 3 fois plus grand, c'est-à-dire qu'il est multiplié par le quotient des nombres qui multiplient le dividende et le diviseur.

Pour convertir un reste de division en décimales, il faut mettre à la droite du reste autant de zéros qu'on veut avoir de figures décimales au quotient. Car si à la droite du reste, on met un ou deux zéros, c'est comme si on les avait écrits à la droite du dividende. Ce nombre étant devenu dix ou cent fois plus grand, contiendra dix ou cent fois plus souvent le diviseur, donc le quotient obtenu sera dix ou cent fois trop fort. Mais on le réduira à sa juste valeur, en séparant par une virgule un ou deux chiffres décimaux, c'est-à-dire en général autant de chiffres décimaux que l'on a mis de zéros à la droite du reste; on a alors le quotient à moins d'un dixième ou d'un centième près; car l'ensemble des chiffres qui viendraient après le dernier chiffre décimal conservé, ne formerait jamais une unité de ce dernier ordre; et une unité de plus ou de moins de cet ordre augmenterait ou diminuerait le quotient précisément d'un dixième ou d'un centième; on a donc le quotient à moins d'une unité près de ce dernier ordre.

Pour faire la division des quantités décimales, on met à la suite de celui qui a moins de décimales autant de zéros qu'il en faut pour que le nombre de chiffres décimaux soit le même dans les deux nombres; cela ne change rien à la valeur de ce nombre; on supprime la virgule de part et d'autre, et il n'y a rien à changer au quotient. En effet, si l'on avait deux figures décimales dans le dividende, par exemple, et deux dans le diviseur, en supprimant la virgule dans le dividende, on le rend cent fois plus grand; il contiendra cent fois plus le diviseur, et le quotient sera cent fois trop grand. En supprimant la virgule dans le diviseur, on le rend cent fois plus grand; il sera contenu cent fois moins dans le dividende; et le quotient sera cent fois trop petit; il n'a donc pas changé de valeur.

Lorsque le dividende seul contient des décimales, il est inutile de multiplier le diviseur par des zéros, on effectue la division comme s'il n'y avait pas de virgule, mais ensuite on sépare au quotient autant de chiffres décimaux qu'il y en avait dans le dividende.

Car si le dividende contient trois chiffres décimaux, par exemple, en faisant abstraction de la virgule, le dividende est devenu mille fois plus grand; donc le quotient obtenu est aussi mille fois plus grand. Mais on le rend à sa juste valeur, en séparant à sa droite, par une virgule, trois chiffres décimaux, et en général autant qu'en contient le dividende.

Si le diviseur avait moins de chiffres décimaux que le dividende, les zéros qu'on écrirait à sa droite seraient incommodes dans le cours des divisions partielles, alors il vaut mieux supprimer la virgule du diviseur, et l'avancer dans le dividende d'autant de places vers la droite qu'il y a de décimales dans le diviseur. Après avoir achevé la division, on sépare à la droite du quotient autant de chiffres décimaux qu'il en reste encore au dividende.

Car supposons que le dividende ait trois chiffres décimaux, et le diviseur deux. En supprimant la virgule au diviseur, on le rend cent fois plus grand; et en avançant la virgule de deux places vers la droite dans le dividende, il est devenu aussi cent fois plus grand; le dividende et le diviseur ayant été rendus le même nombre de fois plus grands, le quotient n'a pas été altéré; on tombe donc dans le cas où le dividende seul contient des chiffres décimaux, il faut donc séparer au quotient par une virgule, le dernier chiffre à droite; c'est-à-dire en général autant de figures décimales qu'il en reste encore dans le dividende.

La division sert:

1°. À trouver le prix d'un objet lorsqu'on connaît le nombre des objets et leur prix total; car il est évident que la valeur d'un d'eux est égale à leur prix total divisé par le nombre qui indique combien il y en a.

2°. À trouver le nombre des objets lorsqu'on connaît le prix de l'un d'eux et leur valeur totale. Car autant de fois que la valeur totale contiendra la valeur de l'un d'eux autant il y aura de ces objets.

3°. À partager un nombre en parties égales, car partager un nombre en parties égales, c'est chercher un nombre qui soit exactement contenu dans le nombre proposé autant de fois qu'il y a de parties.

4°. À prendre la moitié ou le tiers etc. d'une quantité; car prendre la moitié, le tiers etc. d'un nombre proposé, c'est le partager en 2. 3, etc. parties égales, ou bien le diviser par 2. 3 etc. ces sortes de divisions par un seul chiffre s'abrègent; car s'il s'agissait de prendre le cinquième d'un nombre, on prendrait le cinquième de chacun des chiffres en allant de gauche à droite, en convertissant chaque reste en dizaines pour les joindre au chiffre suivant; et de ce total, on prend encore le cinquième et ainsi de suite jusqu'au dernier.

5°. A convertir des unités d'une certaine espèce en unités d'une espèce supérieure: pour cela, il faut diviser le nombre des unités proposées par le nombre qui indique combien de fois la plus petite espèce d'unités est contenue dans la plus grande; car il est évident que plus l'espèce d'unité est grande, moins il faut de ses parties pour composer une même quantité.

6°. Enfin, à trouver une quantité moyenne entre plusieurs autres. Ce qu'on entend par là, c'est ce que serait chaque quantité si leur valeur totale restant la même, elles étaient toutes égales: or il est clair que si elles étaient toutes égales, pour avoir la valeur de chacune, il faudrait partager leur totalité en autant de parties qu'il y a de quantités; donc on obtiendra la valeur moyenne de plusieurs quantités, en divisant leur somme par le nombre qui exprime combien il y a de ces quantités.

N.B. On prouverait comme il a été dit dans la multiplication, qu'en divisant chacun des facteurs par un certain nombre, le produit est divisé par le produit de ces derniers nombres.

Pour faire la preuve de la multiplication, il faut diviser le produit par l'un des facteurs. Si l'opération a été bien faite, on doit retrouver l'autre facteur. Car le produit n'est autre chose que le multiplicande répété autant de fois qu'il y a d'unités dans le multiplicateur: donc si l'on cherche combien de fois le produit contient le multiplicande, on doit retrouver le multiplicateur; mais comme on peut prendre les deux facteurs l'un pour l'autre, il s'ensuit que si l'on divise le produit par l'un des facteurs, on doit retrouver l'autre.

Pour faire la preuve de la division, il faut multiplier le diviseur par le quotient et ajouter le reste au produit: alors, si l'opération a été bien faite, on doit retrouver le dividende; car le reste de la division marque de combien le dividende surpasse le produit du diviseur par le quotient: donc si l'on ajoute le reste de la division avec le produit du diviseur par le quotient, on doit reproduire le dividende.

Recherche des diviseurs d'un nombre.

La théorie de la divisibilité d'un nombre par certains diviseurs repose sur les principes suivants.

Multiplier ou diviser une somme par un nombre donné, revient à multiplier ou diviser chacune des parties qui composent cette somme; cela est évident.

Si l'on multiplie ou si l'on divise chacun des deux nombres qui forment une différence par le même nombre, leur différence est multipliée ou divisée par ce même nombre; car le plus grand des deux nombres égale le plus petit, plus la différence. donc 4 fois, par exemple, le plus grand nombre égalera 4 fois le plus petit, plus 4 fois la différence. si de part et d'autre on retranche 4 fois le plus petit nombre; il restera 4 fois le plus grand, moins 4 fois le plus petit, qui égalera 4 fois la différence. On démontre le cas de la division de la même manière.

Si plusieurs nombres ont un diviseur commun, leur somme aura aussi le même diviseur; car le quotient de chaque nombre par le diviseur commun, étant un nombre entier, par hypothèse, la réunion de ces quotients partiels, qui composent le quotient total, de la somme des nombres proposés par le diviseur commun, est par conséquent un nombre entier: cette somme est donc divisible par le même diviseur.

Le diviseur d'un nombre divise ses multiples; car tout multiple d'un nombre peut être considéré comme la somme de plusieurs nombres égaux au nombre proposé.

Si le dividende et le diviseur ont un diviseur exact, le reste de leur division, s'il y en a un, sera aussi divisible par ce même nombre; car le dividende égale le produit du diviseur par le quotient, plus le reste de la division. Le dividende et le diviseur étant multiples d'un même nombre, le produit du diviseur par le quotient le sera aussi, d'après ce qui vient d'être dit: donc si le reste ne l'était pas, on aurait un nombre entier qui égalerait un nombre fractionnaire, ce qui ne peut être: le reste est donc divisible par le même nombre qui divise le dividende et le diviseur.

On appelle nombre pair, un nombre qui peut être partagé en deux parties égales en nombre entier: dans le cas contraire il est impair.

Un nombre terminé par un chiffre pair ou par un zéro est divisible par 2; en effet tout nombre se décompose en deux parties, en dixaines et en unités; or un nombre quelconque de dixaines est toujours divisible par 2, puisque $10 = 5 \times 2$; donc si les unités le sont tout le nombre le sera. 368, par exemple, est divisible par 2, parce que 8 l'est; car le nombre se décompose en $360 + 8$. Or 360 est multiple de 2, donc il suffit que 8 le soit.

Tout nombre terminé par 5 ou par zéro, est divisible par 5. La démonstration est la même que celle du théorème précédent; et par la même raison encore tout nombre terminé par un zéro est divisible par 10, puisque ce nombre ne contient que des dixaines.

Tout nombre est divisible par 4, lorsque les 2 premiers chiffres à droite le sont. En effet tout nombre de centaines est divisible par 4; puisque 4 fois 25 font 100; donc si les dixaines jointes aux unités, le sont, tout le nombre le sera. Ainsi 3524 est divisible par 4, parce que 24 l'est; car le nombre se décompose en $3500 + 24$. Or 3500 est multiple de 4; il suffit donc que 24 le soit pour que le nombre le soit aussi.

Tout nombre est divisible par 9, ou par 3, lorsque la somme de ses chiffres ajoutés comme unités simples est divisible par 3 ou par 9. En effet, 10 divisé par 9 donne 1 de reste; car 10 est composé de deux parties dont l'une ne renferme que 9 et l'autre 1. Ainsi $10 = 9 + 1$; 20 divisé par 9 donne 2 pour reste; car 20 est composé de deux parties dont l'une ne renferme que des 9. et l'autre l'unité répétée autant de fois qu'il y a de dixaines, ainsi $20 = 9 \times 2 + 2$; 30 divisé par 9 donnera, par la même raison, 3 pour reste, et en général, si l'on divise par 9 un chiffre significatif suivi d'un zéro vers la droite le reste sera toujours exprimé par ce chiffre significatif; 100 divisé par 9 donne 10 de reste, ou plutôt 1; 200 divisé par 9, donne 2 de reste; ainsi de suite; et en général, un chiffre significatif suivi de 2 zéros vers la droite, divisé par 9, donne un reste exprimé par ce chiffre significatif. 1000 divisé par 9, donne 100 pour reste, c'est-à-dire 10. ou plutôt 1. Et en raisonnant de la même manière pour quelque nombre que ce soit, on peut dire en général, que si l'on divise par 9 un chiffre significatif quelconque suivi de plusieurs zéros vers la droite, le reste de cette division sera toujours exprimé par ce chiffre significatif. Cela posé, tout nombre peut se décomposer en unités, dixaines, centaines, &c c'est-à-dire en nombres exprimés par un seul chiffre significatif: par exemple 3564 se décompose en $3000 + 500 + 60 + 4$. divisant chacune de ces parties par 9, les restes partiels seront les chiffres signifi-catifs 3, 5, 6, 4; la somme 18 de ces restes partiels exprimera donc le reste total de la division de 3564 par 9. Le nombre 3564, augmenté de 18 est donc un multiple de 9; mais 18 est multiple de 9, puisque 2 fois 9 font 18. le nombre 3564 est donc un multiple de 9. Le cas de la divisibilité d'un nombre par 3 se démontre absolument de la même manière.

Un nombre est divisible par 6, s'il réunit les deux conditions de la divisibilité par 2 et 3, c'est-à-dire si son dernier chiffre est pair et si la somme de ses chiffres est multiple de 3. Cela tient à ce que $6 = 2 \times 3$.

Pour savoir si un nombre est divisible par 7, il faut le partager en tranches de 3 chiffres chacune en allant de droite à gauche, multiplier dans chaque tranche le premier chiffre par 1, le second par 3, et le troisième par 2; faire une somme de tous ces produits pour les tranches de rang impair, et une autre pour celles de rang pair; soustraire la plus petite somme de la plus grande, et voir si le reste est divisible par 7, ou égal à zéro.

En effet, 1 divisé par 7 donne zéro pour quotient, et 1 pour reste.

$10 = 7 + 3$; donc 3 est le reste de la division de 10 par 7.

$100 = 10 \times 10 = 7 \times 10 + 3 \times 10$ ou $+ 30$, mais $30 = 7 \times 4 + 2$; donc

$100 = 7 \times 10 + 7 \times 4 + 2$; donc 2 est le reste de la division de 100 par 7.

$1000 = 100 \times 10 = 7 \times 10 \times 10 + 7 \times 4 \times 10 + 2 \times 10$, mais $2 \times 10 = 20$ et $20 = 7 \times 3 - 1$ donc

$1000 = 7 \times 10 \times 10 + 7 \times 4 \times 10 + 7 \times 3 - 1$ donc tout nombre de 1000 divisé par 7

30

donne —1 pour reste. On trouverait de même que 10,000 divisé par 7 donne 3 pour reste, et que 100,000 donne —2.

Ainsi, en opérant selon la règle indiquée, on ne fait que supprimer dans le nombre donné des multiples de 7.

Soit le nombre 32446 64, en effectuant les produits indiqués on trouve que leur somme est 30 pour la tranche impaire, et 16 pour la tranche paire; 30 — 16 = 14 = 2 × 7; donc 32446 64 est divisible par 7.

Un nombre est divisible par 8, si les 3 derniers chiffres à droite forment un nombre qui le soit. En effet les mille d'un nombre sont divisibles par 8, puisque 1000 = 125 × 8; donc si les trois chiffres à droite le sont, tout le nombre le sera. Au lieu de diviser un nombre par 4 ou par 8, on pourrait le diviser 2 ou 4 fois par 2.

Nous avons regardé comme évident que les dizaines sont divisibles par 2, les centaines par 4, et les mille par 8 : on peut le démontrer. En effet, $10 = 2 \times 5$; donc tout nombre de dizaines est divisible par 2 ou par 5. $100 = 10^2 = 2^2 \times 5^2 = 4 \times 25$; donc toutes les centaines d'un nombre sont divisibles par 4 ou 25; $1000 = 10^3 = 2^3 \times 5^3 = 8 \times 125$; donc tout nombre de mille est divisible par 8 ou 125.

Pour connaître si un nombre est divisible par 11, il faut faire la somme de tous les chiffres de rang impair, en allant de droite à gauche; puis la somme des chiffres de rang pair, soustraire la plus petite somme de la plus grande, et voir si le reste est divisible par 11 ou égale zéro.

En effet $10 = 11 — 1$, le double de 10 ou

$20 = 11 \times 2 — 2$, le triple de 10 ou

$30 = 11 \times 3 — 3$, et ainsi de suite.

$100 = 11 \times 9 + 1$, le double de 100 ou

$200 = 11 \times 9 \times 2 + 2$, et ainsi de suite,

$1000 = 100 \times 10 = 11 \times 9 \times 10 + 10$, d'où en mettant la valeur de 10

$1000 = 11 \times 9 \times 10 + 11 — 1$, le double de 1000 ou

$2000 = 11 \times 9 \times 10 \times 2 + 11 \times 2 — 2$ etc, en un mot, chaque dizaine divisée par 11, donne moins un pour reste; chaque centaine donne plus un; chaque mille moins un, etc. De là il suit la règle que nous avons énoncée. Soit le nombre 6578; en faisant la somme des chiffres de rang impair, on aura $8 + 5 = 13$, celle des chiffres de rang pair donne $7 + 6 = 13$. Or $13 — 13 = 0$; le reste étant nul, 6578 est divisible par 11.

Un nombre est divisible par 15, s'il réunit les deux conditions de la divisibilité par 3 et par 5, c'est-à-dire si son dernier chiffre est zéro ou 5, et si la somme des chiffres est un multiple de 3. Car $15 = 3 \times 5$.

Le caractère de la divisibilité d'un nombre par 9 sert à faire la preuve de la multiplication et de la division, connue sous le nom de preuve par neuf; qui est assez simple; mais qui pourrait quelquefois induire en erreur sur l'exactitude du produit ou du quotient.

Pour faire la preuve de la multiplication par 9, on trace à côté des deux facteurs deux lignes qui se croisent; on additionne les chiffres du multiplicande, comme si c'étaient des unités simples, et de la somme totale on ôte tous les 9 qui y sont contenus. Le reste s'écrit dans l'ouverture supérieure à gauche, formée par les deux lignes qui se croisent; on additionne de même tous les chiffres du multiplicateur, et après avoir retranché de leur somme tous les 9 qui s'y trouvent, on écrit le reste sous le premier dans l'ouverture inférieure. Les deux restes étant multipliés l'un par l'autre, on en ôte de la somme des chiffres du produit tous les 9 qui y sont contenus, et on écrit le reste à la droite du premier; enfin les chiffres du produit de la multiplication étant ajoutés de même, on retranche de leur somme tous les 9 qu'elle renferme, et ce quatrième reste qu'on obtient doit être égal au troisième pour que la multiplication ait été bien faite.

Pour avoir le reste que donne la soustraction de tous les 9 qu'un nombre peut renfermer, il suffit comme il a été dit, d'en ajouter les chiffres comme des unités simples, et de retrancher 9 à mesure que la somme de quelques chiffres excède ce nombre; le reste de la dernière soustraction sera le résultat cherché.

Il est inutile de comprendre dans l'addition les 9 qui pourraient se trouver parmi les autres chiffres qu'on ajoute.

Si un reste dans le multiplicande est zéro, on peut se dispenser de chercher l'autre reste, puisque le produit égale zéro, il suffit de traiter de suite l'autre produit total ce qui donne zéro. Les deux facteurs étant chacun composés d'un certain nombre de 9 et d'un reste, il ne peut s'en falloir que du produit des deux restes que le produit ne soit divisible par 9; ou en ôtant tous les 9, il ne doit s'en falloir que du reste, de ce produit particulier des deux facteurs, que le produit total ne soit divisible par 9; donc il doit rester au produit la même quantité que dans le produit des deux restes après la suppression des 9 qu'il renferme.

Pour faire la preuve de la division par 9, il faut agir comme dans la multiplication, en considérant le diviseur comme le multiplicande, le quotient comme le multiplicateur, et le dividende comme le produit. Si la division donne un reste, il faut seulement avoir soin d'ajouter au troisième reste, résultant du produit des deux restes du diviseur et du quotient, celui de la division après en avoir supprimé tous les 9; et ce troisième reste, ainsi modifié, doit être semblable à celui que donne la suppression des 9 dans le dividende, pour que l'opération soit bonne.

La preuve par 9 n'est pas infaillible, il pourrait arriver qu'on se fût trompé d'un certain nombre d'unités en plus sur quelques chiffres, et de pareil nombre d'unités en moins sur quelques autres; cette compensation ne chan-geant rien à leur somme, donnerait le même reste que si le résultat de l'opé-ration était exact; la même chose arriverait si on avait mis un zéro à la place d'un 9, ou un 9 à la place d'un zéro.

Mais les cas où cette vérification serait fausse sont très-rares dans l'usage; puisqu'il faudrait au moins deux erreurs, et deux erreurs qui se compensassent ou qui ne différassent que d'un certain nombre de fois 9.

Recherche du plus grand commun diviseur.

Le plus grand commun diviseur de deux nombres proposés, est ce-lui de leur diviseur commun qui est le plus grand de tous. L'opération que l'on fait pour l'obtenir s'appelle la méthode du plus grand commun diviseur. elle repose sur trois principes, que nous avons démontrés.

1°. Si plusieurs nombres ont un diviseur commun, leur somme aura aussi le même diviseur.

2°. Le diviseur d'un nombre divise exactement ses multiples.

3°. Si le dividende et le diviseur ont un diviseur exact, le reste de leur division s'il y en a un, sera aussi divisible par ce même nombre.

Deux nombres étant donnés, trouver leur plus grand commun diviseur.

Le plus grand commun diviseur entre ces deux nombres ne peut pas être évidemment plus grand que le plus petit nombre, mais il pourrait être ce plus petit nombre lui-même, et pour cela, il suffirait que ce dernier, qui se divise lui-même, divisât exactement le premier, auquel cas le plus petit nombre serait le plus grand commun diviseur cherché; on est donc conduit à voir si ce plus petit nombre divise exactement le plus grand. En effectuant la divi-sion, on trouve un reste, d'où on conclut que le plus petit nombre n'est pas le plus grand commun diviseur: or s'il existe un diviseur commun entre les deux nombres proposés, il doit diviser le reste de leur division, d'après le troi-sième principe; donc le plus grand commun diviseur entre nos deux nombres ne peut pas être plus grand que le reste. Mais il pourrait être ce reste lui-même, et pour cela, il suffirait que ce reste divisât exactement le plus petit nombre, auquel cas il diviserait aussi le plus grand, qui est composé d'un multiple du plus petit plus du reste (2me et 1er principe), comme en effectuant la division on trouve un second reste, on conclut que le premier reste n'est pas le plus grand commun diviseur cherché; or s'il existe un commun diviseur entre les deux nombres proposés, qui est le même que celui qui existe entre le plus petit nombre et le premier reste, (parce que tout nombre qui divise le diviseur et le reste doit diviser le dividende), il doit diviser le second reste de la division de ces deux derniers nombres; ainsi le plus grand commun diviseur cherché ne peut pas être plus grand que le second reste; mais il pourrait être ce second reste lui même, et pour cela il suffirait qu'il divisât le premier second reste. En effet ce second reste se divisant lui même et divisant le premier reste, divisera le plus petit nombre, qui est composé d'un multiple du premier reste, plus le second reste; il divisera aussi le plus grand nombre, qui est composé d'un multiple du plus petit, plus le premier reste; et comme on suppose que la division du premier reste par le second ne donne pas de reste, on conclut que le second reste est le plus grand commun diviseur cherché; delà il suit cette règle générale.

Pour trouver le plus grand commun diviseur entre deux nombres proposés, il faut diviser le plus grand par le plus petit: si la division s'effectue exactement, c'est le plus petit nombre qui est le plus grand commun diviseur cherché; s'il y a un reste, on divise le plus petit nombre par ce reste; si la division se fait exactement, c'est ce premier reste qui est le plus grand commun diviseur cherché; s'il y a encore un reste, on divise le premier reste par le second; si la division réussit, c'est ce second reste qui est le plus grand commun diviseur. On continue ainsi de diviser le reste de chaque opération par celui de la suivante; jusqu'à ce qu'on trouve un quotient sans reste; c'est alors le dernier diviseur qui est le plus grand commun diviseur cherché.

Dans l'application de cette règle, on dispose les divisions successives les unes à la suite des autres, en plaçant chaque quotient au dessus du diviseur qui le fournit.

Ainsi, pour trouver le plus grand commun diviseur entre 48 et 18 par exemple, on raisonnera sur ces nombres comme on vient de le faire d'une manière générale, en disposant ainsi l'opération:

	2	1	2
48	18	12	6
12	6	0	

Si l'on parvient à un diviseur qui égale 1, c'est une preuve que les deux nombres proposés n'ont pas de commun diviseur, puisque tout nombre est divisible par 1. Si dans le cours des différentes divisions on rencontre un diviseur divisible que par lui même et donnant encore un reste, il sera inutile de pousser plus bien l'opération; puisque ce reste ne saurait diviser le diviseur précédent.

Par la même raison si l'un des restes et le diviseur qui l'a fourni étaient deux nombres consécutifs de la suite naturelle des nombres, les nombres proposés n'auraient pas de commun diviseur.

Tous les diviseurs du plus grand commun diviseur sont aussi diviseurs communs des deux nombres proposés; dans l'exemple ci-dessus, 6 étant divisible par 3 et par 2, les deux nombres 48 et 18 le sont aussi.

Pour trouver le plus grand commun diviseur entre trois nombres 48, 18 et 15, on observera que le diviseur commun cherché doit diviser les deux plus grands nombres; il ne peut donc pas être plus grand que leur plus grand commun diviseur 6; mais il pourrait être 6 lui-même, et pour cela il suffirait que 6 divisât 15 exactement; on est donc encore conduit à chercher le plus grand commun diviseur entre 6 et 15, que l'on trouve être 3; le plus grand commun diviseur cherché des trois nombres proposés est donc 3; et en effet si l'on divise les trois nombres 48, 18 et 15 par 3, les quotients 16, 6 et 5, n'auront plus de facteur commun. On voit donc que le plus grand diviseur entre trois nombres est celui qui existe entre le plus grand commun diviseur des deux premiers et le troisième.

On prouverait de la même manière que le plus grand commun diviseur entre quatre nombres est celui qui existe entre le plus grand commun diviseur des trois premiers et le quatrième. En général, pour obtenir le plus grand commun diviseur entre plusieurs nombres, il suffit de chercher successivement le plus grand commun diviseur qui existe entre le premier nombre et le deuxième, entre le commun diviseur qui en résulte et le 3ᵉ nombre, entre ce nouveau diviseur et le quatrième, jusqu'au dernier des nombres proposés. Le plus grand commun diviseur obtenu dans la dernière opération est celui des nombres proposés.

Si l'on multiplie deux nombres entiers par un même nombre, leur plus grand commun diviseur est un multiple de ce nombre.

Soient 48 et 18 les nombres entiers, 4 le nombre qui doit les multiplier, et que 6 soit leur plus grand commun diviseur; on forme les produits 48×4 et 18×4 et on cherche leur plus grand commun diviseur; on divise donc 48×4 par 18×4, on a pour quotient un nombre quelconque et un reste qui est le produit du premier reste 12 de la division de 48 par 18 multiplié par 4; car lorsque le dividende et le diviseur sont divisibles par le même nombre, le reste de leur division l'est aussi. Or 48×4 et 18×4 sont divisibles par 4, le reste de leur division l'est donc aussi; par conséquent ce reste est un multiple de 4. Cela posé, puisque pour continuer la méthode du plus grand commun diviseur, il faut diviser le plus petit nombre par le premier reste, ce premier reste par le second, et ainsi de suite, on voit donc que chaque reste de 48×4 divisé par 18×4, sera le produit du reste correspondant de la division de 48 par 18 multiplié par 4. Or le plus grand commun diviseur de es deux quantités étant un reste de division, il s'ensuit que celui des nombres 48 × 4 et 18 × 4 sera le diviseur 6 × 4.

Théorie des nombres premiers et Recher-che du plus petit Dividende.

On appelle nombres premiers, ceux qui n'ont d'autres diviseurs qu'eux-mêmes et l'unité. Tels que 1, 2, 3, 5, 7, 11, 13 etc.

Deux nombres qui sans être premiers n'ont aucun diviseur commun, sont, néanmoins, dits premiers, entr'eux.

Si aucun des deux facteurs d'un produit n'est exactement divisible par un nombre premier, le produit ne sera pas divisible par ce nombre premier.

Soient les facteurs 48 et 18, et soit 5 le nombre premier qui ne divise ni 48 ni 18, il ne divisera pas non plus le produit de 48 × 18.

Pour le démontrer on cherche le plus grand commun diviseur entre le premier facteur 48 et 5 : puisque 5 est un nombre premier, il n'est divisible que par lui même et l'unité, tout autre nombre, quel qu'il soit, ne le divisera pas; et comme par supposition 48 n'est pas divisible par 5, le plus grand commun diviseur entre 48 et 5 sera l'unité. Si on multiplie 48 et 5 par le second facteur 18, on aura 48 × 18 et 5 × 18, on cherche le plus grand commun diviseur entre ces produits. Le reste de la division de 48 × 18 par 5 × 18 doit être le produit du plus grand commun diviseur entre 48 et 5 multiplié par ce nouveau facteur 18 mais puisque leur plus grand commun diviseur était 1, le produit de 18 × 1 revient à 18. Or le diviseur 5 × 18 est évidemment divisible par 5, le reste de la division 1 × 18 ou 18, doit aussi être divisible par 5, mais par supposition il ne l'est pas, donc le dividende 48 × 18 ne le sera pas non plus. Or ce dividende est le produit de 48 par 18; donc le nombre premier 5, qui ne divise ni 48 ni 18, ne divise pas non plus le produit 48 × 18.

Si un nombre premier 5 ne divise pas exactement chacun des facteurs 4 × 6 × 8 × 9 d'un produit (quel que soit leur nombre), ce nombre premier ne divisera pas non plus leur produit 4 × 6 × 8 × 9 etc.

En effet 5 ne divisant ni 4 ni 6, ne divise pas leur produit 4 × 6; 5 ne divisant le produit 4 × 6 ni le facteur 8, il ne divisera pas non plus leur produit 4 × 6 × 8; le nombre premier 5 ne divisant pas le produit 4 × 6 × 8 ni le facteur 9, ne divisera pas non plus le produit 4 × 6 × 8 × 9.

On démontrerait de la même manière pour tout autre nombre de facteur, et

36 qu'on vient de dire à l'égard des facteurs 4, 6, 8, 9 :   donc, quand un nombre est
premier avec un autre, il est aussi premier avec toutes les puissances de cet autre
nombre.

Tout nombre, 5 par exemple, qui divise exactement un produit 80 et qui
est premier avec l'un des deux facteurs 8, divise nécessairement l'autre facteur 10.

Car si le second facteur 10 n'était pas divisible par le nombre 5, comme le premier 8 ne l'est pas, par hypothèse, leur produit 8×10 ou 80 ne serait pas divisible par 5, ce qui est contre la supposition.

Il suit de là que tout diviseur premier d'une puissance d'un nombre, divise
nécessairement ce nombre.

Tout nombre premier, 5 par exemple, qui divise exactement un produit 8×10,
doit diviser l'un des deux facteurs.

En effet supposons que 5 ne divise pas 8, il est nécessairement premier avec
8 ; donc il doit diviser 10.

Tout nombre 24, par exemple, divisible par deux ou plusieurs nombres 4,
3 etc, premiers entr'eux, est divisible par leur produit.

En effet, puisque le premier nombre 4 divise 24, on a $24 = 4 \times 6$ (6 étant le
quotient entier) ; mais, par hypothèse, 3 divise aussi 24, donc 3 divisera le produit 4×6 qui lui est égal ; et comme 4 et 3 sont supposés premiers entre eux
il faut que 3 divise le nombre 6, qui est l'autre facteur, et l'on a $6 = 3 \times 2$ (2
étant ce quotient entier) ; d'où l'on déduit en mettant cette valeur du quotient 6,
l'égalité $24 = 4 \times 3 \times 2$, ainsi 24 est divisible par 4×3, puisque le facteur 2 est un nombre entier.
Donc en effet tout nombre divisible par deux ou plusieurs nombres premiers
entre eux est divisible par leur produit.

Enfin quand deux nombres sont premiers entr'eux, toute puissance de l'un
de ces nombres est première avec une puissance quelconque de l'autre nombre.

Par exemple soient les nombres 5 et 8 premiers entr'eux, 5^3 et 8^2 sont
aussi premiers entr'eux ; car autrement un même nombre premier divisant
5^3 et 8^2, un nombre premier diviserait 5 et 8 ;   ce qui est contre l'hypothèse.

On décompose un nombre donné en ses facteurs premiers, en le divisant d'a-
-bord par le plus petit des nombres premiers ; s'il le divise exactement, on l'é-
-crit dans la colonne des diviseurs ; le quotient qu'on obtient s'écrit sous le
nombre proposé. On cherche si ce quotient est divisible par ce même nom-
-bre premier ; s'il l'est, on l'écrit une seconde fois à la colonne des diviseurs ; et en
général on l'écrit autant de fois qu'il est facteur des quotients qu'on
obtient ; s'il ne divise plus ce quotient obtenu, on le divisera par le second nombre premier qui vient après ; on l'écrit à la colonne des diviseurs, et le quotient
sous le quotient précédent. On continue successivement de la même manière,

jusqu'à ce qu'on obtienne un quotient égal à l'unité; alors tous les diviseurs trouvés multipliés entr'eux reproduisent le nombre donné: or ces diviseurs sont des nombres premiers, donc le nombre proposé est en effet décomposé en ses facteurs premiers. Exemple.

Décomposer 360 en ses facteurs premiers.

$$
\begin{array}{r|l}
360 & 2 \\
180 & 2 \\
90 & 2 \\
45 & 3 \\
15 & 3 \\
5 & 5 \\
1 & 1 \\
0 &
\end{array}
$$

Il est facile de voir, que le plus grand des nombres premiers qui divise 360 est toujours moindre que sa moitié; de sorte que si aucune de ces divisions ne réussissait, le nombre proposé serait premier; il ne serait donc pas décomposable en plusieurs facteurs.

Ce qu'on vient de dire suppose qu'un nombre n'est jamais divisible par un nombre plus grand que sa moitié.

En effet, lorsqu'on divise un nombre par sa moitié, le quotient est 2; donc si l'on divise un nombre par un autre plus grand que sa moitié, le quotient sera moindre que 2 et plus grand que 1: ce quotient ne peut donc être un nombre entier.

Pour déterminer tous les diviseurs d'un nombre, on le décompose d'abord en ses facteurs premiers; ces facteurs et leurs produits deux à deux, trois à trois, quatre à quatre etc, sont les diviseurs demandés: ceux de 360 sont donc $2\times2, 2\times3, 2\times5, 3\times3 \times5; 2\times2\times2, 2\times2\times3, 2\times2\times5, 2\times3\times3, 2\times3\times5, 3\times3\times5; 2\times2\times2\times3, 2\times2\times3\times3, 2\times2\times2\times5, 2\times2\times3\times5, 2\times3\times3\times5; 2\times2\times2\times3\times 2\times2\times2\times3\times5, 2\times2\times3\times3\times5$ et $2\times2\times2\times3\times3\times5$. Dans la pratique on trouve ces diviseurs après avoir ainsi disposé les facteurs:

$$
\begin{array}{r|l}
360 & 2, \quad \dots\dots\dots\dots 2 \\
180 & 2, \quad 2\times2 - ou -4- \\
90 & 2, \quad 2\times4 - ou -8 \\
45 & 3, \quad 3\times2 - ou \quad 6, \; 3\times4 - ou - 12, \; 3\times8 \; ou \; 24 - \\
15 & 3, \quad 3\times3 - ou \quad 9 \; 3\times6 - ou - 18, \; 3\times12 \; ou \; 36, \; 3\times24 \; ou \; 72 - \\
5 & 5, \quad 5\times2, \; 5\times4, 5\times8 \; . \; 5\times3, \; 5\times6, \; 5\times12, \; 5\times24, \; 5\times9, \; 5\times18 - 5\times36 \; et \; 5\times72
\end{array}
$$

En effectuant les multiplications indiquées et ajoutant l'unité, ainsi que les facteurs déjà trouvés, on trouve que les diviseurs de 360 sont:

1, 2, 3, 4, 5, 6, 8, 9, 10, 12, 15, 18, 20, 24, 30, 36, 40, 45, 60, 72, 90, 120, 180, et 360.

Un nombre ne peut être décomposé en facteurs premiers que d'une manière: En effet, s'il pouvait y avoir un autre facteur premier, il ne diviserait aucun des autres facteurs, puisqu'ils sont tous premiers; donc le produit de tous ces facteurs ne sera pas divisible par ce nouveau facteur premier, il ne fera donc pas partie des vrais facteurs premiers du nombre proposé.

Lorsqu'on a décomposé des nombres en leurs facteurs premiers, on en déduit

37

facilement leur plus grand commun diviseur; car il suffit de former un produit dans lequel chacun des facteurs premiers de ces nombres entre autant de fois qu'il se trouve dans celui des nombres donnés où il entre le plus petit nombre de fois.—Par exemple, les nombres 90, 126, 540, décomposés en facteurs premiers, deviennent $2\times3\times3\times5,\ldots 2\times3\times3\times7,\ldots 2\times2\times3\times3\times3\times5$; leur plus grand commun diviseur est donc $2\times3\times3$ ou 18.

On appelle **le plus petit commun dividende** de plusieurs nombres donnés le plus petit nombre divisible par chacun de ces nombres. Si les nombres donnés sont premiers entre eux, leur produit est évidemment le nombre cherché.

Pour trouver le plus petit commun dividende des nombres qui ne sont pas tous premiers entre eux, il faut décomposer chacun des nombres donnés en ses facteurs premiers, n'écrire ces facteurs qu'une fois, lors même qu'ils se trouveraient dans les autres nombres donnés; le produit de ces facteurs premiers différents sera le nombre cherché. Ce produit sera un multiple des nombres proposés; car ce multiple renferme tous les facteurs qui entrent séparément dans chacun des nombres donnés. De plus il est le plus petit multiple possible; car si on effaçait un seul facteur de ce multiple, il est évident alors que ce dernier multiple ne le serait plus du nombre auquel ce facteur appartenait. Ainsi pour avoir le plus petit dividende ou le plus petit multiple des nombres 6, 30 et 35, on les décomposera en leurs facteurs premiers et l'on trouvera pour le premier nombre 2×3, pour le second $3\times5\times2$, et pour le troisième 5×7; le produit des facteurs $2\times3\times5\times7$ ou 210 est le plus petit multiple des trois nombres proposés.

Il pourrait arriver, en décomposant les nombres donnés en leurs facteurs premiers, qu'un ou plusieurs de ces nombres fussent composés chacun d'un facteur premier répété plusieurs fois; alors il faut les faire entrer comme composant le plus petit multiple que l'on cherche, et l'écrire seulement autant de fois qu'il entre le plus souvent ce facteur dans l'un de ces nombres. C'est encore fondé sur le même principe que le théorème précédent; car tous ces facteurs qui se trouvent répétés dans le même nombre font partie du vrai multiple que l'on cherche, et si on les négligeait on voit évidemment que le multiple qu'on aurait ne contiendrait pas tous les facteurs qui entrent dans le nombre proposé, et ne serait pas par conséquent multiple de tous les nombres donnés.

Soit par exemple proposé de trouver le plus petit dividende des six nombres suivants : 60, 28, 240, 225, 490, 720.

Ces nombres décomposés en facteurs premiers reviennent à

$2\times2\times3\times5\ldots 2\times2\times7\ldots 2\times2\times2\times2\times3\times5\ldots 3\times3\times5\ldots 2\times5\times7\times7\ldots$ $2\times2\times2\times2\times3\times3\times5.$

Les seuls facteurs premiers différens sont 2, 3, 5 et 7; mais le premier,

2, entre le plus souvent facteur, quatre fois le second; 3, entre deux fois; le troisième, 5, deux fois; et le quatrième aussi deux fois; on aura donc en formant leur produit 2×2×2×2×3×3×5×5×7×7 = 176400, pour le multiple le plus simple ou le plus petit dividende de tous les nombres proposés.

Les fractions sont des nombres par lesquels on exprime des quantités plus petites que l'unité.

Pour se faire une idée juste des fractions, il faut concevoir que l'unité principale a été partagée en plusieurs parties égales, et qu'on a pris une ou plusieurs de ces parties pour former la fraction.

Une fraction s'écrit avec deux nombres placés l'un au dessous de l'autre, et séparés par un trait; celui qui est au dessus s'appelle Numérateur, et l'autre, Dénominateur.

Le Numérateur marque le nombre des parties de l'unité que renferme la fraction, et le Dénominateur marque en combien de parties égales l'unité a été divisée; on pourra dire encore que le dénominateur marque combien il faut de parties de la fraction pour composer l'unité, enfin combien de fois les parties de la fraction sont plus petites que l'unité.

Ainsi la fraction $\frac{3}{4}$ exprime que l'unité principale a été partagée en quatre parties égales, et qu'on a pris trois de ces parties.

Pour énoncer une fraction, il faut d'abord énoncer le numérateur, puis le dénominateur, en y ajoutant la terminaison ième, excepté pour celles dont les dénominateurs sont 2, 3, 4, qui se prononcent demi, tiers et quart.

Le numérateur et le dénominateur s'appellent d'un nom commun les deux termes de la fraction.

Une fraction est égale à l'unité, quand le numérateur est égal au dénominateur, car on prend pour composer la fraction autant de parties qu'il en faut pour valoir un entier.

Une fraction est plus grande qu'un entier, lorsque le numérateur est plus grand que le dénominateur; car alors on prend plus de parties qu'il n'en faut pour former un entier.

Pour extraire les entiers, contenus dans une fraction improprement dite, ou

d'une quantité fractionnaire, il faut diviser le numérateur par le dénominateur, le
quotient exprimera les entiers qu'elle contient, et le reste de la division sera le numérateur de la fraction qui doit accompagner les entiers, et à laquelle on donnera pour
dénominateur celui de la quantité fractionnaire; car le dénominateur marque combien il faut de ses parties pour égaler l'unité, et le numérateur indique combien
on prend de ses parties pour former la fraction; donc autant de fois le numérateur contiendra le dénominateur, autant il y aura d'unités entières dans la
quantité fractionnaire

Pour convertir un nombre entier en fraction de même espèce que celle
qui l'accompagne, il faut multiplier le nombre entier par le dénominateur,
ajouter le numérateur au produit, et donner à la somme pour dénominateur
celui de la fraction proposée; car le dénominateur fait connaître combien
il faut de ses parties pour valoir l'unité; donc autant on aura d'unités entières,
autant de fois ce nombre de parties doit être répété (, c'est-à-dire le dénominateur)
lesquelles étant jointes au numérateur formeront le numérateur de la quantité
fractionnaire.

Si l'on rend le numérateur trois fois plus grand, et qu'on laisse le dénominateur le même, la fraction devient trois fois plus grande; en effet le dénominateur restant le même, les parties de la fraction n'auront pas changé
de valeur; mais le numérateur étant devenu trois fois plus grand, il y aura
dans la fraction trois fois plus de parties qu'avant; donc la fraction elle-même
sera devenue trois fois plus grande.

On démontrerait d'une semblable manière qu'en rendant le numé-
rateur trois fois plus petit, et laissant le dénominateur le même, la fraction devient
trois fois plus petite.

Si l'on rend le dénominateur trois fois plus grand, et qu'on laisse le
numérateur le même, la fraction devient trois fois plus petite; en effet le numérateur restant le même il y aura toujours le même nombre de parties dans
la fraction; mais le dénominateur étant devenu trois fois plus grand, l'unité
sera partagée en trois fois plus de parties qu'auparavant; ces parties seront
donc devenues trois fois plus petites, et par conséquent la fraction elle-même sera devenue trois fois plus petite.

On démontrerait de la même manière qu'en rendant le dénomina-
teur trois fois plus petit et laissant le numérateur le même, la fraction devient
trois plus grande.

Il suit de ce que l'on vient de démontrer qu'il y a deux manières
de rendre une fraction un certain nombre de fois plus grande, trois fois par
exemple; la première manière, en rendant le numérateur trois fois plus

grand, et laissant le dénominateur le même; la deuxième en rendant le dénominateur trois fois plus petit, et laissant le numérateur le même; il est évident que ce dernier moyen ne peut s'employer que lorsque le dénominateur est exactement divisible par trois.

Il y a pareillement deux moyens pour rendre une fraction trois fois plus petite; c'est de rendre le numérateur trois fois plus petit et de laisser le dénominateur le même, ou bien de rendre le dénominateur trois fois plus grand et de laisser le numérateur le même: le premier moyen ne peut être employé que lorsque le numérateur est exactement divisible par trois. On voit donc, d'après ces deux théorèmes, qu'on multiplie ou qu'on divise une fraction par un nombre entier, en opérant directement sur le numérateur ou inversement sur le dénominateur.

Donc, 1°. plus le numérateur est grand, le dénominateur étant le même, plus la fraction contient de parties de même espèce ou grandeur, et par conséquent plus la fraction est grande; ainsi $\frac{7}{12} > \frac{4}{12}$ (ce signe $>$ signifie **plus grand que**, et $<$ plus petit que).

2° Plus le dénominateur est grand, le numérateur étant le même, plus les parties de l'unité sont **petites**, et par conséquent plus la fraction est petite; ainsi $\frac{2}{8} < \frac{2}{7}$.

Quand on multiplie les deux termes d'une fraction par un même nombre, elle ne change pas de valeur.

En effet en multipliant le numérateur par 4, par exemple, et laissant le dénominateur le même, la fraction devient 4 fois plus grande; mais en multipliant le dénominateur par 4 elle devient quatre fois plus petite, donc elle ne change pas de valeur.

On démontrerait de la même manière qu'en divisant les deux termes d'une fraction par un même nombre elle ne change pas de valeur.

Lorsqu'on multiplie une fraction par un nombre égal à son dénominateur, on obtient pour produit un nombre égal au numérateur. En effet on multiplie la fraction par un nombre égal à son dénominateur en divisant le dénominateur de cette fraction par lui-même, ce qui donnera pour produit une fraction qui aura le même numérateur que la fraction proposée et pour dénominateur l'unité; mais il est évident qu'une fraction qui a pour dénominateur l'unité est égale à autant d'unités qu'il y en a dans le numérateur: on aura donc obtenu pour produit un nombre égal au numérateur.

Si l'on proposait de réduire des fractions de manière que le dénominateur de la première soit égal au numérateur de la seconde, que celui-ci soit égal au dénominateur de la troisième, que celui-ci soit égal au numérateur de la quatrième... Il suffirait de multiplier les deux termes de chaque fraction par le produit de tous les termes qu'on veut rendre égaux. On ne changera

42 pas la valeur de chaque fraction, puisqu'on aura multiplié par un même nombre les deux termes de chacune d'elles: les termes demandés seront égaux, parce qu'ils seront formés par les mêmes facteurs.

C'est ainsi que les fractions

$$\frac{3}{6}, \ \frac{4}{5}, \ \frac{5}{7}, \ \frac{2}{3}.$$

deviennent

$$\frac{168}{336}, \ \frac{336}{420}, \ \frac{240}{336}, \ \frac{336}{504}$$

en multipliant les deux termes de la première par le produit $4 \times 7 \times 2$, les deux termes de la seconde par $6 \times 7 \times 2$, les deux termes de la troisième par $6 \times 4 \times 2$, et les deux termes de la quatrième par $6 \times 4 \times 7$.

Lorsqu'on ajoute un même nombre aux deux termes d'une fraction elle devient plus grande. En effet soit la fraction $\frac{4}{7}$, en ajoutant 2 à chacun de ses termes on a $\frac{6}{9}$: la même différence existe entre les termes de cette fraction qu'entre ceux de la première, puisqu'on a ajouté un même nombre; en les comparant à l'unité exprimée en parties de leur dénominateur $\frac{7}{7}$ et $\frac{9}{9}$, il manque le même nombre de parties à la première qu'à la seconde pour l'égaler, c'est-à-dire $\frac{3}{7}$ et $\frac{3}{9}$; ces deux différences ont donc le même numérateur, et la seconde qui a le plus grand dénominateur est donc la plus petite: la fraction $\frac{6}{9}$ diffère donc moins de valoir l'unité que la fraction proposée; elle est donc plus grande.

Réduction des Fractions au même Dénominateur et à leur plus simple expression.

Pour réduire deux fractions au même dénominateur, il faut multiplier les deux termes de la première par le dénominateur de la seconde et les deux termes de la seconde par le dénominateur de la première. Par cette opération les fractions n'ont pas changé de valeur, puisque leur deux termes ont été multipliés par un même nombre qui est le dénominateur de l'autre fraction; elles sont réduites au même dénominateur, puisque celui de chaque fraction est le produit des deux dénominateurs primitifs.

Pour réduire un nombre quelconque de fractions au même dénominateur, on multiplie les deux termes de chaque fraction par le produit des dénominateurs des autres fractions.

Il est évident qu'en opérant ainsi les fractions ne changent pas de valeur, car on ne fait que multiplier leur deux termes par un même nombre.

De plus les nouveaux dénominateurs sont égaux, car ils sont des produits composés des mêmes facteurs, qui sont les dénominateurs primitifs.

Lorsque l'on peut apercevoir un nombre qui soit exactement divisible par chacun des dénominateurs, on peut prendre ce nombre pour dénominateur commun; et pour avoir le numérateur qui, pour chaque fraction, conviendra à ce nouveau dénominateur, on multipliera le numérateur actuel de cette fraction par le nombre de fois que son dénominateur est contenu dans le nombre pris pour dénominateur commun: par exemple, si l'on avait les fractions $\frac{2}{3}$, $\frac{3}{4}$, $\frac{5}{6}$, $\frac{3}{8}$, $\frac{7}{12}$ à réduire au même dénominateur, on prendrait pour dénominateur commun 24, qui est le plus petit nombre qui soit exactement divisible par 3, 4, 6, 8, 12, et comme 24 contient chacun de ces dénominateurs autant de fois qu'il est exprimé par les nombres 8, 6, 4, 3, 2, on multipliera 2 par 8, 3 par 6, 5 par 4, 3 par 3, et 7 par 2, en sorte qu'on aura pour nouvelles fractions $\frac{16}{24}$, $\frac{18}{24}$, $\frac{20}{24}$, $\frac{9}{24}$, $\frac{14}{24}$ réduites au même dénominateur commun le plus simple.

Il est quelquefois difficile d'apercevoir au premier coup d'œil le plus petit nombre qui soit exactement divisible par tous les dénominateurs, mais on le trouvera toujours en décomposant les dénominateurs des fractions proposées en leurs facteurs premiers, et faisant un produit des hautes puissances de chacun de ces facteurs premiers: ce produit sera le plus petit nombre exactement divisible par tous les dénominateurs, et par conséquent ce sera le nombre que l'on pourra prendre pour dénominateur commun.

Quant aux quotients du dénominateur commun par les dénominateurs des fractions proposées, on les obtiendra en supprimant dans le dénominateur commun tous les facteurs qui entrent dans la décomposition du dénominateur par lequel on divise.

Pour réduire un nombre quelconque de fractions au même numérateur, on multiplie les deux termes de chaque fraction par le produit des numérateurs des autres fractions.

On peut dans certains cas trouver un numérateur commun plus simple que celui qui résulte du procédé général que l'on vient de donner; ce qu'on a dit relativement à la réduction au même dénominateur doit servir de guide à ce sujet.

Réduire une fraction à sa plus simple expression, c'est la transformer en une autre de même valeur, en exprimant ses deux termes par les plus petits nombres possibles.

La simplification d'une fraction est avantageuse 1.° Lorsque la fraction doit être employée dans une opération; il est clair que plus elle sera exprimée

44 par de petits nombres, plus le calcul sera facile et court. 2° — Il est plus aisé de reconnaître quelle portion d'unité la fraction représente lorsque ses deux termes sont des nombres petits, que lorsqu'ils sont très grands.

Pour réduire une fraction à sa plus simple expression il faut, après avoir trouvé le plus grand commun diviseur entre ses deux termes, diviser chacun d'eux par ce plus grand commun diviseur; les quotients exprimeront les deux termes de la nouvelle fraction irréductible équivalente à la fraction proposée.

Quand le plus grand commun diviseur entre les deux termes d'une fraction est 1, cette fraction est d'elle même **irréductible**, car la division de ses deux termes par 1 ne la simplifie pas.

Pour abréger l'opération de la recherche du plus grand commun diviseur des deux termes d'une fraction, on simplifie cette dernière en divisant ses deux termes par un même nombre autant qu'il est possible, de sorte qu'après avoir divisé les deux termes de la fraction qu'on veut réduire à sa plus simple expression par 2 autant qu'il est possible, ensuite par 3, par 9 et par 5 etc, on cherchera s'il y a lieu le plus grand commun diviseur des deux termes de la fraction simplifiée.

De l'évaluation des Fractions.

Évaluer une fraction, c'est chercher sa valeur en sous-espèces de l'unité principale dont elle fait partie.

Une fraction peut être considérée comme étant le quotient de son numérateur divisé par son dénominateur; car il a été démontré que le numérateur est égal à la fraction multipliée par son dénominateur; or d'après la définition de la division, on sait qu'en divisant un produit par un des facteurs on obtient pour quotient l'autre facteur; donc en divisant le numérateur par le dénominateur on aura pour quotient la fraction, donc on peut considérer une fraction comme le quotient de son numérateur par son dénominateur.

On peut encore démontrer de la manière suivante qu'une fraction peut être considérée comme le quotient d'une division dont le numérateur serait le dividende, et le dénominateur, le diviseur.

En effet, soit la fraction $\frac{3}{4}$; cette quantité étant égale à trois fois $\frac{1}{4}$ on a
$$\frac{3}{4} = \frac{1}{4} + \frac{1}{4} + \frac{1}{4},$$
or, $\frac{1}{4}$ est évidemment l'unité divisée en quatre parties égales; Il en est de même de chacune des deux autres parties; nous aurons donc trois fois l'unité à diviser par 4, ou 3 divisé par 4. C'est-à-dire que $\frac{3}{4} = 3 : 4$.

Réciproquement le reste de la division est le numérateur d'une fraction dont le diviseur serait le dénominateur.

Par exemple, que 4 soit le reste d'une division dont le diviseur est 7, nous allons démontrer que le septième de 4 égale $\frac{4}{7}$. En effet, le septième d'une unité est évidemment égal à un septième ou $\frac{1}{7}$. Mais 4 est équivalent à $1 + 1 + 1 + 1$. Pour avoir le quotient de 4 par 7, il faudra donc prendre le septième de 1, + le septième de 1, + le septième de 1, et + le septième de 1, la réunion de ces quatre quotients partiels donnera quatre fois le septième de 1, ou $\frac{1}{7} + \frac{1}{7} + \frac{1}{7} + \frac{1}{7}$; ce qui fera $\frac{4}{7}$ pour le quotient de 4 par 7.

Un nombre entier peut être mis sous la forme d'une fraction en lui donnant l'unité pour dénominateur. Ainsi $8 = \frac{8}{1}$; car une fraction est égale au quotient de son numérateur par son dénominateur, mais le dénominateur est l'unité; ce quotient est donc égal au numérateur, c'est-à-dire au nombre entier.

Pour évaluer une fraction en décimales, il faut mettre à la droite du numérateur autant de zéros qu'on veut avoir de figures décimales pour son expression, et ensuite on divise le nouveau numérateur par le dénominateur; le quotient sera des décimales équivalentes à la fraction proposée; car une fraction est le quotient de son numérateur par son dénominateur; or pour évaluer un quotient en décimales, il faut mettre à la suite du dividende autant de zéros qu'on veut avoir de figures décimales au quotient; donc pour évaluer une fraction en décimales, il faut diviser son numérateur, suivi d'autant de zéros qu'on veut avoir de figures décimales, par son dénominateur.

Pour convertir une quantité complexe en décimales, avec un degré donné de précision, il faut convertir les parties complexes en une fraction qui ait pour numérateur le nombre des unités complexes de la plus petite espèce, et pour dénominateur le nombre qui indique combien de fois la plus petite espèce d'unités complexes est contenue dans la plus grande, ensuite réduire cette fraction en décimales.

La raison de ce procédé est que le signe de la dernière espèce d'unités complexes et le dénominateur qu'on donne à la fraction, indiquent également combien de fois la plus petite espèce d'unités est contenue dans la plus grande, et par conséquent l'une de ces expressions peut remplacer l'autre. Il n'y a plus qu'à ramener cette fraction en décimales.

Pour évaluer en parties complexes une fraction dont le numérateur est concret, il faut multiplier le numérateur par le nombre qui indique combien de fois l'espèce concrète de ce numérateur contient celle immédiatement inférieure, diviser le produit par le dénominateur, multiplier le reste par le nombre qui

46

indique combien de fois cette seconde espèce d'unité complexe contient celle immédiatement inférieure, diviser le produit par le dénominateur, et continuer ainsi jusqu'à ce qu'on soit arrivé à la plus petite espèce d'unité concrète qu'on veuille conserver dans l'évaluation.

La raison de ce procédé est qu'une fraction est le quotient de son numérateur par son dénominateur, et qu'un quotient doit s'évaluer ainsi, puisque le dividende, et par conséquent le quotient, contiennent d'autant plus d'unités, que l'espèce d'unité est plus petite.

Pour évaluer des décimales en nombres complexes, il faut multiplier cette fraction décimale par le nombre qui indique combien de fois l'espèce concrète des unités de cette fraction contient celle immédiatement inférieure, et séparer à la droite du produit autant de figures décimales qu'il y en avait dans le multiplicande.

Car une fraction décimale est une fraction ordinaire dont le numérateur est le nombre des unités décimales, et le dénominateur l'unité suivie d'autant de zéros qu'il a de figures décimales; or pour évaluer une fraction ordinaire en nombres complexes, il faut multiplier son numérateur par le nombre qui indique combien de fois l'espèce concrète des unités de la fraction, contient celle immédiatement inférieure; donc il faudra multiplier par le même nombre celui des unités décimales de la fraction, et diviser ensuite le produit par le dénominateur, ce qui se fera en séparant à la droite du produit autant de décimales qu'il y a de zéros à la droite du dénominateur, c'est-à-dire en séparant autant de chiffres décimaux qu'il y en a dans la fraction décimale qu'il s'agit d'évaluer.

Des fractions Périodiques.

Une fraction dont le dénominateur est l'unité suivie d'un certain nombre de zéros, se réduit exactement en décimales.

Car le dernier chiffre à droite du numérateur exprime des dixièmes, des centièmes, ou des millièmes etc. suivant qu'il y en a un ou deux ou trois zéros dans le dénominateur; ce chiffre doit donc être placé dans l'expression décimale à un rang marqué par le nombre de ces zéros, ainsi $\frac{34}{100,000} = 0,00034$.

Une fraction quelconque est exactement réductible en décimales quand son dénominateur ne renferme que les facteurs 2 et 5. En effet, pour chaque zéro qu'on écrit à la droite du numérateur, on introduit dans ce numérateur un facteur égal à 10, et par conséquent un facteur égal à 2, et un facteur égal à 5; donc en écrivant à la droite du numérateur un nombre de zéros convenable à tous les facteurs qui entrent dans le dénominateur, ces zéros se trouvent dans le numérateur et par conséquent la division se fera exactement.

Quand le dénominateur d'une fraction irréductible contient d'autres facteurs que 2 et 5, la fraction ne peut se convertir exactement en décimales, quelque loin que l'on pousse l'opération.

En effet la multiplication du numérateur par 10, 100, 1000, etc, ne fait qu'introduire dans le numérateur, les facteurs premiers 2 et 5 un certain nombre de fois, ainsi les facteurs premiers étrangers à 2 et 5 qui entrent dans le dénominateur sans entrer dans le numérateur, ne se trouveront pas d'avantage dans le numérateur suivi d'un nombre quelconque de zéros; donc quelque nombre de zéros qu'on écrive, on ne pourra obtenir un produit exactement divisible par le dénominateur; ainsi les divisions se continueront à l'infini.

De plus, après un certain nombre d'opérations, les mêmes chiffres décimaux se reproduisent dans le même ordre. En effet, comme chaque reste qu'on obtient est toujours moindre que le diviseur qui reste constant, il s'ensuit que lorsqu'on aura fait tout au plus autant d'opérations qu'il y a d'unités moins une dans le diviseur, on devra retomber sur l'un des restes déjà obtenu; or en écrivant un zéro à la droite du reste, on aura un nouveau dividende partiel semblable à l'un des produits, et puisque le diviseur est le même, le nouveau quotient et le nouveau reste seront aussi semblables à ceux qu'avait donné le premier dividende, et ainsi de suite; alors les chiffres du quotient se reproduisent dans le même ordre.

On donne le nom de Fractions décimales périodiques simples à des fractions décimales dans lesquelles plusieurs chiffres se répètent périodiquement dans le même ordre et à l'infini à partir de la virgule.

On donne le nom de période à la partie du quotient qui se reproduit périodiquement et peut être composée d'un nombre quelconque de chiffres, mais ne peut en renfermer plus qu'il n'y a d'unités dans le nombre immédiatement au dessous du dénominateur.

Lorsque la période ne commence qu'après un certain nombre de décimales, la fraction est dite fraction décimale périodique mixte.

Pour reconnaître combien de chiffres aura l'expression décimale d'une fraction exactement réductible, il faut voir quel est celui des facteurs 2 ou 5 qui entre le plus souvent dans le dénominateur, et ce nombre de fois indiquera précisément le nombre de chiffres décimaux qu'aura l'expression.

Car, pour que la division soit exacte, il faut introduire dans le numérateur les facteurs 2 et 5 aussi souvent qu'ils se trouvent entrer dans le dénominateur; or, à chaque zéro qu'on écrit au numérateur, on y introduit une fois le facteur 2 et une fois le facteur 5; ce sera donc celui de ces deux facteurs entrant le

48

plus souvent; dans le dénominateur qui indiquera combien il faut écrire de zéros au numérateur, et par conséquent combien l'expression en décimales aura de chiffres.

On peut trouver ces chiffres décimaux, sans effectuer la division. En effet soit par exemple la fraction $\frac{7}{40}$, le dénominateur 40 contient 3 fois le facteur 2; l'expression décimale que l'on cherche aura donc 3 chiffres. Décomposons 40 en ses facteurs premiers, nous aurons $2 \times 5 \times 2 \times 2$: maintenant pour réduire une fraction en décimales il faut multiplier le numérateur par l'unité suivie d'autant de zéros qu'on veut avoir de chiffres décimaux; et comme dans ce cas il doit y en avoir trois, on multiplie le numérateur 7 par 1000, c'est-à-dire par les facteurs premiers $\overline{2 \times 5} \times \overline{2 \times 5} \times \overline{2 \times 5}$; on aura donc pour résultat l'expression fractionnaire

$$\frac{7 \times \overline{2 \times 5} \times \overline{2 \times 5} \times \overline{2 \times 5}}{2 \times 5 \times 2 \times 2 \times 2}.$$

Supprimant les facteurs communs à ses deux termes il reste $7 \times 5 \times 5 = 175$. La quantité ayant été multipliée par 1000, il faut donc pour la ramener à sa juste valeur la diviser par mille, et on aura pour l'expression décimale de la quantité, 0,175.

Une fraction décimale périodique simple moindre que l'unité, est équivalente à une fraction ordinaire qui a pour numérateur la période, et pour dénominateur un nombre composé d'autant de 9 qu'il y a de chiffres dans la période.

Soit 0,252525... la fraction décimale proposée; désignons par x la valeur de cette fraction.

On a d'abord $x = 0,252525...$ si nous avançons la virgule jusqu'à la première période, on a

$100x = 25,252525$. Si l'on retranche une fois x de 100 fois x il restera $99x$ qui égalera en .... $25,252525 - 0,252525$, c'est-à-dire que $99x = 25$; car les parties périodiques se détruisent, d'où enfin $x = \frac{25}{99}$, ce qui prouve la règle.

Pour exprimer une fraction périodique mixte par un autre à deux termes et qui lui soit équivalente, il faut prendre le nombre formé par la partie non périodique suivie de la période, en retrancher celui qu'on exprime la partie non périodique; ce qui donnera le numérateur de la nouvelle fraction; laquelle aura pour dénominateur autant de 9 qu'il y a de chiffres dans la période suivi d'autant de zéros qu'il y a de ceux non périodiques.

Soit la fraction périodique mixte

0,32532323...

Désignant par x la valeur de cette fraction, on aura

$x = 0,32532323$.

Multipliant les deux parties de cette égalité par le nombre exprimé par l'unité, suivie d'autant de zéros qu'il y a de chiffres depuis la virgule jusques et compris les chiffres de la première période, on aura

$$10000\, x = 32532,3232.$$

Si maintenant on multiplie la fraction proposée par le nombre exprimé par l'unité suivie d'autant de zéros qu'il y a de chiffres non périodiques, on obtient $1000\, x = 325,323232$, prenant la différence entre ces deux dernières égalités on aura

$$9900\, x = 32532 - 325,$$

d'où il vient $x = \dfrac{32532 - 325}{9900}$,

ce qui prouve l'énoncé.

Une expression périodique mixte, provient d'une fraction ordinaire dont le dénominateur renferme un des facteurs 2 ou 5, et en outre d'autres facteurs différens de 2 ou 5.

Car une pareille fraction ordinaire peut être considérée comme la somme de deux fractions, dont l'une aurait un dénominateur composé des facteurs 2 ou 5, et dont l'autre ne contiendrait aucun de ces facteurs à son dénominateur. L'expression décimale de la fraction dont nous nous occupons peut aussi être considérée comme la somme des deux expressions décimales, l'une de la fraction qui renferme les facteurs 2, ou 5, et l'autre de celle qui ne les contient pas: or la première de ces fractions est toujours exactement réductible en décimales, la seconde au contraire donne une expression périodique simple; ainsi la quantité décimale réductible trou-blera par son addition la quantité périodique.

Soit la fraction $\dfrac{101}{120}$, qui égale la somme des deux fractions $\dfrac{7}{40}$ et $\dfrac{2}{3}$;

$$Or \quad \frac{7}{40} = 0.175$$
$$\frac{2}{3} = 0.66666 \text{ et leur somme}$$
$$ou \quad \frac{101}{120} = 0,84166.$$

Toute fraction ordinaire, réduite à sa plus simple expression et dont le dénominateur n'a pour facteur ni 2 ni 5, se réduit en fraction périodique simple; car si elle était mixte, le dénominateur de la fraction proposée devrait contenir les facteurs 2 ou 5, ce qui est contre l'hypothèse.

On peut, à l'inspection d'une fraction qui équivaut à une expression périodique mixte, indiquer le nombre des chiffres décimaux qu'aura la partie non périodique.

Pour cela on décompose le dénominateur de la fraction donnée en ses facteurs premiers, et celui des facteurs 2 ou 5 qui entrera le plus souvent dans le dénominateur indiquera le nombre de chiffres décimaux qui ne font pas partie de l'expression périodique.

En effet cette fraction ordinaire pouvant être considérée comme composée de deux fractions dont l'une aurait pour dénominateur les facteurs 2 ou 5, et dont le dénominateur de l'autre au contraire ne contiendrait aucun de ces facteurs, la somme des expressions décimales de ces fractions sera l'expression décimale de la fraction donnée. Maintenant la première de ces fractions est exactement réductible en décimales, et elle a autant de chiffres décimaux que les facteurs 2 et 5 se trouvent le plus souvent facteurs dans son dénominateur; la seconde au contraire est évidemment périodique simple; donc l'expression décimale exacte, jointe avec l'expression décimale périodique, troublera cette dernière précisément à tous les chiffres désignés par le nombre de fois que les facteurs 2 ou 5 se trouvent le plus souvent facteurs du dénominateur de la fraction donnée.

De l'addition et de la soustraction des fractions.

Pour faire l'addition des fractions, il faut les réduire au même dénominateur si elles n'y sont pas, ensuite ajouter tous les numérateurs, et on donne à la somme pour dénominateur le dénominateur commun.

On réduit les fractions au même dénominateur, parce qu'on ne peut ajouter ensemble que des quantités de même espèce; et on donne à leur somme le dénominateur commun, parce que la somme de plusieurs quantités doit être de même espèce que ces quantités.

Quand il y a des entiers joints aux fractions, on pourrait réduire ces entiers chacun en fractions de même espèce que celles qui les accompagnent, et opérer comme sur les fractions ordinaires; ou bien on pourrait faire la somme des fractions en particulier, et extraire de la fraction totale les entiers qu'elle renferme, que l'on ajouterait à la somme des entiers proposés.

Pour faire la soustraction des fractions, il faut les réduire au même dénominateur si elles n'y sont pas, ensuite retrancher le plus petit numérateur du plus grand, et donner à leur différence le dénominateur commun.

On les réduit au même dénominateur, parce qu'on ne peut soustraire que des quantités de même espèce; et l'on donne au reste le dénominateur commun parce ce que la différence de deux quantités doit être de même espèce que ces quantités.

S'il y avait des entiers joints aux fractions, on pourrait les réduire en fractions de même espèce que celles qui les accompagnent, et opérer comme sur les fractions ordinaires: ou bien, on opérerait d'abord sur les fractions, et ensuite sur les entiers; enfin si la fraction inférieure était plus grande que la fraction supérieure, on augmenterait le numérateur de celle—ci d'autant d'unités qu'il y en a dans le dénominateur, ce qui rendrait la soustraction possible; car l'augmentation du numérateur, vient de l'emprunt d'une unité sur l'entier, que l'on a réduite en fractions de l'espèce du dénominateur commun: il faudra donc diminuer cet entier d'une unité dans le cours de l'opération.

De la multiplication et de la division des fractions.

Pour faire la multiplication des fractions il faut multiplier les numérateurs entre eux et les dénominateurs aussi entre eux; ces produits sont le numérateur et le dénominateur de la fraction qui exprime le produit des fractions proposées.

Pour le démontrer, soit la fraction $\frac{4}{5}$ à multiplier par $\frac{2}{3}$; on multiplie d'abord la fraction $\frac{4}{5}$ par 2: or pour effectuer cette multiplication il a été démontré qu'il fallait multiplier le numérateur de la fraction par 2, sans toucher au dénominateur, ce produit sera donc $\frac{4\times2}{5}$: mais ce n'était pas par 2 qu'on proposait de multiplier la fraction $\frac{4}{5}$, c'était par $\frac{2}{3}$, quantité trois fois plus petite que 2. Le facteur par lequel on a multiplié la fraction est donc trois fois plus grand que le facteur proposé, donc $\frac{4\times2}{5}$ est trois fois trop grand; et pour rendre cette fraction trois fois plus petite, on a vu qu'il fallait multiplier son dénominateur par 3, on aura donc $\frac{4\times2}{5\times3}$ pour le produit de $\frac{4}{5}$ par $\frac{2}{3}$.

Pour multiplier un nombre entier par une fraction, on mettra le nombre entier sous la forme de fraction, en lui donnant l'unité pour dénominateur, et l'on opérera comme on vient de le dire; mais l'unité ne multiplie pas; on voit que dans ce cas l'opération se réduit à multiplier le nombre entier, par le numérateur de la fraction, et à donner au produit pour dénominateur celui de la fraction.

Lorsque l'on multiplie un nombre quelconque par une fraction, le produit est toujours plus petit que le multiplicande. En effet le produit se compose avec le

multiplicande, comme le multiplicateur est composé avec l'unité; or le multiplicateur est plus petit que l'unité; donc le produit doit être plus petit que le
multiplicande.

Pour multiplier des entiers joints aux fractions, on réduira les entiers en
fractions de même espèce que celles qui les accompagnent, et l'on opérera ensuite
comme sur deux fractions ordinaires. On peut si l'on veut multiplier un nombre
fractionnaire par un nombre fractionnaire, sans réduire les entiers en fraction; pour cela
il faut multiplier le nombre entier du multiplicande par le nombre entier du multiplicateur, la fraction du multiplicande par le nombre entier du multiplicateur, le
nombre entier du multiplicande par la fraction du multiplicateur, et enfin
la fraction du multiplicande par la fraction du multiplicateur; faisant la
somme de tous ces produits partiels on aura le produit cherché. Ce procédé est
fondé sur ce que pour multiplier une somme par une somme, il faut multiplier
chaque partie du multiplicande successivement par chaque partie du multiplicateur, et faire la somme des produits partiels.

Il a été démontré que dans la multiplication des nombres entiers, on pouvait
intervertir l'ordre des facteurs; la proposition est encore vraie lorsque les facteurs
sont des fractions; pour le démontrer soient les deux fractions $\frac{5}{6}$ et $\frac{3}{8}$; je dis que
$\frac{5}{6} \times \frac{3}{8} = \frac{3}{8} \times \frac{5}{6}$, en effet le produit $\frac{5}{6}$ par $\frac{3}{8}$ est une fraction qui a pour numérateur le produit 5 par 3, et pour dénominateur le produit 6 par 8, c'est-à-dire
$\frac{5 \times 3}{6 \times 8}$; et le produit de $\frac{3}{8}$ par $\frac{5}{6}$ est une fraction qui a pour numérateur le produit
de 3 par 5, et pour dénominateur le produit de 8 par 6, c'est-à-dire $\frac{3 \times 5}{8 \times 6}$; mais
$5 \times 3 = 3 \times 5$, puisqu'on sait qu'on peut intervertir l'ordre des facteurs
lorsqu'ils sont entiers; de même $6 \times 8 = 8 \times 6$: donc les deux fractions
$\frac{5 \times 3}{6 \times 8}, \frac{3 \times 5}{8 \times 6}$ sont identiquement égales, donc on peut encore intervertir
l'ordre des facteurs lorsqu'ils sont fractionnaires.

Pour faire la division des fractions, il faut multiplier la fraction du divi-
dende par la fraction diviseur renversée. En effet soit la fraction $\frac{2}{5}$ à diviser par $\frac{3}{4}$;
on divise d'abord la fraction $\frac{2}{5}$ par 3; or pour diviser une fraction par 3, il faut
multiplier son dénominateur par ce nombre, on a alors $\frac{2}{15}$. Mais ce n'était pas
par 3 qu'on proposait de diviser la fraction $\frac{2}{5}$, c'était par la fraction $\frac{3}{4}$, et 3 est
une quantité quatre fois plus grande que la fraction $\frac{3}{4}$; mais plus le diviseur
est grand, plus le quotient est petit, par conséquent le quotient $\frac{2}{15}$ est quatre fois
plus petit que le quotient demandé; et comme pour rendre une fraction quatre
fois plus grande, il faut multiplier son numérateur par 4, on aura $\frac{8}{15}$ pour le quotient demandé; d'où l'on voit que le numérateur 8 du quotient $\frac{8}{15}$ provient du produit
du numérateur de la fraction dividende par le dénominateur de la fraction diviseur,
et son dénominateur 15 du produit du dénominateur de la première fraction par le
numérateur de la seconde; c'est-à-dire que le quotient provient de la multipli-

—cation de la fraction dividende par la fraction diviseur renversée.

Remarquons que le quotient de $\frac{3}{7}$ par $\frac{5}{7} = \frac{3\times 7}{7\times 5}$. Mais comme on peut diviser les deux termes d'une fraction par un même nombre, sans en changer la valeur, on aura en divisant les deux termes par 7, la fraction $\frac{3}{5}$: donc, pour diviser entre elles deux fractions ayant un même dénominateur, il suffit de diviser le numérateur de la fraction dividende par celui de la fraction diviseur.

Enfin le quotient de $\frac{3}{5}$ par $\frac{3}{7} = \frac{3\times 7}{5\times 3}$ ou, en simplifiant la fraction, $\frac{7}{5}$; donc, pour diviser deux fractions ayant un même numérateur, il suffit de diviser le dénominateur de la fraction diviseur par celui de la fraction dividende.

Pour diviser un nombre entier par une fraction, on pourrait mettre l'entier sous la forme des fractions, en lui donnant l'unité pour dénominateur, et opérer comme il vient d'être dit pour deux fractions; ce qui revient à multiplier l'entier par le dénominateur de la fraction dont le dénominateur serait le numérateur de la fraction proposée.

Le quotient de 1 par une fraction vaut cette fraction renversée; en effet soit 1 à diviser par $\frac{3}{4}$, l'opération, d'après ce qu'on a dit revient à $\frac{1}{1}\times\frac{4}{3} = \frac{4}{3}$, c'est-à-dire que le quotient égale la fraction diviseur renversée.

Lorsque l'on divise un nombre quelconque par une fraction, le quotient est plus grand que le dividende. En effet le dividende se compose avec le quotient comme le diviseur l'est avec l'unité; donc, puisque le diviseur est plus petit que l'unité, le dividende est plus petit que le quotient, et par conséquent le quotient est plus grand que le dividende.

Pour diviser un nombre fractionnaire par un nombre fractionnaire, il faut réduire ces deux nombres en expressions fractionnaires, et opérer ensuite comme sur deux fractions ordinaires.

On pourrait encore ramener ce cas à la division d'un nombre fractionnaire par un nombre entier. Pour cela on multiplie le dividende et le diviseur par le dénominateur de la fraction qui accompagne la partie entière du diviseur; et en effet, pour diviser $6\frac{2}{3}$ par $2\frac{5}{7}$, on écrira $\dfrac{6+\frac{2}{3}}{2+\frac{5}{7}} = \dfrac{46\frac{2}{3}}{19}$: effectuant la division, on trouve pour quotient 2, et pour reste $8\frac{2}{3}$, ou $\frac{26}{3}$, dont le quotient par 19 est $\frac{26}{57}$; ainsi $2\frac{26}{57}$, est le quotient total.

On peut appliquer aux fractions toutes les propositions qu'on a établies sur les changemens qu'éprouve le produit d'une multiplication ou le quotient d'une division, lorsqu'on fait subir certains changemens à l'un des termes de l'opération que l'on a en vue d'effectuer.

Les opérations d'arithmétique sur les fractions se vérifient comme pour les nombres entiers.

1A

Des fractions de fractions.

On appelle fraction de fractions une ou plusieurs parties d'une fraction, laquelle peut être aussi une ou plusieurs parties d'une autre fraction, et ainsi de suite.

On représente les fractions de fractions en les séparant les unes des autres par la préposition de.

Pour prendre une fraction d'une autre fraction il faut multiplier les numérateurs entre eux, et les dénominateurs aussi entre eux, puis diviser le produit des numérateurs par le produit des dénominateurs. Pour le démontrer, soit à prendre les $\frac{3}{4}$ de $\frac{5}{6}$; si on avait le quart de $\frac{5}{6}$ à prendre, il faudrait rendre la fraction $\frac{5}{6}$ quatre fois plus petite, ce qu'on ferait en multipliant le dénominateur 6 par 4, et conservant le même numérateur 5 ; mais c'est trois fois le quart qu'on doit prendre, il faut donc rendre le résultat obtenu trois fois plus grand, ce qu'on fait en multipliant le numérateur 5 par 3 : on aura donc $\frac{5\times3}{6\times4}$ pour la fraction cherchée.

Pour prendre des fractions de fractions, il faut multiplier les numérateurs entre eux, et faire de même des dénominateurs, et donner le second produit pour dénominateur au premier.

Soit proposé de prendre les $\frac{3}{4}$ de $\frac{5}{8}$ de $\frac{6}{7}$; pour cela on commence à prendre les $\frac{5}{8}$ de $\frac{6}{7}$, ce qui donne $\frac{6\times5}{7\times8}$; la question est donc ramenée à prendre les $\frac{3}{4}$ de $\frac{6\times5}{7\times8}$, ce qui donne $\cdots\cdots\cdots \frac{6\times5\times3}{7\times8\times4}$.

Cette opération prouve en même temps que multiplier plusieurs fractions entre elles, c'est prendre des fractions de fractions.

Soit proposé encore de prendre des fractions de fractions d'un nombre entier, par exemple les $\frac{5}{7}$ de $\frac{3}{4}$ de 8 unités ; pour cela on met le nombre entier sous forme de fraction, en lui donnant l'unité pour dénominateur, et on opère comme précédemment, ce qui donne $\frac{8\times3\times5}{1\times4\times7}$, ou $\frac{120}{28}$, ou enfin $4\frac{8}{28} = 4 + \frac{2}{7}$.

On peut simplifier l'opération indiquée en supprimant les facteurs communs au numérateur et au dénominateur ; car on ne change pas la valeur de la fraction en agissant ainsi ; puisqu'on ne fait que diviser ses deux termes par un même nombre.

Lorsque les fractions de fractions sont égales entre elles, le résultat obtenu est en même temps une puissance de l'une d'elles : les puissances des fractions sont donc des quantités plus petites que cette fraction même.

De plus, si la fraction est irréductible, toutes ses puissances le sont également. En effet la troisième puissance de $\frac{4}{5}$ par exemple, est $\frac{4}{5} \times \frac{4}{5} \times \frac{4}{5}$ ou $\frac{4^3}{5^3}$. Si cette dernière fraction n'était pas irréductible, ses deux termes 4^3 et 5^3 seraient divisibles par un même nombre premier; ce nombre premier diviserait donc 4 et 5: la fraction $\frac{4}{5}$ ne serait donc pas irréductible, ce qui est contre l'hypothèse.

Des fractions continues.

On appelle **Fraction Continue** une quantité composée de fractions dont le numérateur égale un, et dont le dénominateur est un entier, plus une fraction, qui a elle même pour numérateur l'unité, et pour dénominateur un entier, plus une fraction, et ainsi de suite.

Les fractions continues doivent leur naissance à l'évaluation approchée des fractions dont les termes sont considérables et premiers entre eux.

Prenons par exemple la fraction $\frac{100000}{314159}$, et, proposons-nous d'exprimer cette fraction par d'autres moins exactes à la vérité, mais exprimées par des nombres plus simples.

Pour se former une idée plus simple de cette fraction, on cherche à la comparer à une partie de l'unité, afin de n'avoir à envisager qu'un seul terme, et pour cela on divise ses deux termes par le numérateur, et on trouve que

$$\frac{100000}{314159} = \frac{1}{3 + \dfrac{14159}{100000}}$$

Pour se former une idée juste de l'expression de cette quantité, il faut la considérer comme indiquant le quotient de l'entier un divisé par l'entier 3 plus la fraction $\frac{14159}{100000}$: il ne faut donc pas confondre cette expression avec la somme . . . . $\frac{1}{3} + \frac{14159}{100000}$.

Pour avoir une première valeur approchée, on néglige la fraction qui accompagne 3, et on aura $\frac{1}{3}$ pour première valeur approchée, mais un peu trop fort; en effet une fraction étant égale au quotient de son numérateur par son dénominateur, en supprimant la fraction $\frac{14159}{100000}$ qui est jointe au dénominateur 3, on a rendu ce dénominateur, qui n'est qu'un diviseur, plus petit; mais plus le diviseur est petit, plus le quotient est grand; donc $\frac{1}{3}$ est plus grand que $\frac{1}{3 + \frac{14159}{100000}}$ ou que la fraction proposée $\frac{100000}{314159}$.

Pour avoir une valeur plus approchée, on divise le numérateur et le déno-
-minateur de la fraction qui accompagne 3, chacun par le numérateur de
cette fraction; et l'on aura $\cfrac{1}{3+\cfrac{1}{7+\frac{887}{14159}}}$; négligeant la fraction $\frac{887}{14159}$, qui

accompagne 7, on aura $\cfrac{1}{3+\frac{1}{7}}$; ou en réduisant $\frac{1}{3}$ en fraction de même espèce que celle
qui l'accompagne, c'est-à-dire en 7mes, on aura $\cfrac{1}{\frac{22}{7}}$. Mais l'unité divisée par une
fraction donne pour quotient cette même fraction renversée; on aura donc $\frac{7}{22}$ pour
seconde valeur, mais un peu trop faible, car la fraction qui accompagne 3
est plus grande que la fraction $\cfrac{1}{7+\frac{887}{14159}}$, ou que la fraction proposée $\frac{100000}{314159}$.

Pour avoir une valeur encore plus approchée, on divise les deux
termes de la fraction qui accompagne 7, chacun par le numérateur de
cette même fraction, et on aura

$\cfrac{1}{3+\cfrac{1}{7+\cfrac{1}{15+\frac{854}{887}}}}$ Supprimant la fraction qui accompagne 15, on aura

la quantité..... $\cfrac{1}{3+\cfrac{1}{7+\frac{1}{15}}} = \cfrac{1}{3+\cfrac{1}{\frac{106}{15}}} = \cfrac{1}{3+\frac{15}{106}} = \cfrac{1}{\frac{333}{106}} = \frac{106}{333}$, valeur

plus approchée, mais un peu trop forte.

Pour avoir une valeur encore plus approchée, on divise les deux
termes de la fraction qui accompagne 15, chacun par le numérateur 854,
et on a $\cfrac{1}{3+\cfrac{1}{7+\cfrac{1}{15+\cfrac{1}{1+\frac{33}{854}}}}}$. En supprimant $\frac{33}{854}$, on aura

$\cfrac{1}{3+\cfrac{1}{7+\cfrac{1}{15+\frac{1}{1}}}} = \cfrac{1}{3+\cfrac{1}{7+\frac{1}{16}}} = \cfrac{1}{3+\frac{16}{113}} = \cfrac{1}{\frac{355}{113}} = \frac{113}{355}$, valeur un peu trop faible.

Ainsi $\frac{1}{3}, \frac{7}{22}, \frac{106}{333}$ et $\frac{113}{355}$ sont les quatre valeurs approchées de la fraction proposée. Ces valeurs sont nommées les **Réduites**.

Chacune de ces valeurs sera trop grande ou trop petite, selon qu'elle
sera composée d'un nombre impair ou pair de fractions individuelles; mais
aussi elles sont d'autant plus exactes qu'on prend plus de termes; c'est
pour cela que ces valeurs sont dites **Convergentes**.

On peut continuer de la même manière jusqu'à ce qu'on trouve pour reste ce qui arrivera nécessairement, puisque la fraction était supposée irréductible; et alors, en ramenant cette fraction périodique à être exprimée par une fraction à deux termes, on retrouverait la fraction proposée.

En réfléchissant sur la marche qui vient d'être suivie pour réduire la fraction $\frac{100000}{314159}$ en fraction continue, on voit que l'on a divisé 314159 par 100000, ce qui a donné 3 pour quotient, et 14159 pour reste; on a divisé ensuite 100000 par 14159, ce qui a donné pour quotient 7, et pour reste 887; puis on a divisé 14159 par 887, ce qui a donné 15 pour quotient, et 854 pour reste, et ainsi de suite. De là on conclut la règle suivante.

Pour réduire une fraction en fraction continue, on opère sur la fraction proposée comme pour trouver leur plus grand commun diviseur; on pousse l'opération jusqu'à ce qu'on obtienne un reste égal à zéro. Les quotiens successifs auxquels on est parvenu, seront les dénominateurs des fractions proprement dites qui constituent la fraction proposée.

Voici le type des opérations.

	3	7	15	1	25	1	1	2	1	4
314159	100000	14159	887	854	33	19	14	5	4	1
14159	887	5289	33	194	14	5	4	1	0	
		854		19						

done

$$\frac{100000}{314159} = \cfrac{1}{3 + \cfrac{1}{7 + \cfrac{1}{15 + \cfrac{1}{1 + \cfrac{1}{25 + \cfrac{1}{1 + \cfrac{1}{7 + \cfrac{1}{4}}}}}}}}$$

On appelle Fractions Intégrantes les fractions $\frac{1}{3}$, $\frac{1}{7}$, $\frac{1}{15}$, etc. dont l'ensemble constitue la fraction continue, et quotiens incomplets, les dénominateurs 3, 7, 15, etc.

Les opérations qu'on a faites pour parvenir à ramener la fraction continue à être exprimée par une fraction à deux termes, nous conduisent à cette règle générale.

Pour ramener une fraction continue à être exprimée par une fraction à deux termes, il faut réduire successivement, en commençant par la dernière fraction, son dénominateur qui contient un entier et une fraction, en fraction de même espèce que celle qui l'accompagne; on l'écrit pour dénominateur d'une fraction dont 1 est le numérateur, on a alors l'unité à diviser par une fraction dont le quotient égale la fraction renversée: la nouvelle fraction continue contiendra donc une expression fractionnaire de moins. On générera de la même manière, jusqu'à ce qu'on soit parvenu à une seule fraction.

Des mesures en général.

Les mesures se divisent en sept classes, savoir : en mesures, 1.° de longueur; 2.° de superficie; 3.° de solidité; 4.° de capacité; 5.° de pesanteur; 6.° de temps; et 7.° de monnaies.

1.° Les mesures de longueur sont des lignes droites réelles ou idéales que l'on prend pour terme de comparaison, afin d'évaluer les distances d'un point ou d'un lieu à un autre. En général elles portent le nom de linéaires. Lorsqu'on les emploie pour des grandes distances, on les appelle itinéraires.

2.° Les mesures de superficie sont ordinairement des quarrés fictifs (ou figures à quatre côtés et angles égaux) dont la grandeur dépend de la longueur du côté; ces quarrés servent à évaluer l'étendue en longueur et largeur; lorsqu'on les emploie à la mesure des champs, on les appelle agraires.

3.° Les mesures de solidité sont des cubes fictifs (ou corps enveloppés par six carrés égaux) dont la grandeur dépend aussi de la longueur du côté. Ces cubes servent à évaluer l'étendue en longueur, largeur, et hauteur d'un corps quelconque.

4.° Les mesures de capacité sont des vases de forme cubique ou cylindrique, elles servent à évaluer la quantité des matières liquides ou sèches dont on les remplit.

5.° Les mesures de pesanteur, qu'on appelle poids, sont des masses d'une matière et forme quelconque et d'une grandeur déterminée, dont on se sert pour évaluer le poids des différens corps au moyen des balances.

6.° La mesure fondamentale du temps est le jour civil, ou l'intervalle compris entre un minuit et le suivant, ou entre deux passages consécutifs du soleil par la partie inférieure d'un cercle fictif appelé méridien.

7.° Les monnaies sont des pièces d'or, d'argent et de cuivre, d'une grandeur et d'un poids déterminés, qui servent à faciliter les échanges dans toute société civilisée.

Des Mesures anciennes de France.

Les mesures anciennes, bien loin de former un système régulier, n'étaient qu'un assemblage monstrueux d'élémens bizarres, n'ayant aucune liaison simple entre eux, et variant d'un village à l'autre; puisqu'il a fallu un volume entier pour chaque département, pour indiquer le rapport des mesures locales aux mesures nouvelles; nous ne ferons donc connaître que les plus généralement répandues.

1.° Nous avions trois espèces d'unités de longueur, n'ayant entre elles aucun rapport simple, savoir la toise, l'aune et la canne, qu'on avait sans doute prises au hazard. Les deux dernières étaient employées aux mesurages des étoffes, et la première plus généralement connue, servait aux autres espèces de mesures, et se divisait en 6 pieds, le pied en 12 pouces, le pouce en 12 lignes, enfin la ligne en 12 points.

La mesure itinéraire était la lieue, dont la grandeur variait depuis 2000 jusqu'à 3000 toises; la lieue marine était la 20.ᵉ partie du degré terrestre ancien, et valait 2850 toises; la lieue terrestre en était la 25.ᵉ partie, et valait 2280 toises.

2.° L'unité de superficie était la toise carrée, ou un carré ayant pour côté la toise, qui se divisait en 36 pieds carrés, et le pied carré en 144 pouces carrés.

L'unité de surface pour les terrains était l'arpent = 100 perches carrées. C'était donc un quarré ayant pour côté 10 perches; mais la perche n'était pas partout d'égale grandeur; elle variait depuis 9 pieds jusqu'à 24; la plus répandue était de 18, 20, et 22 pieds.

3.° L'unité de solidité était la toise cube, ou un cube ayant pour côté la toise, et se divisait en 216 pieds cubes, le pied cube se divisait en 1728 pouces cubes, et le pouce cube en 1728 lignes cubes.

4.° Les mesures de capacité pour les liquides étaient variables à l'infini; pour les grains, on employait presque partout le setier ou le sac, dont la grandeur variait d'une ville à l'autre; de manière qu'on avait le même mot sans avoir la même chose.

5.° L'unité de poids était la livre, dont la grandeur n'était pas partout la même, quoique moins variable que le setier; elle se divisait en 16 onces ou 2 marcs; l'once en 8 gros; le gros en 3 deniers, le denier en 24 grains, ou le gros en 72 grains. La livre la plus répandue s'appelait la livre poids de marc; 100 livres formaient le quintal et 1000 livres le millier; 2000 livres étaient le tonneau de mer.

6.° Le jour civil se divisait, et se divise encore, en 24 heures, l'heure en 60 minutes, et la minute en 60 secondes. 365 jours ¼ à peu près forment une année. Dans l'usage civil, elle est de 365 jours, 3 années de suite, et la quatrième est de 366, et porte le nom de bissextile; les autres portent le nom d'années communes.

Cette disposition fut présentée par Jules César 44 ans avant J. C., et prit le nom de Style Julien; 100 années forment une grande

6⁰ mesure s'appelle Siècle. l'année qui finit 3 siècles n'est pas bissextile, quoique les nombres 1700, 1800, 1900, etc. soient multiples de 4, parce que l'année, dont la grandeur dépend du cours du soleil, vulgairement parlant, n'est pas tout-à-fait de 365 $\frac{1}{4}$: la 4ᵉ année séculaire est bissextile comme 2000, 2400 etc. cette réforme a pris le nom de nouveau style ou style Grégorien.

7⁰ L'unité de monnaies s'appelait livre tournois, du nom de la ville de Tours où elle se fabriquait anciennement, pour la distinguer de celle qu'on fabriquait à Paris qu'on appelait livre parisis, et qui n'avait plus lieu depuis long temps ; au reste la livre n'existait pas réellement, c'était une unité imaginaire ou de compte qui se divisait en 20 sous, les sous en 12 deniers. Il y avait des pièces d'or de 48 livres et de 24, des pièces d'argent de 6 livres et de 3, de 24 sous de 12 et de 6, et depuis Louis **XVI** de 30 sous et de 15.

Les caractères usités pour désigner les anciennes mesures sont :

Toises, **T** ; Pied, **P** ; pouce, p ; ligne, l ; point, pᵗ.

Toise quarrée, **TT** ; Pied quarré, **PP**. ; pouce quarré, p.p. ; ligne quarrée, ll. ;

Toise cube **TTT**. Pied cube **PPP**, pouce cube p.p.p ; ligne cube, lll. ;

Livre de poids ℔ ; marc, **M** ; once, **O** ; gros **G** ; denier **D**, ou scrupule ; grain, g ;

Jour, **J** ; heure, h ; minute, m ; seconde, s ; tierce, t ;

Livre tournois, ₶ ; sous S ; denier d.

Des Mesures nouvelles.

Les auteurs du nouveau système des mesures ont senti qu'elles pouvaient se déduire les unes des autres par un enchaînement très simple, et suivant l'ordre décimal, qui est le plus approprié à notre numération ; mais il fallait leur donner une base fixe et dont la connaissance intéressât tous les peuples et leur appartînt aussi bien qu'à nous ; cette base a été prise dans la nature, elle dépend de la grandeur de la terre et sera par conséquent aussi invariable qu'elle.

Par des opérations géométriques extrêmement précises, on a mesuré avec la toise, le quart du méridien terrestre, ou d'un cercle qui envelopperait la terre en passant par les pôles ; le quart compris entre l'équateur et le pôle boréal, compté sur le méridien qui passe par Paris, s'est trouvé de 5,130,740 ᵀ ; la dix-millionième partie de cette grande distance a été prise pour unité de longueur sous le nom de **mètre**, qui signifie **mesure**.

Le mètre est donc l'unité nouvelle de longueur, il est la dix-millionième partie du quart du méridien terrestre, et vaut 3.^{p} 0^{k} 11,^{l} $\frac{236}{1000}$

L'Are est un carré ayant pour côté dix mètres, c'est l'unité de superficie pour les petits terrains.

Le Stère est un cube ayant pour côté un mètre, c'est l'unité de solidité pour le bois de chauffage et de charpente.

Le Litre est un vase de forme cylindrique de même contenance qu'un cube ayant pour côté le dixième du mètre, c'est l'unité de capacité pour les liquides et les matières sèches. Pour les liquides, la hauteur de la mesure est double du diamètre ou de la largeur, et pour les matières sèches la hauteur est égale à la largeur.

Le gramme est le poids absolu (c'est-à-dire dans un espace vide d'air) d'une quantité d'eau pure ou distillée, que contient un petit cube ayant pour côté la centième partie du mètre; cette eau étant mise au degré de glace fondante. Le gramme est égal à 18 grains $\frac{827}{1000}$.

L'unité de temps n'a pas changé; seulement les savans ont trouvé plus commode, pour les calculs astronomiques, de diviser le jour en dix heures, l'heure en 100 minutes, la minute en 100 secondes; mais cette division n'a pas été introduite dans l'usage civil; parce qu'elle aurait trop contrarié nos habitudes, sans une utilité bien réelle pour nos besoins journaliers, qui exigent rarement des opérations de calcul sur le jour et ses subdivisions.

Le franc est une pièce d'argent de 5 grammes, au titre de $\frac{9}{10}$ de fin, ou argent pur, sur $\frac{1}{10}$ d'alliage, ou cuivre; c'est l'unité monétaire; en comparant sa valeur réelle avec la livre tournois ou $\frac{1}{6}$ de l'écu de 6^{tt} parfait, on a trouvé que le franc est égal à 1^{tt} $\frac{1}{30}$, ou 3 deniers.

L'unité dans chaque classe de mesures n'étant pas suffisante pour tous les besoins de la société, il a fallu en inventer de plus grandes et de plus petites, qui en fussent des multiples et des sous-multiples faciles à soumettre au calcul; pour cet effet, on a composé des unités 10, 100, 1000, 10000 fois plus grandes que l'unité générique, et que l'on désigne, lorsqu'on veut les prendre pour unités, par les prénoms Déca, hecto, kylo, myria, dérivés du grec, suivis du nom de l'unité fondamentale. De même, on a décomposé cette unité en unités inférieures 10, 100, 1000 fois plus petites, que l'on désigne par les prénoms déci, centi, milli, dérivés du latin, signifiant dixième, centième, millième; suivis aussi de l'unité générique; ainsi pour la longueur on dira décamètre, hectomètre, kylomètre, et myriamètre, au dessus de l'unité fondamentale, mètre; et au dessous, décimètre, centimètre et millimètre.

Il en est de même pour les autres classes, selon le besoin. Les monnaies sont exemptes de cette nomenclature, il n'y a qu'une seule unité, qui est le

62

franc, qui dans les comptes se divise en 10 parties égales appelées décimes, et le décime en 10 parties égales appelées centimes.

Pour la facilité des payemens, il y a des pièces d'or de 100 f. de 40 f. de 20 f. et de 10 francs; d'argent, de 5 f. de 2 f. de 1 f. de ½ franc = 0 f. 50 c. et de ¼ de franc = 0 f. 25 c. La pièce de 0 f. 05 a paru trop petite, et un objet presque de rebut.

L'unité de superficie est l'are, n'a d'autres multiples que l'hectare (et non l'hectoare) c'est un grand carré dont le côté égale 100 mètres: il contient 100 ares, comme l'indique son nom, ou 10000 mètres carrés; il remplace l'ancien arpent. Le centiare n'est considéré que comme une fraction d'are; lorsqu'on le prend pour unité pour évaluer des petites surfaces, on l'appellera simplement mètre carré, comme on disait toise carrée. Ses subdivisions pourraient être des décimales des mètre carré, ou bien des carrés ayant pour côtés le décimètre, le centimètre, le millimètre etc. alors le mètre carré vaut 100 décimètres carrés; le décimètre carré, 100 centimètres carrés, et le centimètre carré, 100 millimètres carrés. etc.

Pour évaluer l'étendue des pays on emploiera le kilomètre carré ou le myriamètre carré, comme on employait la lieue carrée.

Le stère n'aura guère de multiples ni sous-multiples, n'étant destiné qu'à mesurer le bois de chauffage ou de charpente: dans tout autre mesurage, on l'appellera mètre cube, comme on disait toise cube. Ses subdivisions pourront être des décimales du mètre cube, ou bien des cubes ayant pour côtés le décimètre, le centimètre, le millimètre etc; alors le mètre cube vaut 1000 décimètres cubes, le décimètre cube 100 centimètres cubes.

On peut mettre sous les yeux le système métrique par le tableau suivant:

Unités Fondamentales.

Prénoms	de Longueur.	de superficie.	de Solidité.	de Capacité.	de pesanteur.	de temps.	de monnaies.
10000. myria 1000. kylo. 100. hecto. 10. Déca							
1	Mètre, dix-millionième partie du quart du méridien terrestre = 3.p. 0.n 11,296	Ares, Décamètre Carré.	Stère, Mètre Cube.	Litre, Capacité du décamètre cube.	Gramme, centimètre cube d'eau distillée = 18,827.	Jour civil, Intervalle de temps qui s'écoule entre deux passages consécutifs du soleil au méridien.	Franc, pièce d'argent du poids de 5 grammes = 7 f 0 s 3 d. vaut 20 sous. 0 f,1 = 2 s. 0 f,01 = 2 d,4.
0,1 déci.							
0,01 centi.							
0,001 milli							

On saura donc toute la nomenclature systématique des nouvelles mesures, si l'on apprend les cinq noms génériques, mètre, are, stère, litre, gramme; et les sept prénoms déca, hecto kilo myria pour les multiples; et déci, centi, milli, pour les sous multiples. L'un des grands avantages de ce système vient de ce que les monnaies peuvent servir à vérifier les poids et la longueur du mètre. En effet, puisqu'une pièce d'un franc pèse 5 grammes, une pièce de 5 francs pèse 25 grammes; donc 40 pièces de 5 francs pèsent 1000 grammes ou un kylogramme. La pièce d'or de 20 francs a 21 millimètres de diamètre, et celle de 40 francs 26; on formera donc la longueur d'un mètre en plaçant les unes à la suite des autres, 34 pièces de 20 f. et 11 pièces de 40 f.; car 34 fois 21 millimètres, plus 11 fois 26 millimètres, font 1000 millimètres ou un mètre.

Réduction des mesures anciennes en mesures nouvelles et réciproquement.

Pour faciliter le passage de l'ancien système au nouveau, on a formé des tables propres à convertir un certain nombre de mesures anciennes au nombre correspondant de mesures nouvelles et réciproquement. Pour cet effet, on a évalué en décimales la valeur de chaque unité nouvelle et ancienne. Pour en donner un seul exemple, soit proposé de construire une table propre à convertir les toises en mètres, et une autre pour convertir les mètres en toises.

Le mètre vaut $0^T 3^P 0^{pi} 11^l 296$: on réduira cette valeur en lignes, et on aura 443, l296; on réduira pareillement la toise en lignes, ce qui donne 864. D'après cela, si on veut exprimer la valeur de la toise en mètre, on divisera 864 par 443, 296, ou 864.000 par 443296; et comme on n'altère pas un quotient en divisant le dividende et le diviseur par un même nombre, l'opération reviendra, après avoir trouvé le plus grand commun diviseur entre ces nombres qui est 32, à diviser 27 000 par 13853; donc $1^T = \frac{27000}{13853}$, et réciproquement, $1^M = \frac{13853}{27000}$ .... Donc pour convertir un certain nombre de toises en mètres, il suffit de multiplier ce nombre par 27 000, et de diviser le produit par 13853.

Pour convertir au contraire, un certain nombres de mètres en toises, on multipliera ce nombre par 13853, et on divisera le produit par 27 000.

La conversion entre deux autres mesures ancienne et nouvelle, soit de superficie, soit de capacité ou de poids, et de monnaies, se ferait par le même procédé.

Maintenant, pour construire la table de conversion en décimales de la toise en mètre, on effectuera la division avec 7 ou 8 décimales exactes au quotient de 27000 par 13853, et on trouvera que $1.^{T} = 1^{M}, 94903631$. De même, pour avoir le mètre en décimales de la toise, on divisera 13853 par 27000, on trouvera $1.^{M} = 0,^{T} 513074074$ fractions périodiques après le 3; on fera 9 multiples de ces deux bases, et on aura les deux tables demandées: connaissant la toise en mètres, on en déduira les valeurs en mètres, du pied, du pouce, etc, en divisant successivement par 6, par 12, etc; et réciproquement, pour évaluer le mètre en pieds, en pouces en lignes, etc; il suffira de convertir la valeur $0,^{T} 513074...$ du mètre en pieds, en pouces en lignes, etc; en multipliant successivement par 6, par 12, etc; ce qui conduira aux résultats suivans:

$$1.^{P} = 0,^{M} 328394318 \qquad\qquad 1.^{M} = 3,^{P} 078444$$
$$1.^{P} = 0,^{M} 027069952 \qquad\qquad 1.^{M} = 36^{P} 941328$$
$$1.^{l} = 0,^{M} 002255829. \qquad\qquad 1.^{M} = 443,295936.$$

De l'addition et de la soustraction des nombres complexes.

Pour faire l'addition des nombres complexes, on écrit tous les nombres proposés les uns au dessous des autres, de manière que les parties d'une même espèce soient dans une même colonne verticale; on souligne le dernier nombre pour le séparer du résultat, on commence l'addition par les parties de la plus petite espèce; si leur somme ne compose pas une unité de l'espèce immédiatement supérieure, on l'écrit sous les unités de son espèce; mais si elle en forme assez de parties pour composer une ou plusieurs unités de l'espèce immédiatement supérieure, on n'écrit au dessous que l'excédant du nombre des unités de cette espèce, et on retient celles-ci pour les ajouter avec leurs semblables, sur lesquelles on opère de la même manière.

Pour faire la soustraction des nombres complexes, on écrit le plus petit nombre sous le plus grand, de manière que toutes les parties de la même espèce se correspondent, on souligne le dernier nombre pour le séparer du résultat; on commence la soustraction par les parties de l'espèce la plus faible. Si le nombre inférieur de ces unités peut se retrancher de son correspondant supérieur, on écrit le reste au dessous; s'il ne peut en être retranché, il faut emprunter sur l'espèce immédiatement supérieure une unité, qu'on réduit en unités de cette dernière espèce et qu'on ajouté au nombre dont on ne pouvait retrancher, on fait la même chose pour chaque espèce, et lorsqu'on aura été obligé d'emprunter, on diminuera d'une unité le chiffre sur lequel on a fait l'emprunt; enfin on écrit chaque reste, à mesure qu'on le trouve, au dessous du nombre qui l'a donné.

Quand il ne se trouve pas des unités de l'ordre sur lequel on doit faire l'emprunt, on emprunte une unité de l'ordre qui suit immédiatement celles qui manquent, et on laisse sur ces unités manquantes autant d'unités, moins une, qu'il en faut pour valoir une unité de l'ordre supérieur; car les unités laissées jointes à celles dont on dispose, forment exactement l'unité que l'on a empruntée.

Pour faire la preuve de l'addition des nombres complexes, après avoir retranché la totalité des unités de l'espèce supérieure de la partie qui correspond dans la somme, comme il a été dit aux nombres entiers, on convertit le reste en unités de l'espèce immédiatement inférieure; on ajoute les unités du même ordre que renferme la somme, et du total on retranche la totalité des unités du second ordre : on continue ainsi, jusqu'à ce qu'on ait retranché les unités de la plus petite espèce; alors s'il ne reste rien l'opération a été bien faite; puisqu'après avoir retranché de la somme toutes les parties dont elle était composée, on ne doit trouver aucun reste.

Pour faire la preuve de la soustraction des nombres complexes, il faut (comme pour les nombres entiers) ajouter le plus petit nombre avec le reste; et si l'opération a été bien faite on doit retrouver le plus grand; car c'est ajouter au plus petit nombre ce qui lui manque pour égaler le plus grand.

De la multiplication des nombres complexes.

La multiplication des nombres complexes peut se faire de deux manières. La première consiste à réduire le multiplicande et le multiplicateur en fractions, ayant pour numérateur ces nombres réduits chacun à sa plus petite espèce, et pour dénominateur les nombres qui indiquent combien de fois la plus petite espèce d'unité de chaque facteur est contenue dans la plus grande. On multiplie ces fractions l'une par l'autre, après quoi on évalue la fraction qui exprime le produit en nombres complexes de l'espèce des unités du multiplicande.

La seconde manière consiste à employer les parties aliquotes.

Un nombre est partie aliquote d'un autre nombre lorsqu'il est contenu dans cet autre, un nombre exact de fois, comme 2, 3, 4, 6, 8, 12 qui sont aliquotes de 24 : (l'unité est une partie aliquote de tout nombre entier.)

Deux parties aliquotes sont **semblables**, lorsqu'elles sont contenues le même nombre de fois dans les nombres dont elles sont parties-aliquotes : ainsi 2 et 3 sont des parties aliquotes semblables des nombres 10 et 15, parce que 2 est contenu autant de fois dans 10 que 3 l'est dans 15.

Le nombre est partie **aliquante** d'un autre nombre lorsqu'il n'est pas exactement contenu dans le nombre, ainsi les nombres 5, 7, 9, 10, 11, 13, 15, 17, 19, 21, et 23, sont parties aliquantes de 24.

La multiplication des nombres complexes présente trois cas. 1° lorsque le multiplicande est complexe et le multiplicateur incomplexe. 2° lorsque le multiplicande est incomplexe et le multiplicateur complexe et enfin. 3° lorsque le multiplicande et le multiplicateur sont complexes.

1° Pour multiplier un nombre complexe par un nombre incomplexe, on multiplie d'abord les unités entières du multiplicande par le multiplicateur, comme on l'a fait pour les nombres entiers, ensuite on convertit les unités inférieures du multiplicande en parties aliquotes de leur unité principale, et on prend pour chacune de ces parties aliquotes, la portion du multiplicateur qu'elles-mêmes indiquent ; la somme de ces résultats partiels donnera le produit demandé. En effet, si on ajoutait une unité de l'espèce supérieure au multiplicande, le produit augmenterait du multiplicateur, donc une portion quelconque de l'unité principale de plus au multiplicande augmentera précisément le produit de la même portion du multiplicateur.

2° Pour multiplier un nombre incomplexe par un nombre complexe, on multiplie d'abord tout le multiplicande par les unités entières du multiplicateur, ensuite on convertit les unités inférieures du multiplicateur en parties aliquotes de leur unité principale, et on prend pour chacune de ces parties aliquotes la portion du multiplicande qu'elles-mêmes indiquent, la somme de tous ces produits partiels formera le produit demandé. En effet une unité de l'espèce supérieure ajoutée de plus au multiplicateur, rendrait le produit plus grand de tout le multiplicande, donc une partie quelconque de l'unité principale de plus au multiplicateur, augmentera précisément le produit de la même portion du multiplicande.

3° Lorsque le multiplicande et le multiplicateur sont tous deux complexes, après avoir obtenu le produit des unités principales du multiplicande par les unités principales du multiplicateur, on prend d'abord sur les unités principales, seulement du multiplicateur, les parties aliquotes dans lesquelles se décomposent les subdivisions du multiplicande; puis on décompose les subdivisions du multiplicateur en parties aliquotes de leur unité principale, ou des parties aliquotes qui les précèdent: on prend sur tout le multiplicande, pour chacune de ces parties, les portions qu'elles indiquent.

Pour sentir l'exactitude de ce procédé, il suffit d'observer que le produit cherché doit renfermer trois parties; savoir: le produit des unités principales du multiplicande par les unités entières du multiplicateur, celui des subdivisions du multiplicande par les unités entières du multiplicateur; et enfin le produit de tout les multiplicandes par les subdivisions du multiplicateur.

N.B. 1.º Lorsque la fraction à évaluer est trop petite à l'égard de celle à laquelle on la rapporte, on en facilitera le calcul en prenant une partie aliquote intermédiaire pour former un produit auxiliaire, duquel on déduira la partie aliquote cherchée; on barrera ensuite ce produit auxiliaire, pour ne pas le comprendre dans l'addition des produits partiels qui doivent composer le produit total.

2.º On peut encore abréger la multiplication lorsque les facteurs sont composés de nombres simples: on multiplie tout le multiplicande par les unités principales du multiplicateur, en commençant par les unités de la plus petite espèce et l'on évalue chaque produit partiel en unités de l'espèce immédiatement supérieure, pour les joindre au produit suivant, en écrivant chacun des restes sous les unités du multiplicande que l'on vient de traiter.

De la division des nombres complexes.

La division des nombres complexes présente trois cas, savoir: 1.º lorsque le dividende et le diviseur sont d'espèces différentes et que le dividende seul est complexe; 2.º lorsque le dividende et le diviseur sont complexes et d'espèces différentes; Enfin, 3.º lorsque le dividende et le diviseur sont complexes et de même espèce.

1.º Pour faire la division lorsque le dividende et le diviseur sont d'espèces différentes et que le dividende seul est complexe, il suffit de diviser les unités entières du dividende par le diviseur, et de convertir le reste en unités de l'ordre immédiatement inférieur, en ayant soin d'y ajouter celles du même ordre qui se trouvent dans le dividende; on continue ainsi l'opération jusqu'à ce qu'on soit parvenu à la plus petite espèce d'unité qu'on se propose d'avoir au quotient.

En effet, le dividende et le diviseur étant d'espèces différentes, le quotient doit être de même espèce que le dividende, et le quotient contiendra d'autant plus de parties que l'espèce en sera plus petite.

2° Si le dividende et le diviseur sont tous deux complexes et d'espèce différentes, il faut réduire le diviseur à sa plus petite espèce, multiplier ensuite le dividende par le nombre qui indique combien de fois la plus petite espèce du diviseur est contenue dans la plus grande, et diviser le produit par le diviseur ainsi réduit, car réduisant le diviseur à sa plus petite espèce, on forme une fraction qui a pour numérateur ce nombre réduit à sa plus petite espèce, et pour dénominateur le nombre qui indique combien de fois cette plus petite espèce est contenue dans la plus grande; or pour diviser un nombre par une fraction, il faut le multiplier par cette fraction renversée, c'est-à-dire qu'il faut le multiplier par le dénominateur, et diviser le produit par le numérateur; donc il faut multiplier le dividende par le nombre qui indique combien de fois la plus petite espèce du diviseur est contenue dans la plus grande, et diviser ensuite le produit par le diviseur réduit à sa plus petite espèce; le quotient doit être de même espèce que le dividende.

N.B. Ce second cas ayant été ramené à la division d'un nombre complexe par une fraction, si au contraire l'on avait une fraction à diviser par un nombre complexe il faudrait aussi réduire le diviseur en fraction, puis on diviserait la fraction dividende par la fraction diviseur.

Pour diviser un nombre complexe par une fraction décimale, il faudrait réduire en décimales les unités du dividende inférieures aux unités principales, et faire la division de ces quantités décimales comme on l'a dit. Si enfin c'était une fraction décimale que l'on eût à diviser par un nombre complexe, ce serait alors le diviseur qu'il faudrait réduire en décimales, et on opérerait comme dans le cas précédent.

3° Lorsque le dividende et le diviseur sont de même espèce, incomplexe ou complexe, il faut les réduire tous deux à la même plus petite espèce qui se trouve dans l'un ou dans l'autre, et diviser ces deux nombres entre eux; le quotient sera de l'espèce déterminée par l'état de la question. On convertira le reste en parties de l'espèce immédiatement inférieure, et l'on continuera l'opération de la même manière jusqu'à ce qu'on soit arrivé à la plus petite espèce qu'on se propose d'avoir au quotient.

Car réduisant le dividende et le diviseur à la même plus petite espèce, on forme deux fractions qui ont pour numérateur ces nombres réduits à cette plus petite espèce, et pour dénominateur le nombre qui indique combien de fois cette plus petite espèce est contenue dans la plus grande; le dénominateur étant commun aux deux fractions, il suffit donc de diviser le numérateur de la première par celui de la seconde, c'est-à-dire le dividende par le diviseur, réduits l'un et l'autre à la même plus petite espèce que renferme l'un de ces deux nombres; et comme le dividende et le diviseur sont considérés comme des nombres abstraits, on convertira chacun des restes en sous-espèces de l'unité désignée par l'état de la question.

La preuve de la multiplication des nombres complexes s'effectue comme celle des nombres incomplexes, en divisant le produit trouvé par l'un des facteurs, en choisissant de préférence le plus simple; l'opération aura été bien faite si on trouve au quotient l'autre facteur.

La preuve de la division des nombres complexes, se fait exactement comme celle des nombres incomplexes.

Des carrés et de l'extraction de leurs racines.

On appelle **carré** la seconde puissance d'un nombre, c'est donc le produit de ce nombre par lui-même.

Les neuf chiffres significatifs étant 1, 2, 3, 4, 5, 6, 7, 8, 9, leurs carrés respectifs sont.........................1, 4, 9, 16, 25, 36, 49, 64, 81.

On appelle en général **racine** deuxième, troisième, etc., d'un nombre, un second nombre qui élevé à la deuxième, troisième puissance etc., reproduirait le premier nombre.

L'opération que l'on fait pour trouver une certaine racine d'un nombre donné, porte le nom d'**extraction de racine**; ainsi chercher ou extraire la racine d'un nombre sont synonymes.

La racine deuxième d'un nombre est aussi appelée la **racine carrée**, c'est un second nombre qui élevé au carré reproduirait le nombre proposé.

Pour indiquer une racine à extraire, soit qu'on puisse l'obtenir exactement ou non, on se sert du signe $\sqrt{}$ qu'on prononce **radical**, c'est la lettre r, dont on a chargé les dimensions.

On appelle **indice** le nombre qui exprime le degré de la racine à extraire. Il se place entre les branches du signe radical, excepté pour la racine 2e, pour laquelle on est dans l'usage de le sous-entendre. Ainsi racine carrée de 16 par exemple s'écrira $\sqrt{16} = 4$

Le carré d'un nombre composé de dizaines et d'unités, contient quatre parties qui se réduisent à trois, savoir: le carré des dizaines, le double produit des dizaines par les unités, et le carré des unités. Car lorsqu'on multiplie un nombre par lui-même, composé de dizaines et d'unités, on peut considérer ce nombre comme composé de la somme des deux parties, dont la première serait les dizaines et la seconde les unités; mais on sait que multiplier une somme par une somme, revient à multiplier chaque partie de la somme multiplicande par chaque partie de la somme multiplicateur: or, en multipliant les dizaines du multiplicande par les dizaines du multiplicateur, on a le carré des dizaines; en multipliant les unités du multiplicande par les dizaines du multiplicateur, on a une fois le produit des dizaines par les unités, et passant aux unités du multiplicateur, on multiplie les dizaines par les unités, ce qui donne encore le produit des dizaines par les unités; enfin on multiplie les unités par les unités ce qui donne le carré des unités. Rassemblant ces quatre produits, et réunissant ceux qui sont semblables, on voit que le carré d'un nombre composé de dizaines et d'unités contient en effet le carré des dizaines, le double produit des dizaines par les unités, et le carré des unités.

Lorsqu'un nombre donné n'a pas plus de deux chiffres, sa racine carrée ne peut en avoir plus d'un; car 99 qui est le plus fort nombre exprimé par deux chiffres, n'a qu'un chiffre pour racine; alors, à l'inspection seule du nombre, on connaît sa racine, ou du moins celle qui en approche le plus. Si le nombre proposé a plus de deux chiffres et pas au delà de quatre, sa racine carrée en aura évidemment plus d'un; car cent, qui est le plus petit nombre exprimé par trois chiffres, a pour racine dix, qui est composé de deux chiffres. La racine carrée contenant des dizaines et des unités, le nombre proposé doit renfermer les trois parties du carré, savoir: le carré des dizaines, le double produit des dizaines par les unités, et le carré des unités; or, le carré des dizaines est toujours un nombre de centaines; puisque dix fois dix font cent, ainsi on ne doit chercher cette partie du carré que parmi les centaines du nombre proposé; on sépare donc par un point tout ce qui n'est pas centaines, c'est-à-dire, les deux premiers chiffres à droite; la partie restante à gauche contient donc le carré des dizaines. Si on extrait la racine carrée du plus grand carré, contenu dans cette partie, on aura les dizaines de la racine; on élève cette racine du carré et on retranche ce carré de la tranche à gauche; à côté du reste, on abaisse la tranche qu'on avait d'abord séparée; le dernier résultat ne renferme que les deux dernières parties du carré, c'est-à-dire, le double produit des dizaines par les unités, et le carré des unités; puisqu'on a ôté du nombre proposé le carré des dizaines; or le double produit des dizaines par les unités est évidemment un nombre de dizaines, ainsi on ne doit chercher cette partie du carré que parmi les dizaines du dernier résultat; on sépare donc par un point tout ce qui n'est point dizaines, c'est-à-dire le premier chiffre à droite. La partie restante à gauche contient alors le double produit des dizaines par les unités; mais lorsqu'on divise un produit par un des facteurs, on trouve au quotient l'autre facteur; si donc on divise la partie restante à gauche par le double des dizaines ^{de} la racine, on aura les unités de cette racine. Si la partie restante à gauche ne contenait que le double produit des dizaines par les unités, en la divisant par le double des dizaines trouvées, on aurait les unités de la racine, mais elle peut en outre renfermer les dizaines provenant de la retenue du carré des unités : ainsi en la divisant par le double de la racine trouvée, on pourrait avoir au quotient un chiffre plus fort que les unités de la racine, mais comme on n'a trouvé les unités que par le moyen de la division, il pourrait arriver que ce chiffre fût exact comme quotient, et qu'il fût trop fort comme racine. C'est pourquoi pour n'avoir aucun doute, on fait cette vérification, on élève la racine au carré, et on retranche ce carré du nombre donné; s'il peut se retrancher et s'il ne reste rien, on en conclut que la racine trouvée est exacte. Ou bien encore, puisqu'on a retranché le carré des dizaines du nombre donné, le dernier résultat ne contient plus que le double produit des dizaines par les unités et le carré des unités : on forme donc ces deux dernières parties du carré, et on les retranche du dernier résultat, mais pour les former commodément on écrit les unités de la racine à côté du double des dizaines; on multiplie la ligne de chiffres ainsi formée, par ce même quotient, ce qui forme le carré des unités et le double produit des dizaines par les unités : si donc le reste que l'on obtient est zéro, on en conclut que la racine carrée est exacte, et si l'on n'avait pas pu faire la soustraction, on aurait diminué successivement d'un les unités de la racine, jusqu'à ce que la soustraction ait pu s'opérer.

Si le nombre proposé a plus de quatre chiffres, sa racine en aura évidemment plus d'un, elle contiendra donc des dizaines et des unités; et d'après le raisonnement qu'on vient de faire, ce n'est que parmi les centaines du nombre donné qu'on doit chercher les dizaines de la racine, c'est-à-dire, dans la partie qui reste lorsqu'on a séparé les deux premiers chiffres à droite. Si l'on pouvait connaître au premier coup d'œil quel est le plus grand carré contenu dans la partie restante à gauche, en extrayant sa racine, on aurait les dizaines de la racine qu'on cherche; mais comme ce nombre est toujours trop fort pour cela, on cherche la racine de la partie qui reste à gauche, comme si cette partie était un nouveau nombre donné; il est évident que la racine qu'on trouverait serait les dizaines de la racine du nombre proposé. Appliquant à ce dernier nombre les raisonnemens qu'on vient de faire pour un nombre composé au plus de quatre chiffres, on doit séparer par un point les deux derniers chiffres à droite; on extrait la racine carrée de ce nombre, comme on l'a fait dans le cas précédent; à côté du dernier reste, on écrit la partie qu'on avait d'abord séparée à droite; on sépare son premier chiffre à droite par un point, on divise la partie à gauche par le double des chiffres déjà trouvés, c'est-à-dire, par le double des dixaines de la racine; le quotient donne le chiffre des unités, qu'on éprouve de la même manière que on vient d'indiquer.

Les raisonnemens qu'on vient de faire pouvant s'étendre à un nombre entier quelconque, on en conclut cette règle générale.

« Pour extraire la racine carrée d'un nombre entier, on le partage en allant de droite à gauche en tranches de deux chiffres chacune; (la dernière à gauche, pourra n'avoir qu'un seul chiffre,) on prend la racine carrée du plus grand carré contenu dans la première tranche à gauche, on écrit cette racine à la droite du nombre proposé, dont on la sépare par un trait; on élève cette racine au carré, et on retranche ce carré de la première tranche à gauche. A la droite du reste, on abaisse la tranche suivante du nombre donné; dont on sépare le premier chiffre à droite par un point; on divise la partie restante à gauche par le double de la racine précédemment trouvée (on écrit le double de la racine à la place où on met le quotient dans une division). A la droite de ce nombre, on écrit, ou on imagine écrit, le quotient du double des dixaines par les unités. On multiplie par ce même quotient tous les chiffres qui se trouvent sur cette dernière ligne; et on retranche le produit du dernier résultat. Si la soustraction ne peut pas s'opérer, on diminue le quotient successivement d'une unité, jusqu'à ce que la soustraction puisse s'effectuer; alors on écrit le quotient à la racine, et à la droite du double de dixaines; à côté du reste on abaisse la tranche suivante, dont on sépare par un point le premier chiffre à droite. Si un des derniers résultats ne contenait pas le double de la racine trouvée, on écrirait zéro à la racine, et on abaisserait la tranche suivante. L'opération se continuera de la même manière en abaissant successivement toutes les tranches du nombre donné, et le reste, si le nombre proposé est un carré parfait, doit être zéro.

On n'a pas besoin d'éprouver la racine de la première tranche; elle est toujours exacte; en effet le plus grand carré contenu dans 45 par exemple, est 36, dont la racine est 6; elle ne pourrait être 7, puisque le carré de 7 est 49, plus grand que le nombre donné: ainsi la racine carrée de 45 tombant entre 6 et 7, est un peu plus forte que 6, mais jamais 7.

Si, lorsqu'on a obtenu une racine trop forte, on la diminuait tout d'un coup de plusieurs unités, elle pourrait être trop faible: elle le serait si le reste était égal ou plus fort que le double de la racine trouvée, plus un.

Car si l'on conçoit qu'un nombre soit decomposé en deux parties quelconques, enfermant son carré comme on l'a expliqué dans le carré d'un nombre composé de dizaines et d'unités on trouverait que le carré de cette somme est composé du carré de la première partie, plus du double de la première partie par la seconde, et du carré de la seconde. Or si l'on suppose la seconde partie égale à 1, le carré de la somme sera égal au carré de la première partie augmentée du double de cette partie plus 1; par conséquent, si le reste d'une extraction de racine carrée contenait le double de la racine trouvée plus un, ce serait une preuve que la racine trouvée est trop faible au moins d'une unité, puisqu'en l'augmentant d'un, le carré augmente précisément de la quantité ôtée.

On ne peut jamais mettre plus de 9 à la racine; car si l'on pouvait seulement mettre 10, ce serait une preuve que le chiffre trouvé serait faux, puisque la dizaine du quotient actuel appartiendrait au chiffre précédent. D'ailleurs on en serait averti par le reste de l'opération précédente, qui égalerait au moins le double de la racine déjà trouvée plus un. Il suit de là que la racine carrée aura autant de chiffres que le nombre offre de tranches de deux chiffres.

Puisque pour élever un produit au carré il faut carrer ses facteurs, on en conclura que la racine carrée d'un produit est égale au produit des racines carrées de chacun des ses facteurs.

De même, puisque le dividende est égal au produit du diviseur par le quotient, le carré du dividende vaudra le carré du diviseur multiplié par le carré du quotient; donc le carré du dividende divisé par le carré du diviseur, donnera le carré du quotient: la racine carrée du quotient vaut donc celle du dividende divisée par celle du diviseur.

Si l'on multiplie la racine par un certain nombre, le carré sera multiplié par le carré de ce nombre; car on sait que lorsqu'on multiplie les deux facteurs chacun par un nombre différent, leur produit est précisément multiplié par le produit de ces deux nombres. Or un carré étant le produit de deux facteurs égaux, le nombre que multiplie un des facteurs, c'est-à-dire, la racine, se trouve dans la formation du carré multiplié par lui-même; donc le carré sera multiplié par le carré de ce nombre.

Réciproquement, si l'on multiplie le carré par un certain nombre, la racine sera multipliée par la racine de ce nombre; car si c'était par tout autre nombre, cette racine élevée au carré, ne produirait jamais le carré proposé; puisque le carré de cette racine ne serait pas multiplié par le carré du nombre qui multipliait le carré proposé.

Tous les nombres ne sont pas des carrés parfaits, il arrivera donc le plus souvent que le nombre dont on demandera la racine carrée, n'en aura point; mais en opérant comme s'il en avait une, le résultat sera la racine du plus grand carré qu'il contient. Pour extraire une racine approché au moyen des décimales, il faut mettre à la droite du dernier reste deux fois autant de zéros qu'on veut avoir de chiffres décimaux à la racine. En effet, en écrivant d'abord deux zéros à la droite du reste, c'est comme si on les avait écrits à la droite du nombre donné; puisqu'on les considère comme une tranche du nombre proposé. Le nombre est devenu par conséquent cent fois plus grand; donc la racine qu'on a trouvée est dix fois trop forte; car nous avons démontré que lorsqu'on multiplie un carré par un certain nombre, sa racine était multipliée par la racine carrée de ce facteur; donc pour obtenir la vraie racine, on doit la diviser par dix, c'est-à-dire compter le premier chiffre à droite pour des dixièmes, on a ainsi la racine à un dixième d'unité près.

Si l'on voulait avoir une racine carrée plus approchée, on écrirait quatre zéros à la droite du reste, et on aurait cette racine à moins d'un centième d'unité près: cela est basé sur le même raisonnement que le précédent. On a cette racine à un centième d'unité près; car une unité de plus à la racine la rendrait trop forte; puisqu'en formant les deux dernières parties du carré elles ne pourraient être retranchées du dernier reste; or cette unité occupe la place des centièmes, la racine aurait donc été augmentée d'un centième. On prouverait de même qu'on ne pourrait la diminuer d'une unité sans qu'elle fût trop faible d'un centième; on l'a donc à un centième d'unité près.

Si l'on écrivait un nombre impair de zéros à la droite du reste ou du nombre donné, il serait impossible d'assigner le changement qu'éprouve sa racine. En effet, en écrivant un zéro, par exemple, à la droite du nombre donné, ce nombre est devenu dix fois plus grand; sa racine sera donc multipliée par la racine carrée de dix; mais on ne connaît pas exactement cette racine carrée; donc on ne saura pas quel changement la racine qu'on obtient à éprouver; et par conséquent on ne pourra pas la ramener à sa juste valeur.

On raisonnerait de la même manière pour tout autre nombre impair de zéros.

Pour extraire la racine carrée d'un nombre suivi de décimales il faut, avant de commencer l'opération, compléter les décimales, c'est-à-dire écrire à leur droite un zéro, si le nombre était impair: c'est une suite de ce qu'on vient de démontrer; car si la quantité donnée avait quatre chiffres décimaux, en supprimant la virgule, on le rend dix mille fois plus grand; sa racine carrée est donc multipliée par la racine carrée de dix mille, qui est cent; ainsi il faut séparer à la racine, par une virgule, deux chiffres décimaux. On raisonnerait de même pour tout autre nombre pair de décimales. Si l'on n'avait pas rendu le nombre des chiffres décimaux pair, on n'aurait pas eu le changement qu'éprouvait la racine; si la quantité décimale contenait trois chiffres décimaux, par exemple, en opérant comme s'il n'y avait pas de virgule, on a rendu ce nombre mille fois plus grand, sa racine sera donc multipliée par la racine carrée de mille, qu'on ne connaît pas exactement; on ne pourra donc pas la ramener à sa juste valeur.

Pour avoir la racine carrée d'un nombre, à un tiers d'unité près par exemple, il faut multiplier le nombre proposé par le carré de 3, qui est 9, extraire la racine carrée du produit, en s'arrêtant aux entiers, et diviser la racine trouvée par 3.

En effet, en multipliant le nombre proposé par 9, sa racine est multipliée par la racine carrée de 9, qui est 3; donc pour la rendre à sa juste valeur il faut la diviser par 3, elle sera donc exprimée en tiers; de plus on a cette racine à moins d'un tiers près; car si l'on avait mis une unité de plus ou de moins à la racine, elle aurait été trop forte ou trop faible, précisément de l'unité divisée par 3, c'est à dire d'un tiers; on a donc la racine à un tiers d'unité près.

Pour carrer une fraction il faut carrer son numérateur et son dénominateur. En effet, pour carrer un nombre il faut le multiplier par lui-même; or pour multiplier une fraction par une fraction il faut multiplier les numérateurs entre eux, et les dénominateurs entre eux; donc pour carrer une fraction, il faut carrer ses deux termes.

Pour extraire la racine carrée d'une fraction, il faut extraire les racines carrées de ses deux termes; En effet, extraire la racine carrée d'une fraction, c'est en trouver une autre telle que son numérateur élevé au carré reproduise celui de la fraction donnée; il faut donc qu'il en soit la racine carrée. De même le dénominateur de la fraction cherchée, doit être tel, qu'élevé au carré il reproduise celui de la fraction proposée; il faut donc qu'il en soit sa racine carrée.

Si le dénominateur n'était pas un carré parfait, on le rendrait tel en multipliant les deux termes de la fraction par le dénominateur, ce qui le rendra un carré parfait, sans changer la valeur de la fraction; puis on extraira la racine exacte ou approchée du numérateur, et l'exacte du dénominateur. Cette méthode peut être simplifiée; car un nombre qui n'est pas un carré parfait peut le devenir en le multipliant par un nombre plus simple que lui.

Pour cela il faut décomposer le nombre donné en ses facteurs premiers, supprimer à chaque fois tous les facteurs qui se trouvent écrits deux fois, et on multiplie le nombre donné par le produit de ceux qui ne sont écrits qu'une seule fois.

Car en effaçant les facteurs qui se trouvent écrits deux fois, ou un multiple de deux, c'est comme si on supprimait des carrés parfaits, et en multipliant le nombre donné par les facteurs qui ne se trouvent écrits qu'une fois, on rend ces facteurs des carrés parfaits, puisqu'on les multiplie par ces mêmes facteurs qui se trouvent dans le nombre donné; le produit qu'on obtient ne renferme donc que le produit de plusieurs carrés parfaits, sa racine carrée est par conséquent une racine exacte.

Lorsqu'un nombre n'est pas un carré parfait, sa racine ne peut pas être exprimée par un nombre fractionnaire; car si cette racine était une quantité fractionnaire, en l'élevant au carré on devrait reproduire le nombre qui n'est pas un carré parfait; mais le produit d'une fraction par une fraction ou par elle-même est toujours une fraction, on aurait donc une quantité fractionnaire égale à un nombre entier, ce qui est impossible; donc lorsqu'un nombre n'est pas carré parfait, sa racine ne peut être exprimée ni en nombre entier, ni même en nombre fractionnaire; la racine qu'on obtient alors est appelée incommensurable ou irrationnelle.

La racine carrée de 2 est incommensurable; en effet elle tombe entre 1 et 2, car elle n'est pas exactement 1 puisque 1 élevé au carré égale 1 plus petit que 2; elle ne peut pas être 2, puisque 2 élevé au carré égale 4, plus grand que 2; ainsi 2 n'ayant pas une racine exacte en nombre entier n'est pas un carré parfait, et d'après le raisonnement précédent tout nombre qui n'est pas un carré parfait a une racine incommensurable; donc la racine de 2 l'est aussi.

Pour extraire la racine carrée d'un nombre entier suivi d'une fraction à deux termes, on réduit l'entier en fraction de même espèce que celle qui l'accompagne, on opère sur cette quantité fractionnaire comme si elle était une fraction ordinaire, afin que son dénominateur devienne un carré parfait; s'il ne l'est pas, on extrait la racine carrée exacte ou approchée du numérateur en décimale, celle exacte du dénominateur, en supprimant la virgule dans le numérateur, et on écrit à la droite du dénominateur autant de zéros qu'on veut avoir de figures décimales au numérateur. Par cette opération la nouvelle fraction n'a pas changé de valeur puisque les deux termes ont été multipliés par un même nombre.

C'est une chose indispensable de rendre le dénominateur un carré parfait, car sans cela la racine carrée de la fraction serait

pour dénominateur une quantité incommensurable; or quelle idée pourrait on se faire d'une partie, d'unité de laquelle on ne pourrait pas désigner exactement la grandeur; et de plus on ne pourrait pas savoir après
une opération, à quel degré d'approximation on a le résultat.

La racine d'un nombre qui n'est pas carré parfait n'est jamais
une quantité décimale périodique. En effet, puisqu'une quantité périodique peut toujours se traduire en une fraction à deux termes, si la racine
d'un nombre entier pouvait être une quantité périodique, il s'ensuivrait
que la racine d'un nombre entier pourrait être une quantité fractionnaire,
et c'est ce qui ne peut exister.

Il est des caractères auxquels on reconnaît que le nombre a une
racine incommensurable.

Ce sont 1°. Les nombres terminés par un des quatre chiffres
2, 3, 7, 8. Car d'après la composition du carré d'un nombre qui
renferme plus d'un chiffre, les unités simples de ce carré ne peuvent provenir que du carré des unités de la racine. Or, en formant
les carrés des neuf premiers nombres on voit qu'aucun d'eux n'est terminé par l'un des chiffres 2, 3, 7, 8.

2°. Les nombres impairs qui diminués de l'unité ne sont pas
divisibles par 4. Car le nombre étant pair contient le facteur 2, son carré renferme donc le facteur 2×2 ou 4.

3° Les nombres terminés par un 5, et dont les dizaines ne sont pas 2.

En effet, le premier chiffre à droite du carré d'un nombre provient
du carré des unités de ce nombre. Or lorsque le nombre est terminé par
un 5, le chiffre des unités de sa racine est aussi un 5; et comme le carré d'un
nombre composé de dizaines et de 5 unités est formé du carré des dizaines
qui exprime des centaines, du double des dizaines par deux fois les 5 unités,
ou par 10, qui exprime aussi des centaines, et du carré 25 de 5 unités; donc
si le nombre n'était pas ainsi terminé il ne serait pas un carré parfait.

4°. Tous les nombres terminés par un nombre impair de zéros ou de
décimales. Cela tient à ce que tout nombre qui est terminé par un certain
nombre de zéros, ou de décimales, doit avoir pour carré un nombre terminé par deux fois autant de figures décimales ou de zéros.

Des cubes et de l'extraction de leurs racines.

On appelle cube la troisième puissance d'un nombre; c'est donc
le produit de ce nombre par son carré.

Les neuf chiffres significatifs étant..... 1, 2, 3, 4, 5, 6, 7, 8, 9,
leurs cubes respectifs sont.................................... 1, 8, 27, 64, 125, 216, 343, 512, 729,

La racine troisième d'un nombre est aussi appelée sa racine cubique, c'est un second nombre qui élevé au cube reproduirait le nombre proposé.

L'indice de la racine cubique est un trois, il se place entre les branches du radical. Ainsi racine cubique de 64, par exemple s'écrira

$$\sqrt[3]{64} = 4.$$

Le cube d'un nombre composé de dixaines et d'unités, contient six parties qui se réduisent à quatre; savoir: le cube des dixaines, trois fois le carré des dixaines par les unités, trois fois les dixaines par le carré des unités, et le cube des unités. En effet, puisque le cube d'un nombre résulte de la multiplication de ce nombre par son carré, on formera le cube d'un nombre composé de dixaines et d'unités, en multipliant les trois parties du carré de ce nombre, d'abord par les dixaines, et ensuite par les unités: or le carré des dixaines étant multiplié par les dixaines, donne le cube des dixaines; le double produit des dixaines par les unités étant multiplié par les dixaines, donnera deux fois le carré des dixaines par les unités; le carré des unités étant multiplié par les dixaines, donne une fois le produit des dixaines par le carré des unités; le carré des dixaines étant multiplié par les unités donne une fois le carré des dixaines par les unités, le double produit des dixaines par les unités étant multiplié par les unités, donne deux fois les dixaines par le carré des unités; enfin le carré des unités étant multiplié par les unités donne le cube des unités. Rassemblant ces six résultats, et réunissant ceux qui sont semblables, on voit que le cube d'un nombre composé de dixaines et d'unités contient en effet le cube des dixaines, trois fois le carré des dixaines par les unités, trois fois les dixaines par le carré des unités, et enfin le cube des unités.

Lorsqu'un nombre donné n'a pas plus de trois chiffres, sa racine cubique n'en a qu'un; car 999, qui est le plus fort nombre exprimé par trois chiffres n'a qu'un chiffre pour racine cubique: alors, à l'inspection seule du nombre, on connaît sa racine, ou du moins celle qui en approche le plus. Si le nombre proposé a plus de trois chiffres et pas au delà de six, sa racine cubique en aura évidemment plus d'un; car mille, qui est le plus petit nombre exprimé par quatre chiffres, a pour racine cubique dix, qui est composé de deux chiffres. La racine cubique contenant des dixaines et des unités, le nombre proposé doit renfermer les quatre parties du cube, savoir: le cube des dixaines, trois fois le carré des dixaines par les unités, trois fois les dixaines par le carré des unités, et le cube des unités; or, le cube des dixaines est toujours un nombre de mille, puisque dix fois cent font mille; ainsi on ne doit chercher cette partie du cube que parmi les mille du nombre donné. On sépare donc par un point tout ce qui n'est pas mille, c'est-à-dire, les trois premiers chiffres à droite: la partie restante à gauche contient donc le cube des dixaines. Si cette partie ne contenait que le cube des dixaines, en extrayant sa racine cubique, on aurait les dixaines de la racine; mais elle peut en outre renfermer les mille provenant des retenues des autres parties du cube; on cherche donc quel est le cube le plus grand qui est contenu dans cette partie; on écrit sa racine à côté du nombre donné, dont on la sépare par un trait; on l'élève au cube, et on retranche ce cube de la partie à gauche; on écrit le reste au dessous, à sa droite on abaisse la tranche séparée.

Ce dernier résultat contient encore trois fois le carré des dixaines par les unités, trois fois les dixaines par le carré des unités, et le cube des unités: or, trois fois le carré des dixaines par les unités, est évidemment un nombre de centaines, ainsi on ne doit chercher cette partie du cube que parmi les centaines du dernier résultat; on sépare donc par un point tout ce qui n'est pas centaines, c'est-à-dire les deux premiers chiffres à droite. Si la partie restante à gauche ne contenait que trois fois le carré des dixaines par les unités, en la divisant par le triple carré des dixaines de la racine trouvée, on aurait les unités de la racine; mais elle peut en outre renfermer des centaines provenant des deux autres parties du cube; aussi en la divisant par le triple carré des dixaines, on pourrait trouver au quotient un chiffre plus fort que les unités de la racine; et comme on n'a trouvé les unités que par le moyen de la division, il pourrait arriver que ce chiffre fût exact comme quotient, et qu'il fût trop fort comme racine; c'est pourquoi pour n'avoir aucun doute sur ce chiffre on fait cette vérification: on élève la racine trouvée au cube et on retranche ce cube du nombre donné; s'il peut se retrancher et s'il ne reste rien, on en conclut que la racine trouvée est exacte, et que le nombre proposé était un cube parfait. Ou bien encore, puisqu'on a retranché le cube des dixaines du nombre donné, le dernier résultat ne contient plus que le triple carré des dixaines par les unités, le triple carré des unités par les dixaines, et enfin le cube des unités: on forme donc ces trois dernières parties du cube, et on les retranche du dernier résultat; mais comme cette vérification quoique susceptible d'une petite simplification, à cause du facteur commun des unités, est plus longue que la première, on ne s'en sert pas. Si on n'avait pas pu faire la soustraction, on aurait diminué successivement d'un les unités de la racine, jusqu'à ce que la soustraction ait pu s'effectuer.

Si le nombre proposé a plus de six chiffres, sa racine en aura évidemment plus d'un; elle contiendra donc d'après cela des dizaines et des unités; et d'après le raisonnement qu'on vient de faire, ce n'est que parmi les mille du nombre proposé qu'on doit chercher les dizaines de la racine; c'est-à-dire, dans la partie qui reste lorsqu'on a séparé par un point les trois premiers chiffres à droite. Si on pouvait connaître au premier coup d'œil quel est le plus grand cube contenu dans cette partie restante à gauche, en extrayant sa racine cubique, on aurait les dizaines de la racine qu'on cherche; mais comme ce nombre est toujours trop fort pour cela, on cherche séparément la racine de la partie à gauche, comme si cette partie était un nouveau nombre donné: il est évident que la racine qu'on trouverait sera les dizaines de la racine du nombre donné. Appliquant à ce dernier nombre les raisonnemens qu'on vient de faire pour un nombre composé au plus de six chiffres, on doit séparer par un point les trois premiers chiffres à droite; on extrait la racine cubique de ce nombre, comme on l'a fait dans le cas précédent; à côté du dernier reste, on écrit la partie qu'on avait d'abord séparée à droite; on sépare les deux premiers chiffres à droite par un point, on divise la partie à gauche par le triple carré des chiffres déjà trouvés, c'est-à-dire par le triple carré des dizaines de la racine; le quotient donne le chiffre des unités, qu'on éprouve de la même manière qu'on vient d'indiquer.

Les raisonnemens qu'on vient de faire pouvant s'étendre à un nombre entier quelconque, on en conclut cette règle générale.

Pour extraire la racine cubique d'un nombre entier, on le partage en allant de droite à gauche en tranches de trois chiffres chacune; (la dernière à gauche pourra n'avoir que deux et même qu'un seul chiffre); on prend la racine cubique du plus grand cube contenu dans la première tranche à gauche, on écrit cette racine à la droite du nombre donné, dont on la sépare par un trait; on élève cette racine au cube, et on retranche ce cube de la première tranche à gauche. A la droite du reste, on abaisse la tranche suivante dont on sépare par un point les deux premiers chiffres à droite; on divise la partie restante à gauche par le triple carré du premier chiffre de la racine; on n'écrit le quotient à la racine qu'après l'avoir vérifié, ce qui se fait en élevant la racine trouvée au cube, et en retranchant ce cube des tranches qui correspondent à cette racine. Si la soustraction ne peut pas s'opérer, on diminue le quotient successivement d'une unité, jusqu'à ce que la soustraction puisse s'effectuer; à côté du reste on abaisse la tranche suivante, dont on sépare par un point les deux premiers chiffres à droite. Si un des derniers résultats ne contenait pas le triple carré de la racine trouvée, on écrirait zéro à la racine, et on abaisserait la tranche suivante. L'opération se continuera de la même manière en abaissant successivement toutes les tranches du nombre donné; et le reste, si le nombre proposé est un cube parfait, doit être zéro.

On n'a pas besoin d'éprouver la racine de la première tranche, elle est toujours exacte; en effet le plus grand cube contenu dans 45 par exemple, est 27, dont la racine cubique est 3; elle ne pourrait être 4, puisque le cube de 4 est 64, plus grand que le nombre donné. Ainsi la racine cubique de 45 tombant entre 3 et 4, est un peu plus forte que 3, mais jamais 4.

Si, lorsqu'on a obtenu une racine cubique trop forte, on la diminuait tout d'un coup de plusieurs unités, elle pourrait être trop faible; elle le serait si le reste était égal ou plus fort que le triple carré de la racine trouvée, plus le triple de cette même racine plus un.

Car si l'on conçoit qu'un nombre soit décomposé en deux parties quelconques, en formant son cube, comme on l'a expliqué dans le cube d'un nombre composé de dizaines et d'unités, on trouverait que le cube de cette somme est composé du cube de la première partie, plus du triple carré de la première par la seconde, plus du triple de la première par le carré de la seconde, et du cube de la seconde. Or si l'on suppose la seconde partie égale à 1, le cube de la somme sera égal au cube de la première partie, augmentée du triple carré de la première partie, et du triple de la seconde plus un; par conséquent si le reste d'une extraction de racine cubique contenait le triple carré de la racine trouvée plus le triple de cette même racine plus un, ce serait une preuve que la racine trouvée est trop faible au moins d'une unité, puisqu'en l'augmentant d'un, le cube augmente précisément de la quantité citée.

On ne peut jamais mettre plus de 9 à la racine cubique; car si l'on pouvait seulement mettre 10, ce serait une preuve que le chiffre trouvé serait faux, puisque la dizaine de la racine actuelle appartiendrait au chiffre précédent. D'ailleurs on en serait averti par le reste de l'opération précédente, qui égalerait au moins le triple carré de la racine, plus trois fois la racine plus un. Il suit de là que la racine cubique aura autant de chiffres que le nombre offre de tranches de trois chiffres.

Puisque pour élever un produit au cube il faut cuber ses facteurs, on en conclura que la racine cubique d'un produit est égale au produit des racines cubiques de chacun de ses facteurs.

De même, puisque le dividende est égal au produit du diviseur par le quotient, le cube du dividende vaudra le cube du diviseur multiplié par le cube du quotient; donc le cube du dividende divisé par le cube du diviseur, donnera le cube du quotient: la racine cubique du quotient vaut donc celle du dividende divisée par celle du diviseur.

Si l'on multiplie la racine cubique d'un nombre par un certain nombre, le cube sera multiplié par le cube de ce nombre; car on sait que lorsqu'on multiplie les trois facteurs d'un produit, chacun par des nombres différens, leur produit est précisément multiplié par le produit de ces trois nombres. Or un cube étant le produit de trois facteurs égaux, le nombre que multiplie un des facteurs, c'est-à-dire, la racine, se trouve dans la formation du cube multiplié deux fois par lui-même, ou élevé au cube; donc le cube sera multiplié par le cube de ce nombre.

Réciproquement, si l'on multiplie le cube par un certain nombre, la racine cubique sera multipliée par la racine cubique de ce nombre; car si c'était par tout autre nombre, cette racine élevée au cube, ne produirait jamais le cube proposé; puisque le cube de cette racine ne serait pas multiplié par le cube du nombre qui multiplie le cube proposé.

Tous les nombres ne sont pas des cubes parfaits, il arrivera donc le plus souvent que le nombre dont on demandera la racine cubique, n'en aura point exactement; mais en opérant comme s'il en avait une, le résultat sera la racine cubique du plus grand cube qu'il contient.

Pour extraire une racine approchée au moyen des décimales, il faut mettre à la droite du dernier reste trois fois autant de zéros qu'on veut avoir de chiffres décimaux à la racine. En effet, en écrivant d'abord trois zéros à la droite du reste, c'est comme si on les avait écrits à la droite du nombre donné, puisqu'on les considère comme une tranche du nombre proposé. Le nombre est devenu par conséquent mille fois plus grand, donc la racine qu'on a trouvée est dix fois trop forte; car nous avons démontré que lorsqu'on multiplie un cube par un certain nombre, sa racine était multipliée par la racine cubique de ce facteur: donc pour obtenir la vraie racine, on doit la diviser par dix, c'est-à-dire compter le premier chiffre à droite pour des dixièmes; on a ainsi la racine à un dixième d'unité près.

Si on voulait avoir une racine cubique plus approchée, on écrirait six zéros à la droite du reste, et on aurait cette racine à moins d'un centième d'unité près: cela est basé sur le même raisonnement que le précédent. On a cette racine à un centième d'unité près; car une unité de plus à la racine la rendrait trop forte, puisqu'en formant les trois dernières parties du cube elles ne pourraient être retranchées du dernier reste: or cette unité occupe la place des centièmes, la racine aurait donc été augmentée d'un centième. On prouverait de même qu'on ne pourrait la diminuer d'une unité sans qu'elle fût trop faible d'un centième;

l'a donc à un centième d'unité près.

Si l'on écrivait un nombre de zéros qui ne serait pas un multiple de trois, à la droite du reste ou du nombre donné, il serait impossible d'assigner le changement qu'éprouve sa racine cubique. En effet, en écrivant un zéro, par exemple, à la droite du nombre donné, ce nombre est devenu dix fois plus grand; sa racine cubique sera donc multipliée par la racine cubique de dix; mais on ne connaît pas exactement cette racine cubique, donc on ne saura pas quel changement la racine qu'on obtient a éprouvé, et par conséquent on ne pourra pas la ramener à sa juste valeur.

On raisonnerait de la même manière pour tout autre nombre de zéros qui ne serait pas triple.

Pour extraire la racine cubique d'un nombre suivi de décimales, il faut, avant de commencer l'opération, compléter les décimales, c'est-à-dire écrire à leur droite un ou deux zéros, si le nombre de chiffres décimaux n'était pas un multiple de trois: c'est une suite de ce qu'on vient de démontrer; car si la quantité donnée avait six chiffres décimaux, après avoir été préparée, en supprimant la virgule on la rend un million de fois plus grande, sa racine cubique est donc multipliée par la racine cubique d'un million, qui est cent; ainsi il faut séparer à la racine, par une virgule, deux chiffres décimaux. On raisonnerait de même pour tout autre nombre triple de décimales. Si l'on n'avait pas rendu le nombre des chiffres décimaux multiple de trois, on n'aurait pas su le changement qu'éprouvait la racine; car si la quantité décimales contenait deux chiffres décimaux, par exemple, en opérant comme s'il n'y avait pas de virgule on a rendu ce nombre cent fois plus grand, sa racine sera donc multipliée par la racine cubique de cent, qu'on ne connaît pas exactement. on ne pourra donc pas la ramener à sa juste valeur.

Pour avoir la racine cubique d'un nombre à un tiers d'unité près, par exemple, il faut multiplier le nombre proposé par le cube de 3, qui est 27, extraire la racine cubique du produit, en s'arrêtant aux entiers, et diviser la racine trouvée par 3.

En effet, en multipliant le nombre proposé par 27, sa racine cubique est multipliée par la racine cubique de 27, qui est 3; donc pour la rendre à sa juste valeur il faut la diviser par 3; elle sera donc exprimée en tiers. De plus on a cette racine à moins d'un tiers près; car si l'on avait mis une unité de plus ou de moins à la racine, elle aurait été trop forte ou trop faible, précisément de l'unité divisée par 3, c'est-à-dire d'un tiers: on a donc la racine à un tiers d'unité près.

Pour cuber une fraction il faut cuber son numérateur et son dénominateur. En effet, pour cuber un nombre il faut le multiplier deux fois par lui-même, or pour multiplier trois fractions entre elles il faut multiplier les numérateurs entre eux, et les dénominateurs entre eux : donc pour cuber une fraction il faut cuber ses deux termes.

Pour extraire la racine cubique d'une fraction, il faut extraire les racines cubiques de ses deux termes. En effet, extraire la racine cubique d'une fraction, c'est en trouver une autre telle que son numérateur élevé au cube reproduise celui de la fraction donnée : il faut donc qu'il en soit la racine cubique. De même le dénominateur de la fraction cherchée doit être tel qu'élevé au cube il reproduise celui de la fraction proposée ; il faut donc qu'il en soit la racine cubique.

Si le dénominateur n'était pas un cube parfait, on le rendrait tel en multipliant les deux termes de la fraction par le carré du dénominateur, ce qui le rendra un cube parfait, sans changer la valeur de la fraction ; puis on extraira la racine cubique exacte ou approchée du numérateur, et l'exacte du dénominateur. Cette méthode peut être simplifiée ; car un nombre qui n'est pas un cube parfait peut le devenir en le multipliant par un nombre plus simple que son carré.

Pour cela il faut décomposer le nombre donné en ses facteurs premiers, supprimer à chaque fois tous les facteurs qui se trouvent écrits trois fois, et on multiplie le nombre donné par le carré de ceux qui ne sont écrits qu'une seule fois, et seulement par la première puissance de ceux qui se trouvent écrits deux fois.

Car en effaçant les facteurs qui se trouvent écrits trois fois, ou un multiple de trois, c'est comme si on supprimait des cubes parfaits ; en multipliant le nombre donné par le carré des facteurs, qui ne se trouvent écrits qu'une fois, et par la première puissance de ceux qui se trouvent écrits deux fois, on rend ces facteurs des cubes parfaits ; puisqu'on complète la troisième puissance de ces mêmes facteurs, qui se trouvent dans le nombre donné, le produit qu'on obtient ne renferme donc que le produit de plusieurs cubes parfaits, sa racine cubique est par conséquent une racine exacte.

Lorsqu'un nombre n'est pas un cube parfait, sa racine ne peut pas être exprimée par un nombre fractionnaire ; car si cette racine était une quantité fractionnaire, en l'élevant au cube, on devrait reproduire le nombre, qui n'est pas un cube parfait, mais le produit d'une fraction par une fraction ou par elle

même que est le cube de la seconde partie est toujours une fraction;
on aurait donc une quantité fractionnaire égale à un nombre entier,
ce qui est impossible; donc, lorsqu'un nombre n'est pas cube parfait, sa racine ne peut être exprimée ni en nombre entier ni même en nombre fractionnaire: la racine qu'on obtient alors est appelée incommensurable ou irrationnelle.

La racine cubique de 2 est incommensurable; en effet elle tombe
entre 1 et 2; car elle n'est pas exactement 1, puisque 1 élevé au cube
égale 1, plus petit que 2: elle ne peut pas être 2, puisque 2 élevé au
cube égale 8 plus grand que 2 Ainsi 2 n'ayant pas une racine exacte en nombre entier n'est pas un cube parfait, et d'après le raisonnement précédent
tout nombre qui n'est pas un cube parfait a une racine incommensurable; donc la racine cubique de 2 l'est aussi.

Pour extraire la racine cubique d'un nombre entier suivi d'une
fraction à deux termes, on réduit l'entier en fractions de même espèce que
celle qui l'accompagne; on opère sur cette quantité fractionnaire comme si
elle était une fraction ordinaire, afin que son dénominateur devienne un
cube parfait; s'il ne l'est pas on extrait la racine cubique exacte ou approchée du numérateur en décimales, celle exacte du dénominateur; on supprime
la virgule dans le numérateur, et on écrit à la droite du dénominateur
autant de zéros qu'on veut avoir de figures décimales au numérateur. Par
cette opération la nouvelle fraction n'a pas changé de valeur, puisque ses
deux termes ont été multipliés par un même nombre.

C'est une chose indispensable de rendre le dénominateur un cube parfait, car sans cela la racine cubique de la fraction aurait pour dénominateur
une quantité incommensurable; or quelle idée pourrait-on se faire d'une partie
d'unité de laquelle on ne pourrait pas désigner exactement la grandeur?
et de plus on ne pourrait pas savoir, après une opération, à quel degré d'approximation on a le résultat.

La racine d'un nombre qui n'est pas un cube parfait, quoique composé d'un nombre illimité de chiffres, n'est jamais une quantité décimale
périodique. En effet, puisqu'une quantité périodique peut toujours se
traduire en une fraction à deux termes, si la racine cubique d'un nombre entier pouvait être une quantité périodique, il s'ensuivrait que
la racine d'un nombre entier pourrait être une quantité fractionnaire; ce qui ne peut exister.

Il est des caractères auxquels on reconnaît que le nombre a une
racine incommensurable.

Ce sont 1.° les nombres impairs, qui diminués de l'unité ne sont pas divisibles par 8; car le nombre étant pair contient le facteur 2; son cube renferme donc le facteur $2 \times 2 \times 2$ ou 8.

2° Les nombres terminés par un nombre de zéros ou de décimales qui n'est pas multiple de trois.

Cela tient à ce que tout nombre qui est terminé par un certain nombres de zéros ou de décimales, doit avoir pour cube un nombre terminé par trois fois autant de figures décimales ou de zéros.

Des puissances supérieures au 3.me et de l'extraction de leurs racines.

En examinant avec attention les deux derniers chapitres, on a dû voir qu'ils sont pour ainsi dire jetés au même moule, et que le cube et la racine cubique sont presque la copie du carré et de la racine carrée convenablement modifiés, en ayant égard au nouveau degré de la racine; de sorte qu'en suivant la même marche, il serait aisé d'en conclure la formation d'une puissance quelconque d'un nombre composé de dixaines et d'unités, et on verrait en multipliant les quatre parties du cube, d'abord par les dixaines et ensuite par les unités, que les deux premières parties de la 4.me puissance (les seules nécessaires pour obtenir la racine), seraient composées de la quatrième puissance des dixaines, de quatre fois le cube des dixaines par les unités. Les deux premières parties de la cinquième puissance seraient composées de la cinquième puissance des dixaines, de cinq fois la quatrième puissance des dixaines par les unités, et ainsi des autres puissances. Il résulte donc de cette remarque la pratique suivante.

Pour extraire la racine d'un degré quelconque d'un nombre entier, on le partage en allant de droite à gauche, en tranches d'autant de chiffres chacune qu'il y a d'unités dans le degré de la racine; on extrait la racine de ce degré de la première tranche à gauche, on écrit ce chiffre à la racine; on élève cette racine à la puissance du degré de la racine, et on la retranche de la première tranche à gauche; à côté du reste on abaisse la tranche suivante, dont on sépare à droite par un point, autant de chiffres moins un qu'il y a d'unités dans le degré de la racine à extraire; on divise la partie qui reste à gauche par la puissance de la racine trouvée, moindre d'une unité multipliée par le nombre qui marque le degré de la racine, et l'épreuve du quotient est d'autant plus longue que le degré est plus élevé; on obtient les autres chiffres d'une manière analogue.

On conclurait aussi par analogie les procédés à suivre pour

obtenir une racine d'un degré quelconque d'un nombre qui n'est pas une puissance exacte, au moyen des décimales, et [ou] des quantités fractionnaires.

On peut obtenir par l'extraction de la racine carrée et cubique toutes celles dont le degré est: 1.° une puissance du second; 2.° une puissance du troisième; et 3.° le produit de deux de ces mêmes puissances.

En effet, soit proposé par exemple d'extraire la racine $8.^{me}$ d'un nombre que nous pouvons représenter par $N,^8$ dont la racine $8.^{me}$ est N. Si de N^8 on extrait la racine carrée, on aura $N,^4$ puisque $N^4 \times N^4 = N^8$: de même si de N^4 on extrait aussi la racine carrée, on aura $N,^2$ dont la racine carrée donnera N.

Soit proposé d'avoir la racine $27.^{me}$ d'un nombre représenté par $N,^{27}$ si de N^{27} on extrait la racine cubique, on aura $N,^9$ puisque N^9 élevé au cube donne $N,^{27}$ de même $\sqrt[3]{N^9} = N,^3$ et enfin $\sqrt[3]{N^3} = N$, qui est la racine $27.^e$ demandée.

Enfin, soit proposé d'avoir la racine $36.^{me}$ qui égale $4 \times 9 = 2^2 \times 3^2$ du nombre $N,^{36}$; si de N^{36} on extrait la racine carrée, on aura $N,^{18}$ de même $\sqrt{N^{18}} = N,^9$ et ensuite $\sqrt[3]{N^9} = N^3$ dont la racine cubique égale N.

Des moyens d'abréger les opérations numériques.

1.° Souvent un même nombre doit servir de facteur pour plusieurs multiplications successives ou journalières dont les multiplicateurs sont variables; alors on change la multiplication en addition, en formant une table qui contient tous les produits partiels du facteur fixe multiplié par tous les chiffres 1, 2, 3, jusqu'à 9. Au moyen de cette table on trouve tout faits les produits du multiplicande par chacun des chiffres du multiplicateur quels qu'ils soient, il ne reste plus qu'à les disposer convenablement et à faire ensuite l'addition.

2.° Lorsque les deux facteurs quelconques sont avec beaucoup de chiffres décimaux, et qu'on ne veut pas en avoir au produit autant qu'il y en a dans tous les deux, on peut abréger la multiplication par un autre procédé que nous allons développer.

```
   23,456789                2 3,4 5 6 7 8 9
   12,345678                7 6 5 4 3 2 1
 _____________              _______________
      1 | 82,654312          2 3 4 5 6 7 9
     16 | 4,197523             4 6 9 1 3 6
    140 | 7,40734                7 0 3 7 4
   1172 | 8,3945                   9 3 8 4
   9382 | 7,156                    1 1 7 5
  30370 | 367                        1 3 8
 46925  | 78                          1 4
2345678 | 9                  _______________
 _____________              2 8 9,5 8 7 4 = 289,59
 289,5894 = 289,59
```

Pour fixer les idées prenons deux facteurs ayant six décimales chacun, de manière que le produit total en ait 12 si on faisait la multiplication à l'ordinaire : supposons qu'avant d'additionner tous les produits partiels, on nous dit qu'on se contente de deux décimales exactes au produit ; il est évident qu'il suffirait de commencer l'addition par la colonne des millièmes, dont la somme pourrait donner quelques centièmes, ou même encore par celle des dix millièmes, pour plus d'exactitude ; de sorte qu'on pourrait simplement supprimer toutes les autres colonnes sur la droite par un trait vertical, comme on le voit à l'exemple de l'autre part et n'additionner que celles qui restent vers la gauche. Le produit serait exact jusqu'aux centièmes, qu'on augmenterait de 1, si le chiffre des millièmes était plus grand que 4, pour ne pas perdre un demi centième ; il est donc inutile dans pareil cas d'introduire toutes les décimales superflues, dans les produits partiels, et il suffit d'obtenir ces derniers jusqu'aux dix millièmes seulement, affectés même de quelques erreurs.

Or, lorsque le chiffre des unités du multiplicateur multiplie un chiffre quelconque du multiplicande, le produit partiel qui en résulte est de l'ordre du chiffre multiplié : si donc on veut que ce produit donne des dix millièmes, il faut que le chiffre des unités multiplie le multiplicande à commencer aux dix millièmes, c'est-à-dire deux décimales au delà de celles que l'on veut exactes au produit total. Le produit partiel qui en résultera pourra être fautif de quelques dix millièmes qu'on aurait retenus : si on avait multiplié tous les chiffres des ordres inférieurs, et ces retenues n'égalent jamais le chiffre qui multiplie. Lorsqu'on multiplie par le chiffre des dizaines du multiplicateur, le produit est d'un ordre supérieur à celui du chiffre multiplié ; il faudra donc que le chiffre des dizaines multiplie des cent millièmes pour avoir des dix = millièmes, et ce produit pourra être encore fautif de quelques unités de cet ordre dont la limite sera le chiffre multiplicateur. Le chiffre des centaines devrait multiplier des millièmes et ainsi de suite pour les autres ordres ou chiffres supérieurs ; celui des dizaines ne doit multiplier que des millièmes, etc.

De là il résulte la pratique suivante. On écrit sous le multiplicande le multiplicateur dans un ordre renversé, de manière que le chiffre des unités se trouve placé sous la seconde décimale après celle qu'on veut exacte au produit, ce qui règle la place des autres chiffres. S'il reste des chiffres à la droite du multiplicande, qui n'aient pas de correspondans dans le multiplicateur, on les néglige ; s'il n'y en a pas assez, on y supplée par des zéros. Cela fait, on multiplie le multiplicande conservé par le premier chiffre du multiplicateur renversé, et on écrit le produit à l'ordinaire. On efface ensuite un chiffre à la droite du multiplicande et du multiplicateur, ceux qui restent par le chiffre suivant du multiplicateur en plaçant le produit sous le premier sans l'avancer vers la gauche. On continue de la même manière jusqu'à ce qu'on ait effacé successivement tous les chiffres du facteur multiplicande; on additionne ensuite et on efface à la droite du produit total les deux dernières décimales, en augmentant le troisième chiffre à droite d'une unité si celles-ci forment un nombre plus grand que 49. Appliquons cette pratique à l'exemple précédent, et on a l'opération de droite.

On peut comparer ces produits avec ceux de la méthode ordinaire; jusqu'au trait vertical, de bas en haut, on verra qu'ils sont fautifs de quelques unités du dernier ordre des retenues du produit des chiffres négligés; cependant le produit est le même.

Remarque. La plus grande erreur de chaque produit partiel n'étant jamais égale au chiffre qui multiplie la somme de toutes les erreurs, n'égale jamais la somme des chiffres du multiplicateur; par conséquent, dans le cas où celui-ci aurait dix chiffres, et tous des neuf, l'erreur serait plus petite que 9×10 ou 90; dans le cas de 100 chiffres elle serait plus petite que 9×100 ou 900. Alors on introduirait trois colonnes superflues au lieu de deux. Dans les multiplications ordinaires, où le multiplicateur n'a que trois ou quatre chiffres, une seule colonne superflue est suffisante, et on peut même prévenir l'accumulation des erreurs sur cette colonne en augmentant d'une unité chaque multiplicande successif, lorsque le chiffre immédiatement effacé est > 4, ce qui donne un produit partiel trop fort, qui compense ceux qui sont trop faibles.

3.° Si l'un des facteurs décimaux devait servir pour plusieurs multiplications successives, comme dans le premier cas, on pourrait abréger doublement la multiplication en réunissant les deux cas précédens c'est-à-dire qu'on ferait les 9 multiples du facteur fixe, et qu'on les emploierait ensuite convenablement en transposant la virgule, en considérant chaque chiffre du multiplicateur de gauche à droite d'après l'esprit de la méthode précédente, et ayant soin de se borner pour chaque produit partiel à une décimale seulement au delà de l'ordre qu'on veut exact. Prenons par exemple le multiplicande fixe 2,302585. Soit proposé de le multiplier par 456,789 avec exactitude jusqu'aux centièmes. On dispose les produits partiels comme suit.

	Table			Produit	
1	2,302585		400	921,034
2	4,605170		50	115,129
3	6,907755		6	13,816
4	9,210340		0,7	1,612
5	11,512925		0,08	0,184
6	13,815510		0,009	0,021
7	16,118095			
8	18,420680		456,789 ...	1051,796 = 1051,80
9	20,723265			

Pour ne pas se tromper, on observera que les unités de chaque produit de la table doivent désigner, lorsqu'on les emploie, des unités de même ordre que le chiffre du multiplicateur que l'on considère. Il faut toujours avoir soin d'augmenter d'une unité le dernier chiffre auquel on s'arrête, si le suivant dans la table est plus grand que 4; afin que l'erreur ne soit pas d'une demi-unité en moins du dernier ordre.

On fait un fréquent usage de ce procédé pour convertir les anciennes mesures en nouvelles et réciproquement, et dans d'autres circonstances.

On peut aussi abréger la division par des procédés analogues aux trois qu'on vient d'exposer pour la multiplication. 1.° Si le même dénominateur doit servir pour plusieurs divisions successives, on en forme les neuf multiples, et alors les divisions partielles se changent en soustractions puisque la table donne tout fait le produit du diviseur pour chaque chiffre du quotient, produit qu'il suffit de soustraire du dividende partiel. On a même l'avantage de voir de suite le chiffre que l'on doit écrire au quotient, en comparant le dividende partiel avec le multiple du diviseur qui approche le plus en moins.

2.° Si le diviseur et le dividende ont beaucoup de chiffres et que le quotient doive en avoir aussi beaucoup, on peut abréger la division sans faire la table des multiples du diviseur, ce qui serait trop long, s'il ne doit servir qu'une fois. Pour fixer les idées, soit la division suivante faite d'abord à l'ordinaire.

$$
\begin{array}{r|l}
289589973907942 & \underline{23456789} \\
55022083 & 12345678 \\
8108505 & 9 \\
1071469 & 20 \\
133137 & 647 \\
45943 & 7029 \\
1839 & 57954 \\
197 & 854312 \\
\cdots\cdots\cdots 00 &
\end{array}
\qquad
\begin{array}{r|l}
289589973.907942 & \underline{23456789} \\
55022083 & 12345679 \\
8108505 & \\
1071471 & \\
133203 & \\
15923 & \\
1853 & \\
215 & \\
8 &
\end{array}
$$

Or, comme la grandeur de chaque chiffre successif du quotient dépend principalement des chiffres à gauche dans les dividendes partiels, et du diviseur, on pourrait dans l'exemple actuel, après avoir trouvé les deux premiers du quotient par la méthode ordinaire, trouver les six autres en négligeant d'abaisser les derniers du dividende, et effaçant aussi successivement les six derniers du diviseur, pour faire à peu près compensation. Nous disons les six derniers, et non un plus grand nombre, afin que le dernier chiffre du quotient soit donné par un diviseur de deux chiffres pour plus d'exactitude, et un dividende partiel de deux ou de trois. En généralisant cette idée, il en résulte la pratique suivante. On supprime à la droite du dividende total, autant de chiffres qu'il y en a au diviseur, moins deux; on divise à l'ordinaire tout ce qui reste sur la gauche par le diviseur complet. On continue ensuite la division avec le dernier reste, en effaçant successivement à la droite du diviseur 1, 2, 3, ... chiffres, etc. jusqu'à ce qu'il n'en reste plus que deux pour dernier diviseur.

Appliquons cette théorie à l'exemple précédent, et en à l'opération de droite. Si on compare les dividendes partiels de cette méthode abrégée avec ceux de la méthode ordinaire jusqu'au trait vertical, on les trouve fautifs par excès de quelques unités, qui s'accumulent de l'une à l'autre, parce que les diviseurs successifs sont trop faibles. Aussi arrive-t-il que le dernier quotient est trop fort d'une unité. On peut prévenir cette erreur en augmentant d'une unité le diviseur, lorsque le chiffre immédiatement effacé est plus grand que 5.

Si la partie qui reste sur la gauche du dividende total après la suppression des chiffres convenables, sur la droite, ne contient pas le diviseur, on commence de suite la division abrégée. Si au lieu de vouloir le quotient exact jusqu'aux unités, on le veut avec un certain nombre de décimales, il faut conserver autant de chiffres de plus sur la droite du dividende, de sorte que s'il n'y en a pas assez on y supplée par des zéros. Ainsi généralement le dividende et le diviseur étant des nombres entiers ou avec un égal nombre de décimales, ce qui revient au même, en supprimant la virgule, on négligera à la droite du dividende autant de chiffres qu'il en a au diviseur, moins 2 ou moins 3 ou moins 4, etc. selon que l'on voudra le quotient exact jusqu'aux unités, dixièmes, centièmes, etc.

3.° Si le même diviseur doit servir plusieurs fois, on peut abréger doublement la division en employant les deux moyens précédents, c'est à dire qu'on fera la table des neuf multiples, qu'on emploiera à l'ordinaire pour diviser la partie qui reste sur la gauche dans le dividende total, et pour les autres divisions partielles on supprimera successivement 1, 2, 3 etc. chiffres sur la droite des produits de la table, comme on aurait fait sur la droite du diviseur.

Au reste, dans ce cas et le premier, il serait plus commode de changer la division en multiplication, en divisant l'unité par le diviseur fixe et mettant à ce quotient autant de décimales qu'on le jugerait convenable. Ce quotient servirait de facteur fixe, que l'on multiplierait par les dividendes variables; en effet le quotient $5:3 = 5 \times \frac{1}{3}$.

Lorsqu'on a un nombre très grand dont on veut extraire la racine carrée, et que l'on a déjà trouvé plus de la moitié des chiffres de la racine, on peut aisément déterminer les autres par la simple division. Pour cet effet, on abaisse à la suite du reste tous les autres chiffres du nombre proposé, on sépare sur la droite moitié autant de chiffres qu'il vient d'en être abaissé, et on divise la partie à gauche par le double de la racine trouvée; le quotient sera les nouveaux chiffres qu'il faudra écrire à la droite de ceux déjà trouvés.

Le procédé est fondé sur ce qu'en divisant le double de la première partie de la racine multipliée par la seconde, par le double de la première partie, on trouve au quotient la seconde. Cette seconde partie étant trouvée, on vérifiera la racine, en retranchant le carré de cette racine du nombre proposé.

De même, lorsqu'on a trouvé plus de la moitié des chiffres de la racine cubique d'un nombre, on obtient aisément tous les autres par la division. Pour cet effet on abaisse à la suite du reste tous les autres chiffres du nombre proposé, on sépare sur la droite les deux tiers, et l'on divise la partie à gauche, par trois fois le carré de la racine déjà trouvée.

Cette règle est fondée sur ce qu'en divisant trois fois le carré de la première partie de la racine, multiplié par la seconde, par le carré de la première partie, on aura au quotient la seconde partie.

Des opérations sur les nombres écrits dans différents systèmes de numération.

Quelle que soit la base du système de numération dont on voudra faire usage, les méthodes de calcul précédemment exposées seront les mêmes, pourvu qu'on ait continuellement présent à l'esprit quel est, dans le système que l'on a choisi, le nombre d'unités d'un ordre quelconque nécessaire pour former une unité de l'ordre immédiatement supérieur. D'après cela, pour additionner plusieurs nombres donnés d'après un système quelconque, on les dispose de manière que les unités du même ordre se trouvent dans la même colonne verticale; on met un trait sous ces nombres pour les séparer du résultat qu'on pose dessous, et l'on calcule la somme des unités, contenues dans la première colonne à droite. Quand cette somme ne surpasse pas le plus fort chiffre de la base, on écrit le chiffre qu'elle exprimera sous la colonne des unités; lorsqu'elle surpassera le plus fort chiffre du système, on en ôte la base autant de fois qu'elle y sera contenue; le reste sera le premier chiffre à droite de la somme, et le nombre de fois que la base aura été contenue exprimera des unités du second ordre. On ajoute ces unités aux unités du second ordre des nombres proposés; si cette nouvelle somme n'excède pas le plus fort chiffre du système on la pose à son rang; si elle est égale ou plus forte que la base, alors on en ôte la base autant de fois qu'elle y est contenue, et on écrit ce qui reste, qui sera le second chiffre du résultat, et ainsi de suite jusqu'à la dernière colonne, sous laquelle on pose la somme telle qu'on la trouve.

Pour retrancher un nombre d'un autre, écrits dans un système quelconque, on place le plus petit sous le plus grand, de manière que les unités du même ordre se correspondent; on met un trait sous ce dernier nombre, pour le séparer du résultat, qu'on placera dessous; on commence l'opération par la droite, et on retranche chaque chiffre inférieur du chiffre supérieur correspondant; on met chaque reste partiel sous la colonne qui l'a fourni; quand le chiffre inférieur sera plus grand que le chiffre supérieur correspondant, on empruntera une des unités du premier chiffre significatif à gauche, qui devra par consé-quent être diminué d'un dans la suite de l'opération, cette unité en vaudra de l'ordre du chiffre pour lequel on emprunte un nombre mar-qué par la base elle-même, on ajoute ce nombre d'unités au chiffre qui se trouve trop faible et on fait la soustraction.

Si le chiffre à gauche sur lequel on veut emprunter était un zéro, on prendra une unité sur le chiffre placé à sa gauche, cette unité en vaudrait autant que la base en contient de la place de celle du zéro; on en laisse ce même nombre, moins un, sur ce zéro; l'unité qui reste en vaut de même autant qu'en indique la base, on les ajoute au chiffre qui s'est trouvé trop faible, et on fait la soustraction.

Pour multiplier un nombre composé de plusieurs chiffres écrits dans un système quelconque, par un nombre d'un seul chiffre, on place le multiplicateur sous les unités du multiplicande, on tire un trait au dessous de ces nombres pour les séparer du produit, on multiplie successivement, en commençant par la droite, les unités de chaque ordre du multiplicande, par le multiplicateur; on écrit le produit tout entier lorsqu'il ne surpasse pas le plus fort chiffre du système; mais lorsqu'il surpassera le plus fort chiffre du système, on en ôtera la base autant de fois qu'elle y sera contenue, le reste sera le premier chiffre à droite du produit, et le nombre de fois que la base aura été contenue exprimera des unités du second ordre, qu'on ajoute au produit suivant, et on continue ainsi jusqu'au dernier chiffre à gauche du multiplicande, dont on écrit le résultat tel qu'il se trouve.

Pour multiplier un nombre composé de plusieurs chiffres, par un nombre composé aussi de plusieurs chiffres, l'un et l'autre écrits dans un système quelconque, on multiplie d'abord tous les chif-fres du multiplicande successivement par les unités du premier ordre du multiplicateur, ensuite par celles du second ordre, par celles du troi-sième etc., et on recule chaque produit d'un rang vers la gauche; on ajoute tous ces produits particuliers, et leur somme donne le produit total.

34

On recule d'un rang vers la gauche les produits partiels, parce que chaque chiffre du multiplicateur, en allant de droite à gauche, devient de la base en la base fois plus grand; et comme on ne peut ajouter que des unités de même espèce il s'ensuit que chaque produit doit être reculé d'un rang vers la gauche.

À l'égard de la division, la règle que nous avons appliquée aux nombres dont la base est dix, convient à des nombres écrits dans un système quelconque puisque cette opération se compose de multiplications et de soustractions partielles qu'on sait effectuer; mais il faut être exercé à traduire en nombres dont la base est dix, tout nombre écrit dans un système quelconque.

Nous supposons que les systèmes de numération ne diffèrent que par leurs bases qui fixent la valeur relative des chiffres en procédant de droite à gauche; alors un nombre quelconque est exprimé par ces différens chiffres dont le premier à droite n'a que sa valeur absolue, le suivant à gauche a pour valeur son produit par la première puissance de la base; le troisième son produit par la seconde puissance, et ainsi de suite; par exemple le nombre 4567, dans notre système décimal égale $4\times10^3+5\times10^2+6\times10+7$, le même nombre, dans le système duodécimal vaudrait $4\times12^3+5\times12^2+6\times12+7$.

Cela posé, nous allons résoudre d'abord ce double problème. Étant donné un nombre ou assemblage de chiffres dans un système dont la base est différente de la nôtre, traduire ce nombre dans le système décimal, que nous prenons pour terme de comparaison; et réciproquement, étant donné un nombre dans ce dernier système, trouver son expression dans un autre d'une base donnée ?

1°. Soit le nombre proposé 4567 dans le système dont la base est 12, pour les traduire dans le système décimal, il suffit d'effectuer les différens produits qui en composent la valeur, ce que l'on peut faire de deux manières.

Première manière.

$$4\times12^3=4\times1728=6912$$
$$5\times12^2=5\times144=720$$
$$6\times12=\dots\dots\dots72$$
$$7=\dots\dots\dots\dots7$$
$$\overline{7711}\quad\text{Nombre cherché.}$$

Seconde manière.

$$4\times12+5=53$$
$$53\times12+6=642$$
$$642\times12+7=7711\quad\text{Nombre cherché.}$$

Cette seconde méthode est presque évidente par elle-même puisque d'après la supposition actuelle, chaque unité du quatrième ordre en vaut douze du cinquième; donc il faut multiplier 4 par 12, et y ajouter 5 pour le réduire en unités de l'espèce du chiffre 5 ou du troisième ordre, par la même raison ce résultat doit être multiplié par 12, pour être converti en unités de l'espèce du 6 et elle est d'ailleurs plus expéditive, et conduit de suite à la solution du problème.

2°. Soit proposé de traduire le nombre 7711 du système décimal

au système duo-décimal. Il suffit évidemment de défaire l'opération précédente. Or 7711, d'après sa composition, contient un multiple de 12 + 7, si donc on
le divise par 12, on aura au quotient 642 et un reste 7, qui sera le
premier chiffre à droite. Le quotient 642, divisé aussi par 12, donnera
pour quotient 53, et pour reste 6, qui sera le second chiffre cherché; de
même le quotient 53, divisé par 12, donnera 4 pour quotient, et 5 pour
reste, qui sera le troisième chiffre, le quatrième sera le quotient 4. Ce double
exemple peut servir de modèle pour tous les problèmes semblables quelle que
soit la base du système étranger.

    Il résulte des deux problèmes qu'on vient de résoudre les pratiques ou
règles générales

    1°. Pour traduire dans un système décimal un nombre
donné dans tout autre système, il faut multiplier son premier chiffre à droite par un, son second par la nouvelle base,
son troisième par le carré de cette même base, ainsi de
suite, puis ajouter tous ces produits; Ou bien encore;

    Il faut multiplier le premier chiffre à gauche du nom-
bre proposé, par la base, et ajouter au produit le second
chiffre (En partant de la gauche), multiplier la somme
ainsi obtenue par la base, et ajouter au produit le troisième chiffre,
et ainsi de suite.

    2°. Pour écrire un nombre donné dans le système décimal
dans tout autre système, il faut diviser le nombre donné par la base
du nouveau système, le reste de cette division sera le premier chiffre à
droite du nombre cherché; on divisera ensuite le quotient déjà obtenu encore par la base, le reste de cette nouvelle division sera le second chiffre à
droite et ainsi de suite; on continue de diviser toujours par la base jusqu'à
ce qu'on arrive à un quotient moindre que la base.

    Connaissant un nombre (1334), par exemple, dont la base est 6, on se pro-
pose d'écrire ce nombre dans le système dont la base est 8. -

    Ce qu'on vient de dire donne la solution de ce problème; car il suffit,
après avoir exprimé le nombre dans le système décimal, d'écrire ce nombre décimal dans le système dont la base est 8. Ainsi le nombre (1334) étant donné
dans le système dont la base est 6, pour écrire ce nombre dans le système dont la
base est 8, on exprimera le nombre (1334) dans le système décimal, ce qui donnera 346; écrivant ce dernier nombre dans le système dont la base est 8,
le résultat (532) sera le nombre cherché, écrit dans le système dont la
base est 8.

On peut encore trouver directement cette valeur, sans qu'on soit obligé de traduire le nombre donné dans le système décimal. Il suffit pour cela de traduire la base cherchée dans la base du nombre donné (ce qui se fait comme pour passer du système décimal à un autre système), et d'appliquer encore la même règle sur le nombre donné, en effectuant les opérations dans le système de ce même nombre ; ou bien encore traduire la base du nombre donné dans le système cherché, et appliquer la règle pour passer d'un système quelconque au système décimal, en effectuant les opérations dans le système cherché.

Ainsi, pour faire passer le nombre (1334), écrit dans le système dont la base est 6, au système dont la base est 8, il faut diviser (1334) par huit, écrit dans le système dont la base est 6, ce qui donne 12, et effectuer la division dans ce même système.

Comme on n'a donné d'exemples d'aucune de ces opérations, nous allons effectuer celle-ci.

$$
\begin{array}{cc|c}
1\ 3\ 3\ 4 & & 12 \\
1\ 2 & & \overline{\begin{array}{c}1\ 1\ 1 \\ 1\ 0\ 4\end{array}}\ \ 12 \\
\overline{\ \ 1\ 3} & & \overline{\ \ \ 3}\ \ \ \ 5 \\
\ \ 1\ 4 & & \\
\ \ 1\ 2 & & \\
\overline{\ \ \ \ 2} & &
\end{array}
$$

La première division n'offre aucune difficulté, et comme on trouve pour reste 2, ce chiffre exprime donc les unités du premier ordre dans le système dont la base est 8 ; et 111 sont les unités du second ordre, qui en contiennent du troisième. Pour les trouver on divise encore 111 par 12. Pour cela on cherche en 11 qui vaut 7 (dans le système dont la base est 6) combien de fois 1 ; il y est seulement 5, à cause des retenues, et l'on écrit 5 au quotient. Multipliant le diviseur par 5, et retranchant ensuite ce produit du dividende, il reste 3 ; donc ce chiffre exprime les unités du second ordre, et 5 celles du troisième.

Le nombre 532, est en effet celui que nous avions trouvé par le premier procédé.

Des quatre opérations fondamentales des quantités littérales.

Lorsque les nombres donnés qui doivent entrer dans le cours d'un raisonnement sont exprimés par beaucoup de chiffres, il est plus commode de les représenter pour un instant par les lettres de l'alphabet, et si

la fin du raisonnement qui conduit à la fin de l'opération cherchée, on substitue aux lettres les nombres qu'on est convenu de remplacer,
et on exécute sur ces nombres l'opération indiquée par les signes. Sous ce
point de vue l'arithmétique prend le nom d'arithmétique universelle
ou **Algèbre**; parce que les opérations, qu'elle ne fait qu'indiquer, sont
indépendantes de tout système particulier de numération, et s'exécu-
tent ensuite d'après les règles propres à celui qu'on a choisi. Ainsi
$a + b$ signifie que le nombre représenté par a dans un système quelconque de numération, doit être ajouté à celui que représente b dans
le même système, d'après le procédé qui lui est propre.

On appelle **quantité littérale** ou **algébrique** toute quantité représentée par des lettres quelconques.

On appelle **Coefficient** d'une quantité algébrique le nombre qui, placé à la gauche de cette quantité, indique combien de fois elle se
trouve répétée. Toute quantité qui n'a pas de coefficient est censée avoir
l'unité pour coefficient.

Pour dégager une quantité de son coefficient on écrit cette
quantité avec son signe autant de fois qu'il y a d'unités dans son coefficient.

Il ne faut pas confondre le coefficient avec l'exposant, c'est-à-dire
$3a$ avec a^3; car $3a = a + a + a$,
$$\text{et} \quad a^3 = a \times a \times a.$$

On appelle **terme** d'une quantité algébrique tout
ce qui se trouve compris entre un signe plus ou moins, jusqu'à
un autre signe plus ou moins.

On appelle **Monôme** une quantité exprimée par un seul terme;
Binôme celle qui en a deux; **Trinôme** celle qui en a trois; **Quadrinôme**
celle qui en a quatre, etc.; et **Polynôme** les quantités composées de plusieurs
termes.

Deux termes sont **semblables** lorsqu'ils sont composés des mêmes
lettres, affectées des mêmes exposans, quoique leurs signes et leurs coefficiens
puissent être différens.

La **Réduction** est une opération par laquelle on réduit
tous les termes semblables à un seul.

Pour réduire deux termes semblables, il faut retrancher la plus petite
quantité de la plus grande, et donner au reste le signe de la plus grande.

Pour réduire plusieurs termes semblables, il faut faire la somme
des termes semblables affectés du signe plus; celle des termes semblables

38

affectés du signe moins, puis On retranche la plus petite de ces deux sommes de la plus grande; et on donne au reste le signe de la plus grande. Cette opération ne s'effectue donc que sur les coefficiens.

La valeur d'un polynome reste la même, dans quelque ordre qu'on écrive ses termes; car les valeurs des termes étant indépendantes de leur position relatives, le résultat exprime toujours la somme des quantités additives, diminuée de la somme des quantités soustractives. (Les quantités précédées du signe plus sont appelées positives et celles qui sont précédées du signe moins négatives.)

On appelle Dimension ou degré d'un terme le nombre des facteurs littéraux qui composent ce terme.

Le coefficient ne compte pas pour une dimension, ainsi $7\,a^{3}b\,c^{2}$ est dit du sixième degré ou à six dimensions.

La règle pour faire l'addition des quantités algébriques se réduit à écrire les quantités les unes à la suite des autres, avec leurs signes tels qu'ils sont, puis on fait la réduction.

Ainsi, pour ajouter ensemble les quantités $6\,a^{2}+2b$, $a^{3}-5b+3c$, $-2a^{2}+3b-c$, on écrira

$$6\,a^{2}+2b+a^{3}-5b+3c-2a^{2}+3b-c$$

ou en réduisant on trouve $4\,a^{2}+a^{3}+2c$.

Pour faire la soustraction des quantités algébriques on change les signes de tous les termes de la quantité que l'on veut retrancher, et on écrit cette quantité, avec les signes ainsi changés, à la suite de celle de laquelle on doit la retrancher; puis on fait la réduction.

En effet, si de la quantité a, par exemple, on voulait ôter la quantité $b-c$; on raisonnerait ainsi: si on avait b tout entier à soustraire de a, on indiquerait cette soustraction en écrivant $a-b$; mais ce reste serait trop faible de c; puisqu'en ôtant b on a ôté de trop la quantité c dont b devrait être préalablement diminué; il faut donc l'ajouter au reste $a-b$, et on aura $a-b+c$, pour le vrai résultat.

La multiplication des quantités algébriques présente quatre règles, savoir:

1.º la règle des signes.

2.º la règle des coefficiens.

3.º la règle des lettres

et 4.º la règle des exposans.

1.º Lorsque le multiplicande et le multiplicateur ont tous deux le même signe, le produit a le signe plus, et lorsqu'ils ont différens signes, le produit a le signe moins.

Le produit $+a$, par une quantité quelconque, sera affecté du signe $+$: en effet $+a$, répété un nombre quelconque de fois, est égal à $+a$ écrit

autant de fois que le multiplicateur renferme d'unités; et en effectuant la réduc-
=tion, comme tous les termes de cette quantité ont le signe plus, le produit aura
donc le signe plus. Ainsi le produit de a par b sera $a \times b$.

Soit, en second lieu, $a - a$ à multiplier par b. Pour faire cette multiplication, il faut multiplier chacun des termes du multiplicande par b; or,
a multiplié par b donne au produit $a \times b$; mais le multiplicande $a - a$
étant nul, le produit doit être nul aussi; il faut donc que $- a$ multiplié par
b donne au produit $- a \times b$, afin de détruire $a \times b$. Donc, lorsque le multiplicande a le signe moins et le multiplicateur le signe plus, le pro-
-duit doit avoir le signe moins.

Soit, en troisième lieu, la quantité a à multiplier par $b - b$.
Pour faire cette multiplication, il faut multiplier le multiplicande
par chacun des termes du multiplicateur; or, a multiplié par b donne
au produit $a \times b$, mais le multiplicateur $b - b$ étant nul, le pro-
-duit doit être nul aussi; il faut donc que a multiplié par $- b$ donne
au produit $- a \times b$, afin de détruire $a \times b$. Donc, lorsque le multiplicande a le signe plus et le multiplicateur le signe moins, le
produit doit avoir le signe moins.

Soit proposé enfin de multiplier $- a$ par $- b$, on aura pour
produit $a \times b$. Car, si on avait $a - a$ à multiplier par $- b$, il fau-
-drait multiplier chacun des termes du multiplicande par le multipli-
=cateur; or, on vient de voir que a multiplié par $- b$ donne au produit
$- a \times b$; mais le multiplicande $a - a$ étant nul, le produit doit être
nul aussi; il faut donc que $- a$ multiplié par $- b$ donne au produit
$a \times b$, afin de détruire $- a \times b$. Donc, lorsque le multiplican-
-de et le multiplicateur ont tous deux le signe moins, le produit a le
signe plus.

En rapprochant les quatre principes qu'on vient de faire resor-
-tir, on voit que le principe avancé est prouvé.

2°. La multiplication des coefficiens s'effectue en faisant le
produit de ceux du multiplicande et du multiplicateur partiels, que l'on
place à la gauche du produit des lettres.

Si l'on avait par exemple $5 a$ à multiplier par $3 c$.
En supprimant les coefficiens on aura $a \times c$ pour produit; mais
nous avons vu que lorsqu'on divisait les facteurs d'un produit par des
nombres quelconques, le produit était divisé par le produit de ces nombres;
donc le produit $a \times c$ est du produit 5 par 3 trop petit; il faut donc
le multiplier par ce produit, c'est-à-dire le multiplier par 15, et
on aura pour le produit demandé $15\, a \times c$.

3.º À l'égard de la règle des lettres, leur produit se forme en écrivant les divers facteurs les uns à la suite des autres, sans interposition de signe. Ainsi $a \times b$ s'écrit ab.

4.º L'exposant marquant le nombre des facteurs égaux que forme l'expression dont il fait partie, et le produit de deux quantités devant avoir pour facteurs tous ceux qui forment chacune de ces quantités, il s'ensuit que lorsqu'on a une lettre ayant un exposant quelconque à multiplier par la même lettre ayant un exposant quelconque, le produit sera cette lettre avec un exposant égal à la somme de ceux des facteurs. Car a^2 et a^3 sont la même chose que aa et aaa, donc $a^2 \times a^3 = aa + aaa = aaaaa = a^{2+3}$.

Pour nous rendre compte de la manière d'effectuer la multiplication des polynômes, commençons par remarquer que si le multiplicande renferme des termes additifs et des termes soustractifs, et facteur exprime une différence entre le nombre d'unités marqué par la somme des termes additifs, et le nombre marqué par la somme des termes soustractifs. D'où il suit que la multiplication de deux polynômes quelconques est ramenée à la multiplication des deux binômes, tels que $a - b, c - d$, a désignant la somme des termes additifs, et $- b$ la somme des termes soustractifs du multiplicande, il en est de même de c et d par rapport au multiplicateur, c'est-à-dire qu'il faut opérer la multiplication des polynômes en suivant les règles que nous avons établies pour ces monomes. De là on tire cette règle.

Pour effectuer la multiplication des quantités polynômes, on écrit le multiplicateur au dessous du multiplicande, on souligne le tout, on multiplie ensuite tout le multiplicande par chacun des termes du multiplicateur, en ayant le soin chaque fois d'écrire les produits partiels semblables dans une même colonne verticale, puis on fait la réduction.

Soit proposé de multiplier

$$a^2 - 2ab + b^2$$

par

$$2a^2 - b^2$$

$$2a^4 - 4a^3b + 2a^2b^2$$
$$\qquad\qquad - a^2b^2 + 2ab^3 - b^4$$

en réduisant on a $\quad 2a^4 - 4a^3b + a^2b^2 + 2ab^3 - b^4$.

La multiplication des polynômes s'indique par des parenthèses ou crochets, entre lesquels on renferme les différens facteurs du produit indiqué. L'expression $(3a^4 - 2a^2b^2 + b^4)(b^2 - c^2)(a^2c^3 + d^5)$

Par exemple, indique le produit des quantités
$$8a^4 - 2a^2b^2 + b^4, \quad b^2 - c^2, \quad a^2c^3 + d^5$$

Voici des résultats de multiplication d'un usage fréquent:

1.º Soit proposé de former le carré ou la seconde puissance d'un binôme $a + b$, on a d'après les principes connus:
$$(a+b)^2 = (a+b)(a+b) = a^2 + 2ab + b^2;$$

C'est-à-dire que le **carré** de la somme de deux quantités se compose du carré de la première, plus du carré de la seconde, plus du double produit de la première par la seconde.

2.º Soit à former le carré d'une différence $a - b$, on a
$$(a-b)^2 = (a-b)(a-b) = a^2 - 2ab + b^2,$$

c'est-à-dire que le carré de la différence de deux quantités se compose du carré de la première, plus du carré de la seconde, moins le double produit de la première par la seconde.

3.º Soit proposé de multiplier $a + b$ par $a - b$: on a
$$(a+b)(a-b) = a^2 - b^2.$$

Donc la somme de deux quantités, multipliée par leur différence, donne pour produit la différence de leurs carrés.

ainsi $(8a^3 + 7ab^2)(8a^3 - 7ab^2) = 64a^6 - 49a^2b^4.$

La manière dont un produit algébrique se forme à l'aide de ses facteurs, s'appelle loi de ce produit; et cette loi reste toujours la même quelles que soient les valeurs attribuées aux lettres qu'entrent dans les facteurs.

La décomposition des produits en facteurs présente quatre séries.

La première a lieu lorsque la quantité proposée renferme soit des facteurs numériques, soit des facteurs littéraux communs à tous ses termes; on écrit ce facteur commun, et on ouvre une parenthèse dans laquelle on écrit les termes que l'on obtient, en divisant chacun de ceux de la quantité proposée par le facteur commun.

ainsi $6a^2b - 10abc - 14ab^2 = 2ab(3a - 5c - 7b).$

La seconde a lieu lorsque le polynôme proposé est composé de deux parties ayant chacune un facteur commun différent; on fait sur chacune d'elles une décomposition de la première espèce, et la quantité se met alors sous la forme de la somme de deux produits; et si ces produits ont un facteur commun, on fait la somme des deux facteurs différens, que l'on multiplie par le facteur commun.

ainsi $ab - ac + bm - cm = a(b-c) + m(b-c)$ ou $(a+m)(b-c)$

Si le premier terme de la seconde partie a le signe **moins**, cela marque que de la première on a retranché quelque chose, pour reconnaître ce qui a dû être retranché; on sépare le premier terme de son signe par une parenthèse, et on écrit, dans cette parenthèse, les termes de la seconde partie, en changeant les signes; on fait à chacune des deux parties des décompositions de la première espèce, et la quantité se présente alors sous la forme de la différence de deux produits: si ces produits ont en outre un facteur commun, on multiplie la différence des facteurs différens par le facteur commun.

Ainsi $ab - ac - bd + cd = a(b-c) - d(b-c)$ ou $(a-d)(b-c)$.

La troisième a lieu lorsque le polynôme proposé contient trois termes, dont deux sont des carrés parfaits monômes avec le signe $+$, et d'un terme ayant le signe $+$ ou $-$, composé du double produit des racines des deux autres termes; on extrait alors les racines des deux carrés, en les séparant par le signe de l'autre terme; on les écrit entre parenthèse, en plaçant au dessus de cette parenthèse l'exposant 2.

C'est une suite de ce qui a été dit, que le carré d'un binôme, de $a + b$ par exemple, est égal à $a^2 + 2ab + b^2$, et celui de $a - b = a^2 - 2ab + b^2$. Ainsi $4a^2b^2 - 12abcd + 9c^2d^2 = (2ab - 3cd)^2$.

Il arrive quelquefois qu'un trinôme rentre dans le second cas; cela suppose que le produit a offert une réduction; alors on est sûr de détruire l'effet de cette réduction, en rendant égaux les coefficiens des deux premiers termes :

Ainsi $2b^3 + b^2c - bc^2 = 2b^3 + 2b^2c - b^2c - bc^2$
$= 2b^2(b+c) - bc(b+c) = (b+c)(2b^2 - bc)$.

Le quatrième cas a lieu lorsque le polynôme proposé contient deux termes exprimant la différence de deux carrés, le binôme se met alors sous la forme du produit de la somme des racines des deux termes par leur différence. En effet, la somme des deux termes multipliée par leur différence, donne la différence des carrés de ces termes.

Ainsi $64 m^2c^2 - 49 n^2p^2 = (8 mc + 7 np)(8 mc - 7 np)$.

La division des quantités algébriques renferme quatre règles :

1°. la règle des signes,

2°. la règle des coefficiens,

3°. la règle des lettres,

et 4°. la règle des exposans.

1°. Lorsque le dividende et le diviseur ont tous deux le même signe, le quotient a le signe plus; tandis que lorsqu'ils ont des signes différens, le quotient a le signe moins.

En effet, le diviseur multiplié par le quotient devant reproduire le dividende avec son signe, il faut donc que le quotient ait le signe qu'on a indiqué.

2°. Le diviseur multiplié par le quotient devant reproduire le dividende, le coefficient du diviseur multiplié par celui du quotient, doit donc reproduire le coefficient du dividende. le coefficient du quotient est donc égal au coefficient du dividende divisé par le coefficient du diviseur.

3° La règle de la division des lettres ne peut que s'indiquer, et alors on place le dividende comme numérateur, dont le dénominateur serait le diviseur.

4° Le diviseur multiplié par le quotient devant reproduire le dividende, l'exposant du diviseur ajouté avec celui du quotient, doit reproduire l'exposant du dividende; l'exposant du quotient vaut donc celui du dividende moins celui du diviseur.

Ainsi $\frac{12a^4b^3}{-4a^5b} = -3a^{-1}b^2$; puisque $-3a^{-1}b^2 \times -4a^5b = 12a^4b^3$. L'expression $\frac{a^3}{a^3} = a^0 = 1$ évidemment, le dividende étant égal au diviseur: donc une lettre qui a pour exposant zéro désigne l'unité, quelque soit le nombre représenté par la lettre. Le quotient $\frac{a^3}{a^5} = a^{3-5} = a^{-2}$. Pour savoir ce que peut signifier un pareil exposant négatif, il suffit de diviser le dividende et le diviseur par a^3, ce qui ne change pas la valeur du quotient: alors on aura $\frac{a^3}{a^5} = \frac{1}{a^2}$; il faut donc que $a^{-2} = \frac{1}{a^2}$: ce qui veut dire qu'une lettre qui a un exposant négatif n'est autre chose que l'unité divisée par cette même lettre, ayant le même exposant rendu positif; ainsi $10^{-2} = \frac{1}{10^2} = \frac{1}{100}$.

Ordonner un polynôme, c'est écrire ce polynôme de manière que les exposans de la même lettre aillent en croissant ou bien en décroissant. =

Pour effectuer la division des quantités polynômes, il faut ordonner le dividende et le diviseur par rapport à une même lettre; diviser le premier terme du dividende par le premier terme du diviseur, écrire le quotient au dessous du diviseur, multiplier tous les termes du diviseur par le quotient trouvé, porter au fur et à mesure les divers produits, dont on changera les signes, sous les termes semblables du dividende, pour faire la réduction; ce qui donnera un nouveau dividende, sur lequel on opère comme sur le précédent. On continue ainsi jusqu'à ce que la lettre par rapport à laquelle on a ordonné, ait un exposant plus petit que celle de la même lettre dans le premier terme du diviseur.

Lorsque le premier terme du dividende ordonné n'est pas exactement divisible par le premier terme du diviseur ainsi ordonné, c'est une preuve que la division totale est impossible et ne peut que c'indiquer

Ainsi, pour diviser $3ab^2 - 3a^2b - b^2 + a^3$

par $b^2 + a^2 - 2ab$. on écrira

$$
\begin{array}{l|l}
a^3 - 3a^2b + 3ab^2 - b^3 & a^2 - 2ab + b^2 \\
-a^3 + 2a^2b - ab^2 & a - b \\
\hline
0. - a^2b + 2ab^2 - b^3 & \\
+ a^2b - 2ab^2 + b^3 & \\
\hline
0 \qquad 0 \qquad 0 &
\end{array}
$$

donc $a - b$ est le quotient demandé.

Des équations.

Pour ne plus revenir sur les règles algébriques, nous allons dire un mot des égalités ou équations dont nous ferons usage par la suite. Quand on dit $7 = 3 + 4$ on forme une égalité; tout ce qui est à la gauche du signe égale s'appelle premier membre, et ce qui suit second membre. Si quelques termes contiennent une quantité inconnue représentée par la lettre quelconque x, y, z etc, l'égalité prend le nom d'équation. Ainsi $x + 3 = 8$ est une équation. Le but des équations est de conduire à la solution immédiate de toutes les questions que l'on peut proposer sur les quantités; on conçoit en effet que toute question renferme dans son énoncé des quantités connues liées avec une ou plusieurs inconnues par des conditions données.

L'expression de ces conditions forme une ou plusieurs équations, sur lesquelles on fait ensuite différentes opérations pour dégager l'inconnue ou les inconnues, c'est-à-dire pour avoir une dernière équation dont le premier membre n'est autre chose que la lettre x, qui représente l'inconnue, et le second membre indique les opérations à faire sur les connues, qui le composent, pour avoir cette inconnue. Nous traiterons d'abord du cas le plus simple, que l'on appelle premier degré avec une ou deux inconnues seulement n'ayant d'autres exposans que l'unité.

Le degré d'une équation est le plus grand des exposans dont l'inconnue est affectée.

On distingue aussi les équations en équations numériques et équations littérales.

Les premières sont celles qui ne renferment que des nombres particuliers, à l'exception de l'inconnue qui est toujours désignée par une lettre.

Les secondes sont celles dans lesquelles les données du problème sont représentées par des lettres.

Résoudre une équation, c'est trouver pour les inconnues un

nombre qu'on substitue à la place de chacune d'elles, dans l'équation, y satisfasse, ou rende le premier membre égal au second.

1.° Soit l'équation $x + 8 = 12$. Pour avoir x seul au premier membre, il faut en supprimer 8, ou diminuer ce membre de 8; donc pour conserver l'égalité il faudra diminuer le second de la même quantité, ce qui se fait en écrivant $x = 12 - 8$, c'est-à-dire que le terme positif $+ 8$ passe du premier membre au second en changeant son signe $+$ en $-$. Si on veut effectuer l'opération qu'indique le second membre, on aura $x = 4$, qui satisfait à la première équation, puisque $4 + 8 = 12$.

2.° Soit $x - 8 = 12$; pour avoir x seul au premier membre il faut en supprimer $- 8$, ou l'augmenter de 8, puisque $8 - 8 = 0$; donc il faut augmenter le second de 8 en écrivant $x = 12 + 8 = 20$, c'est-à-dire que le terme négatif $- 8$ passe du premier membre au second en prenant le signe $+$. Ce double changement qu'on nomme transposition peut se généraliser ainsi: un terme quelconque passe du premier membre au second ou d'un membre à l'autre en changeant de signe.

3.° Soit $3 x = 12$. Pour avoir x tout seul au premier membre, il faut en supprimer le facteur 3, ou le diviser par 3; donc il faut aussi diviser le second par 3 en écrivant $x = \frac{12}{3} = 4$: ainsi un coefficient ou multiplicateur passe d'un membre à l'autre en devenant diviseur, pourvu qu'il multiplie tout le premier membre.

4.° Soit enfin $\frac{x}{3} = 4$, supprimer le diviseur 3, du premier membre, c'est le multiplier par 3, puisqu'il devient x tout entier, tandis qu'il n'en était que le $\frac{1}{3}$: donc il faut aussi multiplier le second membre par 3, en écrivant $x = 3 \times 4 = 12$: ainsi un diviseur passe d'un membre à l'autre comme multiplicateur.

Telles sont les règles fondamentales que l'on suit pour résoudre une équation du premier degré à une seule inconnue; elles sont fondées sur ce principe que deux quantités qui sont égales, le sont encore si on les augmente ou diminue d'une même quantité, si on les multiplie ou les divise par la même quantité.

Exemple: soit l'équation à résoudre $2 a x + 3 x - 4 a = 8 b - 7 x$ dans laquelle a et b désignent des nombres connus, et x l'inconnue. 1.° on transporte $7 x$ et $4 a$ d'un membre à l'autre en changeant leurs signes et on a la nouvelle équation $2 a x + 3 x + 7 x = 8 b + 4 a$, ou bien $2 a x + 10 x = 8 b + 4 a$: par là le premier membre ne contient que des termes affectés de l'inconnue et le second membre que des termes connus. 2.° on écrit une seule fois x et ensuite entre parenthèse tout ce qui le multiplie, et on a $x (2 a + 10) = 8 b + 4 a$. 3.° on regarde la quantité entre parenthèse comme un seul facteur qui doit passer au second membre, pour diviseur on a enfin $x = \frac{5b + 4a}{2a + 10} = \frac{2(2b + a)}{a + 5}$. Pour traduire ce résultat il faut remplacer les lettres a et b par des nombres, supposons $a = 2$ et $b = 6$ on aura $x = \frac{2(12 + 2)}{2 + 5} = \frac{2 \times 14}{7} = 2 \times 2 = 4$.

Souvent les termes d'une équation sont fractionnaires, alors il faut ramener l'équation à une autre qui n'ait que des termes entiers.

Soit l'équation $\frac{2x}{3} - \frac{3}{4} = 11 + \frac{x}{5}$

1° On réduira toutes les fractions à un même dénominateur, puis 2° on multiplie les deux membres par le dénominateur commun, ce qui revient à multiplier chaque terme entier par le dénominateur commun, et à supprimer le dénominateur commun dans les termes fractionnaires.

L'équation proposée deviendra d'abord
$$\frac{40x}{60} - \frac{45}{60} = 11 + \frac{12x}{60},$$
et ensuite d'après le 2°.
$$40x - 45 = 660 + 12x ;$$
on déterminera x comme il a été dit.

Savoir: $40x - 12x = 660 + 45,$

c'est-à-dire $28x = 705$, d'où $x = \frac{705}{28}$.

En général, pour résoudre une équation du premier degré, quelque compliquée qu'elle soit, il faut, 1° commencer par chasser les dénominateurs, s'il y en a, et effectuer, dans les deux membres de l'équation toutes les opérations algébriques qui se présentent; on parvient ainsi à une équation dont les deux membres sont des polynômes entiers ; 2° transporter dans un même membre (c'est ordinairement le premier,) tous les termes affectés de l'inconnue, et dans l'autre membre les termes connus; 3° réduire à un seul terme tous les termes affectés de x, si l'équation est numérique ; et si l'équation est littérale, former de tous ces termes un seul produit composé de deux facteurs, dont l'un soit x, et l'autre l'ensemble des quantités qui multiplient x, réunies avec leurs signes respectifs; enfin, diviser les deux membres de l'équation par le nombre ou le polynôme qui multiplie l'inconnue, et effectuer la division ou s'il est possible.

Il peut arriver que l'énoncé d'un problème nécessite plus d'une équation qui renferme plusieurs inconnues.

Par exemple, connaissant les expressions 78 et 67 d'un même nombre 85 dans deux systèmes différens, on demande les valeurs des bases de ces systèmes?

Représentons la première de ces bases par x, et la seconde par y. D'après la règle que nous avons donnée pour passer d'un système quelconque au système décimal, on a les deux équations.

$$8 + 7x = 85 \text{ et } 7 + 6y = 85.$$

de la première on tire successivement

$$7x = 85 - 8 = 77, \text{ d'où } x = \frac{77}{7} = 11, \text{ et de la seconde}$$

$$6y = 85 - 7 = 78, \text{ d'où } y = \frac{78}{6} = 13.$$

Ainsi les bases demandées sont 11 et 13, ce qui est facile de vérifier.

2°. Supposons qu'on propose de trouver deux nombres dont on connaît la somme s et la différence d,

Appelant x et y ces deux nombres, on aura

$$x + y = s \text{ et } x - y = d; \text{ de la première on conclut que}$$

$x = s - y$, et de la seconde $x = d + y$; par conséquent, en égalant ces deux valeurs de x, on aura $s - y = d + y$,

équation qui n'a plus qu'une seule inconnue, et la traitant comme on l'a indiqué, on trouve

$$- y - y, \text{ ou } - 2y = - s + d,$$

changeant les signes des deux membres, (c'est multiplier les deux membres par $- 1$,) ce qui ne trouble pas l'égalité, et on aura

$$2y = s - d, \text{ d'où}$$

$$y = \frac{s - d}{2}.$$

Si on met cette valeur de y dans l'une de celles de x, dans la première, par exemple, on aura $x = s - \left(\frac{s - d}{2}\right)$,

$$\text{ou} \qquad 2x = 2s - s + d = s + d,$$

$$\text{d'où} \qquad x = \frac{s + d}{2}.$$

Le procédé de prendre les valeurs d'une même inconnue, dans les deux équations en fonction, de l'autre, et d'égaler ces valeurs, n'est pas le seul à suivre pour résoudre ces équations; on se sert en algèbre des méthodes d'éliminations ou de l'art de faire disparaître une des inconnues.

Du reste on aurait pu résoudre la même question, en évitant les théories des résolutions.

En effet représentons par g la plus grande, par p la plus petite, par s leur somme, et par d leur différence; on a évidemment

$$s = g + p$$

Si de part et d'autre on ajoute la différence, on aura

$$s + d = g + d + p. \text{ or } d + p = g, \text{ donc } s + d = 2 g. \text{ divisant par } 2$$

$$\frac{s + d}{2} = g \text{ ou } \frac{s}{2} + \frac{d}{2} = g.$$

Nous voyons donc que pour avoir la plus grande des deux quantités il faut ajouter à la demi-somme la demi-différence.

De même, si dans l'égalité

$$s = g + p,$$

On retranche de part et d'autre la différence, on aura

$$s - d = g - d + p : \text{ or } g - d = p ; \text{ donc } s - d = 2 p, \text{ divisant par } 2 ,$$

$$\frac{s - d}{2} = p, \text{ ou } \frac{s}{2} - \frac{d}{2} = p.$$

Nous voyons donc que pour avoir la plus petite des deux quantités, il faut retrancher de la demi somme, la demi-différence.

Scholie : si dans l'égalité $\frac{s}{2} - \frac{d}{2} = p$, on fait passer le terme $- \frac{d}{2}$ dans le second membre, on aura

$$\frac{s}{2} = p + \frac{d}{2}$$

c'est-à-dire, que la demi-somme de deux quantités vaut la plus petite augmentée de leur demi-différence.

Des raisons ou rapports.

On appelle raison, ou rapport, le résultat de la comparaison de deux quantités.

On peut comparer deux quantités des deux manières différentes, on peut avoir pour but de connaître de combien l'une surpasse l'autre, ou en est surpassée, le résultat de cette comparaison, qui est la différence de ces deux quantités, se nomme rapport par différence, ou rapport arithmétique.

On peut avoir pour but de connaître combien l'une contient l'autre, ou est contenue en elle ; le résultat de cette comparaison se nomme rapport par quotient ou rapport géométrique.

Les dénominations de rapport arithmétique et géométrique sont insignifiantes et veulent faire croire que la première espèce de rapport n'est utile qu'en arithmétique et la seconde en géométrie, ce qui n'est pas ; la première n'étant presque d'aucun usage, et la seconde se trouvant employée dans toutes les parties des mathématiques, il conviendrait mieux de n'appeler rapport que le quotient de la division de deux quantités divisées l'une par l'autre, et d'employer le mot différence pour la première espèce de résultat; cependant, pour se conformer à l'usage, on continuera de se servir des mots ci-dessus.

Un rapport arithmétique est donc le résultat de la comparaison de deux quantités, quand on a pour but de connaître de combien l'une surpasse l'autre, ou en est surpassée; ainsi le rapport arithmétique de 6 à 4 est 6 − 4 =

On écrit un rapport arithmétique avec deux nombres séparés par un point qui signifie (est à), le nombre que l'on énonce le premier s'appelle antécédent, celui qu'on énonce le second s'appelle Conséquent. Ainsi, dans le rapport arithmétique, 6 . 4, 6 est l'antécédent, et 4 le conséquent.

L'antécédent et le conséquent s'appellent d'un nom commun les deux termes du rapport.

Pour évaluer ou déterminer un rapport arithmétique entre deux nombres, il faut retrancher le plus petit nombre du plus grand: car le rapport arithmétique de deux quantités n'est autre chose que le nombre qui indique de combien l'une surpasse l'autre.

S'il y avait des entiers joints à des fractions, on réduirait les entiers en fractions de même espèce que celles qui les accompagnent, on les réduirait ensuite au même dénominateur, et en comparerait les nouvelles fractions: en général, quelle que soit l'espèce de nombres dont on veut avoir le rapport arithmétique, il suffit de prendre leur différence.

Le rapport arithmétique n'étant que la différence qui existe entre deux quantités, il suit de ce que nous avons vu dans la soustraction:

1° Qu'en augmentant ou diminuant les termes d'un rapport arithmétique d'une même quantité, ce rapport ne change pas de valeur.

2° Qu'en multipliant ou divisant les deux termes d'un rapport arithmétique par un même nombre, ce rapport est multiplié ou divisé par ce même nombre.

3° Que pour rendre le plus petit terme d'un rapport arithmétique égal au plus grand, il faut lui ajouter le rapport; donc l'antécédent d'un rapport arithmétique est égal à son conséquent plus ou moins la raison, suivant que l'antécédent est plus grand ou plus petit que le conséquent.

Un rapport géométrique est le résultat de la comparaison

110.

des deux quantités quand on a pour but de connaître combien l'une contient l'autre ou y est contenue.

On écrit un rapport géométrique avec deux nombres qu'on sépare par deux points, (:) qui signifient est à ou divisé par; le nombre qu'on énonce le premier s'appelle antécédent, et le second conséquent. Dans 6:2, 6 est l'antécédent, et 2 le conséquent: considérés ensemble on les nomme les deux termes du rapport.

Chaque terme du rapport peut être composé de plusieurs parties, comme dans le rapport $8 + 3 \times 2 : 7 - 2 \times 3$. Alors $8 + 3 \times 2$ est l'antécédent, et $7 - 2 \times 3$ le conséquent.

Pour évaluer un rapport géométrique, il faut toujours diviser l'antécédent par le conséquent.

Car le rapport géométrique de deux quantités n'est autre chose que le nombre entier, fraction ou fractionnaire, qui marque combien l'une contient l'autre: ainsi le rapport $8:4 = 2$, et celui $4:8 = \frac{4}{8}$ ou $\frac{1}{2}$. D'après cela le rapport par quotient n'est autre chose qu'une fraction qui a pour numérateur l'antécédent, et pour dénominateur le conséquent. Ainsi tout ce qui a été dit relativement aux fractions s'applique aux rapports géométriques. On peut donc multiplier de deux manières un rapport par un nombre entier; savoir, en multipliant son antécédent par ce nombre, ou en divisant son conséquent par ce même nombre. De même aussi on carrera ou on cubera un rapport en carrant ou en cubant ses deux termes; et réciproquement on extraira la racine carrée ou cubique d'un rapport en extrayant celles de ses deux termes.

Un rapport géométrique ne change pas de valeur quand on multiplie ou qu'on divise ses deux termes par un même nombre.

Car un rapport géométrique consistant dans la division de l'antécédent par le conséquent, est une quantité fractionnaire qui ne peut changer de valeur quand on multiplie ou qu'on divise ses deux termes par un même nombre.

Pour simplifier un rapport géométrique exprimé par des nombres entiers joints à des fractions, il faut réduire ces entiers en fractions de même espèce que celles qui les accompagnent, réduire ces fractions au même dénominateur, et supprimer le dénominateur commun: les deux termes du rapport sont alors exprimés en nombres entiers; car les deux premières opérations ne changent pas évidemment la valeur des termes; à l'égard de la troisième elle multiplie les deux termes du rapport par le dénominateur commun, ce qui ne change pas non plus sa valeur.

Si le rapport était donné en nombres complexes on ré-duirait chacun de ces nombres à la même plus petite espèce qui se trouve dans l'un ou dans l'autre terme, et on comparerait les deux nombres ainsi réduits; puisque cela revient à faire la division des nombres complexes de même espèce.

Pour rendre le conséquent d'un rapport géométrique égal à son antécédent, il faut multiplier le conséquent par le rapport.

Parce que c'est multiplier le diviseur par le quotient, lequel produit donne le dividende; ou bien par ce que le numérateur d'une fraction est égal au produit de son dénominateur par la fraction elle-même.

Des proportions.

On appelle en général proportion le résultat de la comparaison de quatre quantités qui sont telles que le rapport des deux premières égale celui des deux dernières.

On appelle proportion arithmétique ou équidifférence, le résultat de la comparaison de quatre quantités qui sont telles que le rapport par différence des deux premières est égal au rapport par différence des deux dernières.

On écrit une équidifférence avec quatre nombres; on sépare les deux termes de chaque rapport par un point, qui signifie est-à, et les deux rapports par deux points, (:) qui signifient comme. Exemple: 6.4:10.8, proportion qui a la même signification que l'égalité 6-4=10-8.

Pour énoncer la proportion 6.4:10.8, on dit: 6 surpasse 4 d'autant que 10 surpasse 8; et par abréviation, on dira 6 est à 4 comme 10 est à 8. Dans une proportion arithmétique, le premier et le troisième termes s'appellent les antécédens, le second et le quatrième s'appellent les conséquens; le premier et le quatrième s'appellent les extrêmes, et le second et le troisième s'appellent les moyens.

Une proportion arithmétique est continue quand les moyens sont égaux entre eux; alors on n'écrit qu'une fois le terme mo-yen, qui s'appelle moyen proportionnel arithmétique. On sépare les uns des autres, par un point les trois termes de la proportion; mais avant le premier terme on trace une barre horizontale avec un point au dessus et un autre au dessous; ce signe est destiné à marquer qu'on doit répéter deux fois le terme moyen, en le faisant

précéder à la seconde fois du mot commun: ainsi la proportion continue 18. 12 : 12. 6 s'écrit ÷ 18. 12. 6.

On appelle proportion géométrique, ou équidifférence, ou simplement proportion, le résultat de la comparaison de quatre quantités qui sont telles que le rapport géométrique des deux premières soit égal au rapport géométrique des deux dernières.

On écrit une proportion géométrique avec quatre nombres; on sépare les deux termes de chaque rapport par deux points qui signifient est à, et les deux rapports par quatre points qui signifient comme, exemple 9 : 3 :: 12 : 4, proportion qui a la même signification que les égalités 9 : 3 = 12 : 4 et $\frac{9}{3} = \frac{12}{4}$. Pour énoncer la proportion 9 : 3 :: 12 : 4, on dira 9 contient 3 autant de fois que 12 contient 4, et par abréviation 9 est à 3 comme 12 est à 4.

Dans une proportion géométrique le premier et le troisième termes s'appellent les antécédens ; le second et le quatrième s'appellent les conséquens ; le premier et le quatrième s'appellent les extrêmes, et le second et le troisième se nomment les moyens.

Une proportion géométrique est continue quand les moyens sont égaux entre eux; alors on n'écrit qu'une fois le terme moyen, qui s'appelle moyen proportionnel; on sépare les uns des autres, par deux points, les trois termes de la proportion; mais avant le premier terme on trace une barre horizontale avec deux points au dessus et deux au dessous; ce signe est destiné à marquer que le terme moyen doit être répété deux fois. Ainsi la proportion continue 4 : 8 :: 8 : 16, s'écrit ÷ 4 : 8 : 16.

Scholie. Lorsqu'on compare deux rapports quelconques, le premier antécédent et le second conséquent sont nommés les extrêmes de ce rapport, et le premier conséquent et le second antécédent, les moyens.

Des propriétés des proportions arithmétiques.

Dans toute proportion arithmétique, la somme des extrêmes est égale à celle des moyens.

Soit la proportion arithmétique a . b : c . d, l'antécédent

valant toujours son conséquent, plus ou moins la raison, on a ces deux valeurs $a = b \pm r$ et $c = d \pm r$ (r désignant la raison), si à la place de l'antécédent a on met dans la proportion sa valeur $b + r$, par exemple, et à la place de c celle de $d + r$, elle deviendra $b + r . b : d + r . d$ (qui n'est autre chose que la proposée); si l'on fait la somme des extrêmes et celle des moyens, on aura $b + r + d$

$$\text{et} \quad b + d + r.$$

Les deux sommes étant composées des mêmes parties, affectées des mêmes signes, sont donc égales. On a ainsi prouvé que la somme des extrêmes égale celle des moyens: on raisonnerait de la même manière si on supposait $a = b - r$, et $c = d - r$.

Si quatre quantités ne sont pas en proportion arithmétique, la somme des extrêmes n'égale pas celle des moyens.

Soient les rapports $a . b$ et $c . d$, soit désigné par R la raison du premier rapport, et par r celle du second; on aura comme précédemment, $a = b + R$ et $c = d + r$; mettant à la place de a et de c leurs valeurs, les rapports proposés deviennent $b + R . b$ et $d + r . d$. Or dans ces rapports on a, pour la somme des extrêmes $b + R + d$, et pour celle des moyens $r + b + d$ et comme ces sommes ont deux parties communes $b + d$, et que R n'égale pas r, par hypothèse, ces deux sommes ne peuvent pas être égales, c'est-à-dire, que la somme des extrêmes ne peut égaler celle des moyens.

Si quatre quantités sont telles que la somme des extrêmes égale celle des moyens, ces quatre quantités sont en équidifférence.

Soient les quatre quantités $a . b$ et $c . d$; désignons par R la raison du premier rapport, et par r la seconde; puisqu'on suppose que $a + d = b + c$, si dans cette égalité on met à la place de a et de c leurs valeurs, $b + R$ et $d + r$ prises des rapports proposés, on aura $b + R + d = d + r + b$. or si l'on supprime de part et d'autre les quantités égales $b + d$; on ne troublera pas l'égalité, et il restera $R = r$; les raisons étant égales, il y a donc proportion.

Si quatre quantités sont telles que la somme des extrêmes n'égale pas celle des moyens, ces quatre quantités ne sont pas en équidifférence.

Car si elles étaient en proportion arithmétique, la somme des extrêmes serait égale à la somme des moyens, ce qui est contrai-

114.

...n'a la supposition. D'ailleurs on verrait, par une démonstration analogue à la précédente, que les raisons ne peuvent être égales d'après
l'hypothèse $a + d > b + c$. ou $a + d < b + c$.

Connaissant trois termes d'une équidifférence, on peut toujours
déterminer le quatrième. Si c'est un extrême qui manque, on fera la
somme des moyens, et s'en retranchera l'extrême connu; car connaissant
la somme des extrêmes, on connaît celle des moyens, qui lui est égale;
or si d'une somme, composée de deux parties, on retranche l'une d'elle,
on obtient l'autre; donc si de la somme des moyens on retranche l'extrême
connu, on aura l'extrême que l'on cherche.

Si c'étoit un moyen que l'on cherchât, on démontrerait de la même manière qu'il faudrait, de la somme des extrêmes, retrancher le moyen connu, le reste serait le moyen cherché.

Dans la proportion arithmétique continue la somme
des extrêmes est double du terme moyen.

Car dans toute équidifférence la somme des extrêmes est égale à celle
des moyens, mais puisqu'elle est continue, ces deux moyens sont égaux entre
eux, donc chacun d'eux est égal à la moitié de la somme des extrêmes.

On appelle troisième proportionnel arithmétique à deux
nombres donnés, le quatrième terme d'une proportion dont le second
serait répété deux fois; on le déterminera donc en retranchant du double du
second terme le premier.

Pour trouver le moyen proportionnel arithmétique entre deux nombres donnés, il faut, d'après ce qui a été dit, faire la somme de ces deux
nombres et en prendre la moitié.

On peut faire dans ~~deux~~ toute équidifférence tous les déplacemens
qu'on voudra, pourvu que la somme des extrêmes demeure égale à la somme des moyens. On peut ainsi, 1.º, changer les moyens de place; 2.º, changer les extrêmes de place; 3.º Mettre les extrêmes à la place des moyens, et
vice versâ; 4.º Mettre les antécédens à la place des conséquens, et
réciproquement: car il est évident que dans tous ces changemens la
somme des extrêmes est toujours égale à celle des moyens: donc il y a
proportion arithmétique.

Les changemens de disposition des termes d'une proportion arithmétique produisent huit permutations différentes; puisqu'on aura
successivement deux proportions commençant: 1.º Par le même premier extrême. 2.º Par le même second extrême. 3.º Par le même
premier moyen, et 4.º par le même second moyen.

EXEMPLE.

$$
\begin{array}{llll}
1^{\circ} & \left\{\begin{array}{l} 9 \cdot 7 : 8 \cdot 6 \\ 9 \cdot 8 : 7 \cdot 6 \end{array}\right. & \begin{array}{l} \text{1}^{\text{re}} \\ \text{11}^{\text{e}} \end{array} \\
2^{\circ} & \left\{\begin{array}{l} 6 \cdot 7 : 8 \cdot 9 \\ 6 \cdot 8 : 7 \cdot 9 \end{array}\right. & \begin{array}{l} \text{111}^{\text{e}} \\ \text{IV}^{\text{e}} \end{array} \\
3^{\circ} & \left\{\begin{array}{l} 7 \cdot 9 : 6 \cdot 8 \\ 7 \cdot 6 : 9 \cdot 8 \end{array}\right. & \begin{array}{l} \text{V}^{\text{e}} \\ \text{VI}^{\text{e}} \end{array} \\
4^{\circ} & \left\{\begin{array}{l} 8 \cdot 9 : 6 \cdot 7 \\ 8 \cdot 6 : 9 \cdot 7 \end{array}\right. & \begin{array}{l} \text{V11}^{\text{e}} \\ \text{VIII}^{\text{e}} \end{array}
\end{array}
$$

On voit que 4 de ces 8 permutations sont inverses des 4 autres.

La 11.ᵉ, dans laquelle les antécédens forment les deux premiers termes, et les conséquens les derniers, prouve que les antécédens sont entre-eux comme leurs conséquens.

On peut donc augmenter ou diminuer les antécédens ou les conséquens d'une équidifférence de la même quantité sans troubler la proportion, puisque d'ailleurs les rapports seront augmentés ou diminués de la même quantité, et comme ils étaient égaux avant ils le sont donc encore; donc il y a équidifférence.

Lorsqu'aux quatre termes d'une proportion arithmétique, on ajoute quatre nombres différens, il y aura encore proportion si les nombres ajoutés sont eux-mêmes en proportion. En effet, en ajoutant aux extrêmes de la première proportion les extrêmes de la seconde, on augmente la somme des extrêmes de la première, de la somme des extrêmes de la seconde; de même, en ajoutant aux moyens de la première les moyens de la seconde, on augmente la somme des moyens de la première de la somme des moyens de la seconde; mais dans toute proportion arithmétique, la somme des extrêmes est égale à la somme des moyens; on a donc ajouté deux quantités égales à la somme des extrêmes et des moyens de la première proportion; or ces deux sommes étant égales avant, elles le sont donc encore après et par conséquent il y a toujours proportion.

Si le nombre de proportion était trois, les sommes résultant de l'addition par ordre de chacun des termes, seraient en proportion par différence; car il suffirait d'appliquer à la proportion provenant de la somme des deux proportions et la troisième, le raisonnement qu'on vient de faire pour le cas où l'on ne considérait que deux proportions, et on aurait prouvé que les sommes par ordre des termes de trois proportions arithmétiques sont en équidifférence. On continuerait le même raisonne-

-ment quelque soit le nombre de proportions.

Lorsqu'on a deux ou plusieurs équidifférences à ajouter ensemble terme à terme, on pourra souvent obtenir la proportion résultante sans effectuer toutes les additions partielles; pour cela on supprimera les termes égaux à un antécédent et à un conséquent, lors même qu'ils n'appartiendraient pas au même rapport; car les sommes qui forment les deux termes de chaque rapport de la proportion finale auraient ces termes communs: on pourrait les supprimer sans changer la valeur du rapport, on pourrait donc les supprimer avant de commencer l'opération.

On prouverait d'une manière analogue que si l'on retranche deux ou plusieurs proportions arithmétiques par ordre terme à terme, les restes seraient en équidifférence. Donc si l'on retranche les quatre termes d'une proportion arithmétique d'une même quantité, les restes seront en équidifférence. Car en retranchant ainsi chacun des termes, c'est comme si l'on retranchait terme à terme deux proportions dont la première aurait pour raison zéro.

Lorsqu'on multiplie les antécédens d'une proportion arithmétique par un même nombre, la proportion est détruite.

Pour le démontrer supposons qu'on multiplie les antécédens par 6; en multipliant le premier antécédent par 6, on a augmenté cet antécédent, et par conséquent la somme des extrêmes, de cinq fois la valeur de ce même antécédent; Pareillement en multipliant le second antécédent par 6, on a augmenté cet antécédent, et par conséquent la somme des moyens, de cinq fois ce même antécédent: mais les deux antécédens sont inégaux, on a donc augmenté la somme des extrêmes, et celle des moyens de deux quantités différentes; ces sommes ont donc cessé d'être égales et par conséquent il n'y a plus proportion.

On démontrerait d'une semblable manière qu'en divisant les deux antécédens d'une proportion arithmétique par un même nombre, la proportion est détruite.

On démontrerait encore de la même manière, qu'en multipliant ou divisant les conséquens d'une proportion arithmétique par un même nombre, on détruit la proportion.

Lorsqu'on multiplie les quatre termes d'une proportion arithmétique par un même nombre, la proportion existe encore.

Car on se trouve avoir multiplié la somme des extrêmes et celle des moyens par un même nombre; ces deux sommes sont donc toujours égales, et par conséquent il y a encore proportion.

On démontrerait d'une semblable manière qu'en divisant les quatre termes d'une proportion arithmétique par un même nombre, on ne détruit pas la proportion.

D'ailleurs les rapports sont multipliés ou divisés par le même nombre, et comme ils étaient égaux, ils le sont encore.

Dans toute proportion arithmétique le produit des extrêmes n'est pas égal au produit des moyens.

En effet, si on ajoute à chaque conséquent le rapport qui existe dans la proportion, chaque conséquent devient alors égal à son antécédent; après cette opération il est évident que le produit des extrêmes est égal au produit des moyens; puisque ces deux produits sont composés des mêmes facteurs, mais en ajoutant au premier conséquent le rapport, on a augmenté le produit des moyens du second antécédent multiplié par le rapport; et en ajoutant au second conséquent le rapport, on a augmenté le produit des extrêmes du premier antécédent multiplié par le rapport; or les antécédens sont inégaux, on a donc augmenté le produit des extrêmes et le produit des moyens de deux quantités différentes; donc, puisqu'après cette opération ces deux produits sont devenus égaux, on conclut qu'ils ne l'étaient pas auparavant.

Dans toute proportion arithmétique la somme des deux premiers termes est à la somme des deux derniers, comme le double du second est au double du quatrième.

Pour le démontrer, soit la proportion $a.b:c.d$; si on ajoute le premier conséquent b aux deux termes du premier rapport, et le second conséquent d à ceux du second, on aura la proportion $a+b.b+b:c+d.d+d$; changeant les moyens de place, on a $a+b:c+d:2b.2d$.

Dans toute proportion arithmétique la somme des antécédens est à la somme des conséquens comme le double d'un antécédent est au double de son conséquent.

Pour le démontrer, soit la proportion $a.b:c.d$; si on ajoute le second antécédent c aux antécédens de cette proportion, on a $a+c.b:c+c.d$; ajoutant le second conséquent d aux conséquens de cette dernière proportion, on a $a+c.b+d:2c.2d$.

Si deux proportions arithmétiques ont un rapport de commun, les deux autres rapports forment une nouvelle proportion.

Car on a alors deux rapports, chacun égal à un troisième; ils sont donc égaux entre eux.

Si deux proportions arithmétiques ont les antécédens les mêmes, les conséquens seront directement proportionnels; et si les conséquens sont les mêmes, les antécédens seront aussi directement proportionnels.

Soient les deux proportions arithmétiques suivantes:

$$a \,.\, b : c \,.\, d \,.$$

$$a \,.\, e : e \,.\, f \,.$$

Changént les moyens de place dans les deux proportions, on aura

$$a \,.\, c : b \,.\, d,$$

$$a \,.\, e : e \,.\, f,$$

à cause du rapport commun $a : c$, on a enfin :

$$b \,.\, e : d \,.\, f \,.$$

On raisonnerait de même si les conséquens étaient égaux.

Si deux proportions arithmétiques ont les extrêmes les mêmes, les mo--yens seront inversement proportionnels; et si les moyens sont les mêmes, les extrê--mes seront aussi inversement proportionnels.

Soient les proportions arithmétiques

$$a \,.\, b \,.\, c \,.\, d,$$

$$a \,.\, e \,.\, f \,.\, d,$$

les extrêmes étant les mêmes, la somme des moyens de l'une sera égale à la somme des moyens de l'autre, c'est-à-dire que

$$b + c = e + f.$$

Or on peut former une proportion de cette égalité, en mettant les deux parties d'une somme pour extrêmes, et les deux autres pour moyens; on aura donc $b \,.\, e : f \,.\, c \,.$

Des propriétés des proportions géométriques.

Dans toute proportion géométrique, le produit des extrêmes est égal à celui des moyens.

Soit la proportion $a : b :: c : d$, l'antécédent valant toujours son conséquent, multiplié par la raison, on a ces deux valeurs $a = b \times r$ et $c = d \times r$ (r désignant la raison); si à la place de l'antécédent a on met, dans la proportion, sa valeur $b \times r$, et à la place de c, celle de $d \times r$, elle deviendra $b \times r : b :: d \times r : d$ (qui n'est autre que la proposée); si l'on fait le produit des extrêmes et celui des moyens, on aura $b \times r \times d$

$$\text{et} \quad b \times d \times r \,.$$

Les deux produits étant composés des mêmes facteurs, sont donc égaux. On a ainsi prouvé que le produit des extrêmes égale celui des moyens.

Si quatre quantités ne sont pas en proportion géométrique, le produit des extrêmes n'égale pas celui des moyens.

Soient les rapports $a : b$ et $c : d$; soient désignées par R la raison du premier rapport, et par r celle du second, on aura (comme précédemment) $a = b \times R$ et

$c = d \times r$; mettant à la place de a et de c leurs valeurs, les rapports proposés deviennent $b \times R : b$, et $d \times r : d$. Or dans ces rapports on a pour les produit des extrêmes $b \times R \times d$, et pour celui des moyens $r \times b \times d$, et comme ces produits ont deux facteurs communs $b \times d$, et que R n'égale pas r, par hypothèse, ces deux produits ne peuvent pas être égaux, c'est-à--dire, que le produit des extrêmes ne peut égaler celui des moyens.

Si quatre quantités sont telles que le produit des extrêmes égale celui des moyens, ces quatre quantités sont en équiquotient.

Soient les quatre quantités $a : b$ et $c : d$, désignons par R la raison du premier rapport, et par r la seconde, puisqu'on suppose que $a \times d = b \times c$, si dans cette égalité on met à la place de a et de c leurs valeurs, $b \times R$ et $d \times r$, prises des rapports proposés, on aura $b \times R \times d = d \times r \times b$; or si l'on supprime de part et d'autre les facteurs égaux $b \times d$, on ne troublera pas l'égal--ité, et il restera $R = r$; les raisons étant égales il y a donc proportion.

Si quatre quantités sont telles que le produit des extrêmes n'é--gale pas celui des moyens, ces quatre quantités ne sont pas en propor--tion géométrique.

Car si elles étaient en proportion, le produit des extrêmes serait égal à celui des moyens, ce qu'est contraire à la supposition. D'ailleurs on verrait, par une démonstration analogue à la précédente, que les raisons ne peuvent être égales d'après l'hypothèse $a \times d > b \times c$, ou $a \times d < b \times c$.

Connaissant trois termes d'une proportion géométrique, on peut tou--jours déterminer le 4.ᵐᵉ Si c'est un extrême qui manque, on fera le produit des moyens, et on le divisera par l'extrême connu ; car connaissant le produit des moyens, on con--naît celui des extrêmes, qui lui est égal ; or si un produit est composé de deux fac--teurs, en le divisant par l'un d'eux, on obtient l'autre, donc si l'on divise le pro--duit des moyens par l'extrême connu, on aura l'extrême que l'on cherche.

Si c'était un moyen que l'on cherchât, on démontrerait de la même manière qu'il faudrait diviser le produit des extrêmes par le moyen connu, le quotient serait le moyen cherché.

Dans la proportion géométrique continue, le produit des extrê--mes est égal au carré du terme moyen.

Car dans tout équiquotient le produit des extrêmes est égal à celui des moyens, mais puisque la proportion est continue, les deux moyens sont égaux entre eux, donc chacun d'eux est égal à la racine carrée du produit des extrêmes.

On appelle troisième proportionnel géométrique à deux nombres donnés le quatrième terme d'une proportion dont le second serait répété deux fois ; on le déterminera donc en divisant le carré du second terme par le premier.

120

Pour trouver le moyen proportionnel géométrique entre deux nombres donnés, il faut, d'après ce qui a été dit, faire le produit de ces deux nombres et en prendre la racine carrée.

On peut faire dans tout équoi quotient, tous les déplacemens qu'on voudra, pourvu que le produit des extrêmes demeure égal au produit des moyens. On peut ainsi, 1°. Changer les moyens de place; 2°. Changer les extrêmes de place; 3°. Mettre les extrêmes à la place des moyens et vice versâ; 4°. Mettre les antécédens à la place des conséquens, et réciproquement: car il est évident que dans tous ces changemens le produit des extrêmes est toujours égal à celui des moyens; donc il y a proportion géométrique.

Les changemens de disposition des termes d'une proportion géométrique produi= =sent huit permutations différentes; puisqu'on aura successivement deux proportions commençant 1°. Par le même premier extrême; 2°. Par le même second extrême; 3°. Par le même premier moyen; et 4°. Par le même second moyen.

EXEMPLE.

$$
\begin{array}{ll}
1°\ \left\{\begin{array}{l} 8:4::6:3\dots\dots I^{re} \\ 8:6::4:3\dots\dots II^{e} \end{array}\right. \\
2°\ \left\{\begin{array}{l} 3:4::6:8\dots\dots III^{e} \\ 3:6::4:8\dots\dots IV^{e} \end{array}\right. \\
3°\ \left\{\begin{array}{l} 4:8::3:6\dots\dots V^{e} \\ 4:3::8:6\dots\dots VI^{e} \\ 6:8::3:4\dots\dots VII^{e} \end{array}\right. \\
4°\ \left\{\begin{array}{l} 6:3::8:4\dots\dots VIII^{e} \end{array}\right.
\end{array}
$$

On voit que 4 de ces 8 permutations sont inverses des 4 autres.

La II°, dans laquelle les antécédens forment les deux premiers ter= mes, et les conséquens les derniers, prouve que les antécédens sont entre eux comme leurs conséquens.

Lorsque l'on ajoute un même nombre aux antécédens la pro- portion est détruite.

Pour le démontrer, supposons qu'on ajoute 4 aux deux antécédens; en ajoutant 4 au premier antécédent, on augmente le produit des extrêmes du second conséquent multiplié par 4; de même en ajoutant 4 au second an= técédent, on augmente le produit des moyens du premier conséquent mult= plié par 4; or les deux conséquens sont inégaux, on a donc augmenté le produit des extrêmes, et celui des moyens de deux quantités différentes: ces produits ont donc cessé d'être égaux, et par conséquent il n'y a plus proportion. On démontrerait d'une semblable manière qu'en retranchant un même nombre des deux antécédens, la proportion est détruite.

On démontrerait encore d'une semblable manière qu'en augmentant ou diminuant d'un même nombre les conséquens d'une proportion géométrique, on détruit la proportion.

Il suit de là, que lorsqu'on ajoute ou qu'on retranche un même nombre aux quatre termes d'une proportion géométrique, la proportion cesse d'exister.

Il n'y aurait plus proportion si on ajoutait aux termes d'une proportion géométrique des nombres différens entre eux, excepté dans le cas des théorèmes suivans.

Dans toute proportion géométrique la somme des deux premiers termes contient le second autant de fois que la somme des deux derniers contient le quatrième.

En effet, le premier et le deuxième termes, pouvant être considérés comme un dividende et un diviseur, ainsi que le troisième et le quatrième; or si à un dividende on ajoute le diviseur, le quotient augmente d'une unité; donc si on ajoute le second terme au premier, et le quatrième au troisième, laissant les conséquens les mêmes, les quotions, ou rapports augmenteraient d'une unité, et puisqu'ils étaient égaux, ils le seront encore; par conséquent la proportion géométrique représentée par $a : b :: c : d$ existera dans celle-ci $a+b : b :: c+d : d$. Cette proportion comparée à la première prouve le théorème énoncé.

Si dans cette dernière proportion on change les moyens de place, on aura $a+b : c+d :: b : d$ ou $:: a : c$ (les antécédens étant entre eux comme leurs conséquens), donc, dans toute proportion la somme des deux premiers termes, est à celle des deux derniers, comme le second est au quatrième, ou comme le premier est au troisième.

Dans toute proportion géométrique la somme des antécédens contient la somme des conséquens autant de fois qu'un antécédent contient son conséquent.

Pour le démontrer, si dans la proportion $a : b :: c : d$ on change les moyens de place, les antécédens deviendront les deux premiers termes, et les conséquens les derniers, ainsi on aura $a : c :: b : d$; appliquant à cette proportion la théorème précédent, on aura $a+c : b+d :: c : d$; si on compare les termes de cette proportion avec la proposée, on voit qu'en effet le théorème est démontré.

La différence des deux premiers termes contient le second autant de fois que la différence des deux derniers contient le quatrième.

En effet, le premier et le deuxième termes pouvant être considérés comme un dividende et un diviseur; ainsi que le troisième et le quatrième ; or si d'un dividende on retranche le diviseur, le quotient deviendra moindre d'une unité ; donc si on retranche le deuxième terme du premier, et le quatrième du troisième, laissant les conséquens les mêmes, les quotiens ou rapports diminueront chacun d'une unité, mais puisqu'il y avait proportion, les deux rapports étaient égaux, ils le sont donc encore, et la proportion $a : b :: c : d$ existera dans celle-ci $a - b : b :: c - d : d$, ce qu'il fallait démontrer.

Si dans cette dernière proportion on change les moyens de place, on aura $a - b : c - d :: b : d$ ou comme $a : c$, ce qui prouve que la différence des deux premiers termes est à la différence des deux derniers, comme le second est au quatrième, ou comme le premier est au troisième.

La différence des deux antécédens contient celle des conséquens autant de fois qu'un antécédent contient son conséquent.

Pour le démontrer, si dans la proportion $a : b :: c : d$ on change les moyens de place, les antécédens deviendront les deux premiers termes, et les conséquens les derniers ; ainsi on aura $a : c :: b : d$: appliquant à cette proportion le théorème précédent, on aura $a - c : b - d :: c : d$; comparant les termes de cette proportion avec ceux de la proposée, on voit qu'en effet le théorème est démontré.

La somme des deux premiers termes contient celle des deux derniers, autant de fois que la différence des deux premiers contient celle des deux derniers.

En effet, soit la proportion $a : b :: c : d$; on a vu que $a + b : c + d :: b : d$, et que $a - b : c - d :: b : d$; les deux derniers rapports étant les mêmes, les deux premiers de ces mêmes proportions sont égaux entre eux ; on a donc $a + b : c + d :: a - b : c - d$, ce qu'il fallait démontrer.

Si dans cette dernière proportion on change les moyens de place on aura $a + b : a - b :: c + d : c - d$; ce qui prouve que la somme des deux premiers termes est à leur différence, comme la somme des deux derniers est à leur différence.

La somme des antécédens est à la somme des conséquens, comme la différence des antécédens est à la différence des conséquens.

En effet, soit la proportion $a : b :: c : d$; on a vu que $a + c : b + d :: c : d$, et que $a - c : b - d :: c : d$; les deux derniers rapports étant les mêmes, les deux premiers de ces mêmes proportions sont égaux entre eux ; on a donc $a + c : b + d :: a - c : b - d$, ce qu'il fallait démontrer.

Si dans cette dernière proportion on change les moyens de place, on aura $a + c : a - c :: b + d : b - d$, ce qui prouve que la somme des an-

-técédens est à leur différence comme la somme des conséquens est à leur différence.

Dans toute proportion géométrique la somme des extrêmes, n'est pas égale à la somme des moyens.

Soit la proportion $12 : 4 :: 15 : 5$; en multipliant chaque consé-quent par le rapport qui existe dans la proportion, chaque conséquent devient alors égal à son antécédent: or après cette opération: il est évident que la somme des extrêmes, est égale à la somme des moyens; puisque ces deux sommes sont composées des mêmes nombres; mais en multipliant le premier conséquent par le rapport qui est 3, on a augmenté ce conséquent; et par suite la somme des moyens, de deux fois ce même conséquent; de même en multipliant le second conséquent par le rap-port 3, on a augmenté ce conséquent, et par suite la somme des extrêmes, de deux fois ce même conséquent; or les deux conséquens sont inégaux; on a donc augmenté la somme des ex-trêmes, et la somme des moyens de deux quantités différentes; par conséquent puis-qu'après cette opération, ces deux sommes sont devenues égales, on en conclut qu'elles ne l'étaient pas auparavant.

Lorsqu'on ajoute un même nombre aux quatre termes d'une pro-portion géométrique, la proportion cesse d'exister.

Soit la proportion $a : b :: c : d$; supposons qu'on ajoute m à cha-cun de ses termes: en ajoutant m à chacun des extrêmes, leur produit devient $(a+m)(d+m) = ad + (a+d)\,m + m^2$, où l'on voit que le produit des extrêmes augmente de $(a+d)\,m + m^2$: de même, en ajoutant m à chacun des mo-yens, on augmente le produit des moyens de $(b+c)\,m + m^2$; mais dans toute proportion géométrique la somme des extrêmes n'est pas égale à la somme des moyens; on a donc augmenté le produit des extrêmes et celui des moyens de deux quantités différentes, ces deux produits ont donc cessé d'être égaux; donc la propor-tion est détruite.

Si l'on multiplie les antécédens d'une proportion par un même nom-bre, la proportion n'est pas troublée.

En effet, en multipliant les antécédens par un même nombre, ils con-tiendront ce même nombre de fois plus souvent leurs conséquens; les deux rapports seront donc multipliés par la même quantité, et comme ils étaient égaux ils le seront donc enco-re: ainsi la proportion n'est pas détruite.

Si l'on multiplie les conséquens d'une proportion par un même nombre, la proportion n'est pas troublée.

En effet, en multipliant les conséquens par un même nombre, ils seront contenus autant de fois moins souvent dans leurs antécédens; les deux rap-ports seront donc divisés par la même quantité, et comme ils étaient égaux ils le seront donc encore; ainsi la proportion n'est pas détruite.

On prouverait d'une manière analogue que si l'on divise les deux antécédens d'une proportion par le même nombre, il y aura toujours proportion, de même que si l'on divise les deux conséquens d'une proportion par un même nombre.

Si l'on multiplie deux proportions terme à terme, les quatre produits qui en résultent sont en proportion.

En effet soient les proportions
$$a : b :: c : d$$
et
$$m : n :: p : q,$$

toute proportion étant l'égalité de deux quotiens, on aura ces résultats
$$\frac{a}{b} = \frac{c}{d}$$
et
$$\frac{m}{n} = \frac{p}{q},$$

en les multipliant membre à membre, les produits seront égaux; et comme on multiplie les quantités fractionnaires en divisant le produit des numérateurs par celui des dénominateurs, on aura
$$\frac{a \times m}{b \times n} = \frac{c \times n}{d \times q}.$$

Mettant cette égalité sous forme de rapports, on obtient la proportion
$$a \times m : b \times n :: c \times p : d \times q$$

ce qui prouve l'énoncé.

Si le nombre des proportions était trois, les produits résultant de la multiplication par ordre de chacun des termes seraient en proportion.

Car il suffirait d'appliquer à la proportion provenant du produit des deux premières proportions et à la troisième, le raisonnement qu'on vient de faire pour le cas où l'on ne considérait que deux proportions.

Lorsqu'on a deux ou plusieurs proportions à multiplier ensemble terme à terme, on pourra souvent obtenir la proportion résultante sans effectuer toutes ces multiplications partielles; pour cela on supprimera les facteurs communs à un antécédent et à un conséquent, lors même qu'ils n'appartiendraient pas au même rapport; car les produits qui forment les deux termes de chaque rapport de la proportion finale, auraient ces facteurs communs, et on pourrait les supprimer; on pourrait donc les supprimer avant de commencer l'opération.

Si l'on divise deux proportions par ordre terme à terme, les quotiens seront en proportion.

Soient les proportions
$$a : b :: c : d$$
et $m : n :: p : q$. Il faut prouver que

l'on aura $\frac{a}{m} : \frac{b}{n} :: \frac{c}{p} : \frac{d}{q}$: en effet la première proportion donne l'éga-
-lité.. $\frac{a}{b} = \frac{c}{d}$, et la

seconde . $\frac{m}{n} = \frac{p}{q}$

Si l'on divise membre à membre ces deux quantités fractionnaires,
les quotients seront égaux ; car pour effectuer cette division, il faut multiplier
la fraction dividende par la fraction diviseur renversée ; on aura ainsi

$$\frac{a \times n}{m \times b} = \frac{c \times q}{p \times d}.$$

Mais le premier membre n'est autre chose que le quotient de
$\frac{a}{m} : \frac{b}{n}$, et le second celui de $\frac{c}{p} : \frac{d}{q}$; cette égalité devient donc.........
.... $\frac{a}{m} : \frac{b}{n} = \frac{c}{p} : \frac{d}{q}$; c'est à-dire, la proportion $\frac{a}{m} : \frac{b}{n} :: \frac{c}{p} : \frac{d}{q}$.

Il en serait de même, quel que soit le nombre des proportions qu'on
divise par ordre.

Les carrés de quatre quantités en proportion formeront une nouvelle
proportion.

Car cela revient à multiplier par ordre, terme à terme, deux proportions
dont les termes seraient respectivement les mêmes, telles que

$$a : b :: c : d$$

et $\dfrac{a : b :: c : d}{a^2 : b^2 :: c^2 : d^2}$

leurs produits $a^2 : b^2 :: c^2 : d^2$ sont donc des carrés en proportion.

Les cubes de quatre quantités en proportion sont aussi en équi-
-quotient.

Car une telle proportion résulte de celle provenant du carré multiplié
terme à terme par la proportion elle-même, ou du produit de trois proportions dont
les termes sont respectivement les mêmes ; il en est de même de toute autre puissance du même degré pour chaque terme.

Les racines carrées de quatre quantités en proportion seront
aussi en proportion.

Soit la proportion $a : b :: c : d$, qu'on peut écrire ainsi $\frac{a}{b} = \frac{c}{d}$; en
extrayant la racine carrée des deux membres, il y aura encore égalité ; donc
$$\sqrt{\frac{a}{b}} = \sqrt{\frac{c}{d}}.$$

Mais nous avons vu que, pour extraire la racine carrée des
quantités fractionnaires, il faut extraire celle des numérateurs et la diviser
par celle des dénominateurs ; on aura donc $\frac{\sqrt{a}}{\sqrt{b}} = \frac{\sqrt{c}}{\sqrt{d}}$; mettant ces fractions sous forme de rapport, on obtient la proportion $\sqrt{a} : \sqrt{b} :: \sqrt{c} : \sqrt{d}$.
On prouverait par un semblable raisonnement que si quatre quantités sont en
proportion, leurs racines cubiques (et en général les racines du même degré)
des quatre termes sont en proportion.

Dans toute proportion géométrique le produit des deux premiers termes est au produit des deux derniers, comme le carré du second

126

terme, est au carré du quatrième.

Soit la proportion $a : b :: c : d$; en multipliant les deux termes du premier rapport par b, et ceux du second par d, on a la proportion $a \times b : b^2 :: c \times d : d^2$; changeant les moyens de place, on obtient $a \times b : c \times d :: b^2 : d^2$.

Dans toute proportion géométrique le produit des antécédens est au produit des conséquens, comme le carré d'un antécédent est au carré de son conséquent.

Soit la proportion $a : b :: c : d$; en multipliant les deux antécé-dens par c, on a la proportion $a \times c : b :: c^2 : d$; et multipliant les deux con-séquens par d, on obtient $a \times c : b \times d :: c^2 : d^2$.

D'une équation quelconque, on peut toujours déduire une pro-portion.

Si l'on a $m \times n = p \times q$,

on en conclura que $m : p :: q : n$, proportion bien juste, puis-que le produit des extrêmes est égal au produit des moyens.

Si l'on avait $a^2 - x^2 = b^2 - y^2$; comme on sait que cette égalité équivaut à

$$(a + x)(a - x) = (b + y)(b - y) \quad \text{on en déduira}$$
$$a + x : b + y :: b - y : a - x.$$

Si l'on avait $1 - x^2 = a$, on poserait d'abord

$$(1 + x)(1 - x) = a \times 1, \quad \text{d'où}$$
$$1 + x : a :: 1 : 1 - x.$$

Enfin si l'on avait $a \times x = 1$, ou bien

$$a \times x = 1 \times 1, \quad \text{on tirerait la proportion}$$
$$a : 1 :: 1 : x.$$

Dans toutes suites de rapports égaux la somme d'un certain nombre d'antécédens contient celle de leurs conséquens autant de fois qu'un antécé-dent quelconque contient son conséquent.

Soient les rapports égaux $a : b :: c : d :: e : f$; il est prouvé que dans deux rapports égaux on a la proportion $a + c : b + d :: c : d$; mais ce dernier rapport est égal à celui de $e : f$, on peut donc mettre le rapport $e : f$ à la place de $c : d$, et on aura

$$a + c + e : b + d + f :: e : f.$$

et ainsi de suite, si l'on avait un plus grand nombre de rapports égaux.

On raisonnerait de la même manière pour prouver que $a - c - e : b - d - f :: e : f$; ce qui fait voir que

Dans toute suite de rapports égaux la différence d'un certain nombre d'antécédens contient celle de leurs conséquens autant de fois qu'un antécédent quelconque contient son conséquent.

Lorsque deux proportions géométriques ont les antécédens ou les conséquens les mêmes, ou bien encore les extrêmes ou les moyens les mêmes, on en conclut, par les mêmes raisonnemens les conséquences qu'on a démontrées dans les équidifférences.

Corollaire: l'avant dernier théorème va nous servir à démontrer une proposition d'un usage fréquent: Lorsqu'on ajoute plusieurs produits qui ont un facteur commun, on obtient le même résultat en faisant une somme des facteurs non communs et en la multipliant par le facteur commun.

Pour le démontrer prenons les produits 4×3, 6×3, 8×3, 9×3, qu'il s'agit d'ajouter. Nous observons que dans toute multiplication le produit est au multiplicande comme le multiplicateur est à l'unité, on aura donc:

Pour le 1.er .... $4 \times 3 : 4 :: 3 : 1$.
P.r le 2.me .... $6 \times 3 : 6 :: 3 : 1$.
P.r le 3.me .... $8 \times 3 : 8 :: 3 : 1$.
P.r le 4.me .... $9 \times 3 : 9 :: 3 : 1$.

A cause du rapport commun de $3 : 1$ on aura cette suite.

$$4 \times 3 : 4 :: 6 \times 3 : 6 :: 8 \times 3 : 8 :: 9 \times 3 : 9 :: 3 : 1$$

mais la somme d'un certain nombre d'antécédens est à la somme de leurs conséquens comme un antécédent est à son conséquent, ainsi

$$4 \times 3 + 6 \times 3 + 8 \times 3 + 9 \times 3 : 4 + 6 + 8 + 9 :: 3 : 1$$

d'où l'on tire par l'égalité du produit des extrêmes et celui des moyens

$$4 \times 3 + 6 \times 3 + 8 \times 3 + 9 \times 3 = (4 + 6 + 8 + 9) \times 3 .$$

De la Règle de Trois.

On appelle règle de trois toute question qui mène à trouver un terme d'une proportion quand on en connaît trois.

La règle de trois est simple lorsqu'elle ne renferme que trois quantités dont on cherche la quatrième.

Elle est composée lorsqu'il entre plus de trois quantités dans son énoncé, et se réduit toujours à une simple.

Dans une règle de trois, on appelle quantités principales deux quantités de même espèce qui sont connues.

On nomme quantités relatives les quantités de même espèce dont l'une est connue et l'autre à chercher.

Une règle de trois est directe quand les deux quantités relatives suivent le même ordre que leurs principales.

Exemple: 20 ouvriers ont fait 16 mètres d'ouvrage en un certain tems, combien 10 ouvriers en feront-ils dans le même tems?

Les deux quantités principales sont 20 ouvriers; 10 ouvriers, et vont en diminuant, les relatives 16 mètres et x mètres doivent aller en diminuant; car il est clair que moins d'ouvriers feront moins de mètres dans le même tems; la règle de trois est donc directe, et on aura

$$20 : 10 :: 16 : x = \frac{16 \times 10}{20} = 8 \text{ mètres}.$$

Dans toute règle de trois directe, les quantités relatives suivant toujours le même ordre que leurs principales, elles forment dans cette proportion: la première quantité principale est à la deuxième, comme la première relative est à la seconde, où l'on voit qu'une quantité principale et sa relative forment les antécédens; tandis que l'autre quantité principale et sa relative forment les conséquens.

Une règle de trois est inverse lorsque les quantités relatives suivent un ordre contraire à celui de leurs principales.

Exemple: 40 ouvriers ont fait 16 mètres en 10 jours, combien faudra-t-il d'hommes pour faire le même ouvrage en 5 jours?

Les deux principales sont les 10 jours et les 5 jours, puisqu'elles sont de même espèce et connues, et comme elles vont en diminuant, leurs relatives, qui sont 40 ouvriers et les x ouvriers, doivent aller au contraire en augmentant; car il est clair qu'en moins de jours il faudra employer plus d'ouvriers pour faire le même ouvrage; la règle de trois est donc inverse; on a donc la proportion: $5 : 10 :: 40 : x = \frac{40 \times 10}{5} = 80$ ouvriers

Dans une règle de trois inverse, les quantités relatives suivant un ordre contraire à celui de leurs principales, elles forment la proportion: la première quantité principale est à la seconde, comme la seconde quantité relative est à la première, c'est-à-dire qu'une quantité principale et sa relative forment les extrêmes, tandis que l'autre quantité principale et sa relative forment les moyens.

Pour que le terme inconnu soit le dernier de la proportion, il faut, si la règle de trois est directe, prendre pour premier terme la quantité principale dont la relative est connue: mais si la règle de trois était inverse il faudrait au contraire prendre pour premier terme la quantité principale dont la relative n'est pas connue.

N.B. Il faut toujours simplifier la proportion autant que pos-

-sible avant de calculer le terme inconnu : ce qui se fait en simplifiant le premier rapport, et en supprimant aux deux antécédens les facteurs communs.

On peut encore résoudre les questions de règle de trois sans le secours des proportions, par la méthode connue sous le nom de réduction à l'unité ; elle consiste à prendre l'unité pour terme de comparaison entre les deux termes de chacun des rapports donnés par la question : prenons les deux questions précédentes.

1° Puisque 20 ouvriers ont fait 16 mètres d'ouvrage, il est clair qu'un ouvrier ferait le vingtième de 16 mètres ou $\frac{16}{20}$ de mètre d'ouvrage ; donc les 10 ouvriers feront 10 fois $\frac{16}{20}$ ou $\frac{16 \times 10}{20}$ de mètre d'ouvrage.

2° Puisque 10 jours sont employés par 40 ouvriers pour faire un certain ouvrage, il est clair qu'en un jour il en faudrait dix fois plus, ou 40×10 ; et par conséquent pour les 5 jours il en faudra le cinquième de 40×10 ou $\frac{40 \times 10}{5}$: ces résultats sont les mêmes que ceux qu'on a trouvés.

Dans les questions de règle de trois simple il entre souvent des nombres inutiles, comme dans la seconde, les 16 mètres ; puisque quel que soit le nombre de mètres d'ouvrage, la solution est la même : dans d'autres au contraire, il n'y a que deux termes de donnés, c'est qu'alors le troisième est sous-entendu égaler l'unité.

Comme dans cette question, Un navire n'a de vivres que pour 9 jours, le capitaine prévoit qu'il ne pourra arriver au port que dans 15 jours, à combien doit-il réduire la ration des vivres par jour, pour que les provisions durent jusqu'à son entrée dans le port ?

Soient 1 la ration ordinaire de chaque individu, x celle qui doit lui être délivrée ; le nombre de jours allant en augmentant les rations 1 et celle à chercher doivent aller en diminuant.

La règle de trois est donc inverse, il on aura
$$15 : 9 :: 1 : x = \frac{9 \times 1}{15} = \frac{9}{15} = \frac{3}{5} . \text{ de la ration}$$

De la règle de trois Composée.

Une règle de trois est composée lorsque l'énoncé de la question à laquelle on l'applique renferme plus de quatre quantités.

Pour montrer comment on peut ramener la règle de trois composée au cas de la règle de trois simple, prenons un exemple.

4 Ouvriers ont fait 6 mètres d'ouvrage en 5 jours, combien faudra-t-il d'ouvriers pour faire 7 mètres du même ouvrage en 8 jours.

Le nombre d'ouvriers qu'on demande dépend de deux circonstances, du nombre de mètres et des jours: on peut d'abord faire abstraction de cette dernière, et supposer que le nombre des jours reste le même dans le second cas que dans le premier. La question sera réduite à cet autre énoncé: si 4 ouvriers ont fait 6 mètres d'ouvrage en 5 jours, combien faudra-t-il d'ouvriers pour faire 7 mètres dans le même temps.

Plus il y aura de mètres à faire, plus il faudra d'ouvriers, les relatives suivant le même ordre que leurs principales, la règle de trois est directe; on a donc

$$6^{M} : 7^{M} :: 4^{ouv.} : y^{ouv}$$

y désigne donc le nombre d'ouvriers qu'il faudrait employer pour faire les 7 mètres d'ouvrage en 5 jours: mais ce n'est pas en 5 jours, c'est en 8; la solution du problème est ici ramenée à cette nouvelle question:

Si y ouvriers ont fait 7 mètres d'ouvrage en 5 jours, combien faudrait-il d'ouvriers pour les faire en 8 jours?

Plus on emploie de jours pour faire le même ouvrage, moins il faudra d'ouvriers; la relative y et le nombre d'ouvriers cherché, qu'on désigne par x, suivant un ordre contraire à leurs principales, la règle de trois est inverse; il faut donc écrire

$$8 : 5 :: y : x .$$

On aurait ainsi x; car on connaît y qui était dans la proportion précédente le quatrième terme, dont les trois premiers étaient connus. Mais on n'a pas besoin de déterminer la valeur de y pour avoir celle de x, en remarquant que si l'on multiplie par ordre les deux proportions

$$6 : 7 :: 4 : y$$
$$8 : 5 :: y : x$$

les produits sont aussi en proportion, et on a

$$6 \times 8 : 7 \times 5 :: 4 \times y : y \times x ,$$

or puisque y est facteur commun aux deux termes du dernier rapport, on peut le supprimer; la proportion finale est donc $6 \times 8 : 7 \times 5 :: 4 : x$. On raisonnerait de la même manière pour trouver la proportion finale, quelque compliquée que soit la question.

En examinant les diverses règles de trois simples qui entrent dans une règle de trois composée, on a dû remarquer que le terme inconnu de chacune était le troisième de la suivante; donc lorsqu'on multiplie par ordre ces proportions, toutes les quantités inconnues, excepté la dernière, qui sont des relatives, disparaissent comme étant facteurs communs aux deux termes du même rapport de la proportion finale.

Les raisonnements qu'on vient de faire ne dépendant pas du nombre de règles de trois simples que l'on est obligé d'employer, il en résulte cette règle générale: Pour réduire une règle de trois composée en une simple proportion, il faut prendre dans l'énoncé de la question deux des quantités principales que l'on compare avec la relative connue, et l'on verra si la règle de trois simple qui en résulte est directe ou inverse. Dans le premier cas on écrira pour premier terme la quantité principale dont la relative est connue, et dans le second celle dont la quantité relative n'est pas connue: on en fera de même pour chaque couple de quantités principales. On multiplie ensuite tous les antécédens entre eux, ainsi que tous les conséquens; ces deux produits seront les deux premiers termes de la proportion finale; à l'égard des deux derniers il faut toujours prendre pour troisième terme de la proportion la quantité relative connue, et pour quatrième celle que l'on cherche.

On doit, avant de commencer les multiplications, supprimer, comme on l'a dit, tous les facteurs communs à un antécédent et à un conséquent, lors même qu'ils n'appartiendraient pas au même rapport.

Appliquons cette règle à la question suivante:

400 ouvriers ont fait 6 navires dans 30 jours, travaillant 9 heures par jour, combien faudrait il d'ouvriers pour qu'ils en fissent 7 pendant 14 jours travaillant 10 heures par jour?

On trace dans la pratique une accolade verticale; à droite de la réunion des deux branches on écrit le dernier rapport, et on place à gauche entre les branches, les divers couples de quantités principales, comme on le voit ci-après.

$$\left.\begin{array}{l} 6 : 7 \\ 14 : 30 \\ 10 : 9 \end{array}\right\} :: 400 : x \quad \text{les rapports simplifiés donnent} \quad \left.\begin{array}{l} \overset{2}{6} : 7 \\ \overset{2}{14} : \overset{}{30} \\ \overset{}{10} : \overset{3}{9} \end{array}\right\} :: 400 : x,$$

c'est-à-dire $4 : 9 :: 400 : x$ ou enfin, en divisant les antécédens par 4, $\quad 1 : 9 :: 100 : x = 900$.

Pour traiter cette même question par la méthode de réduction à l'unité, on dispose le calcul de la manière suivante:

$$\begin{array}{lccc} \text{rapport cherché} \ldots\ldots & \text{ouvriers} & 400 & : & x \\ & \left\{\begin{array}{l} \text{navires} \\ \text{jours} \\ \text{heures} \end{array}\right. & \begin{array}{l} 6 \\ 30 \\ 9 \end{array} & \begin{array}{l} : \\ : \\ : \end{array} & \begin{array}{l} 7 \\ 14 \\ 10 \end{array} \end{array}$$

$$x = \frac{\text{ouvriers}\ 400 \times 7 \times 30 \times 9}{6 \times 14 \times 10} = 100 \times 9 = 900$$

On écrit d'abord la relative connue 400 ouvriers, puis on dit: si au lieu de 6 navires, il n'y en avait que 1, le nombre des ouvriers devrait être 6 fois moindre; il faudra donc diviser 400 par 6:

ainsi $\frac{400}{6}$ représente le nombre d'ouvriers à employer pour faire 1 navire; donc pour avoir celui de 7 navires il faudra répéter ce résultat 7 fois, ou le multiplier par 7. Si au lieu de 30 jours, on ne travaillait que 1 seul jour, il faudrait 30 fois autant d'ouvriers, on multipliera donc par 30; et si au lieu de 1 jour on travaillait 14, le nombre des ouvriers devrait être 14 fois aussi petit; il faudra donc diviser par 14.

Enfin si au lieu de 9 heures de travail par jour on ne travaillait que 1 heure, il faudrait 9 fois plus d'ouvriers; on multipliera donc par 9, et si au lieu de 1 heure par jour on travaillait 10 heures, le nombre d'ouvriers devrait être 10 fois plus petit: on divisera donc par 10. Faisant tous les calculs indiqués, après avoir supprimé les facteurs communs au dividende et au diviseur, on aura 900 pour le nombre d'ouvriers demandé, comme précédemment.

N.B. Si les nombres donnés n'étaient pas entiers, il faudrait avant tout ramener chaque rapport à la forme la plus simple en nombres entiers.

De la règle d'intérêt.

La règle d'intérêt a pour but de faire trouver le bénéfice que rapporte une somme prêtée, pour un certain temps, à un taux déterminé. La somme placée se nomme le **capital**.

On appelle **taux** l'intérêt au profit que rapporte une somme fixe, qui ordinairement est 100 francs, l'intérêt légal est de 5 et 6 pour cent: au delà c'est de l'**usure**.

Prêter à 5 pour cent, par exemple, cela veut dire que chaque 100 francs prêtés doivent rapporter 5 francs d'intérêt, de sorte que celui qui emprunte 100 francs doit vous rendre 105 à la fin de l'année. Telle est la manière naturelle d'entendre l'intérêt, et la seule autorisée par la loi; mais bien des personnes l'entendent différemment, non seulement elles prêtent à un taux plus fort, comme 9, 10, 12, etc, mais encore elles retiennent l'intérêt sur la somme qu'on leur demande, et ne prêtent que le reste. Par exemple, à 10 pour cent elles prêtent $100 - 10 = 90$, et l'emprunteur s'oblige à la fin de l'année à rendre 100 francs; c'est une manière déguisée de prendre un intérêt plus fort; car puisque 90 contiennent à la fin de l'année 10 francs d'intérêt, 100 francs contiendront 11, 11 comme on le trouve par la proportion. $90 : 10 :: 100 : x = \dfrac{100}{9} = 11^f\,11^d$.

C'est d'ailleurs augmenter l'intérêt de l'intérêt de cet intérêt, ainsi que le fait voir la proportion continue

$90 : 10 :: 10 : x = \dfrac{100}{90} = \dfrac{10}{9} = 1^f\,11^d$.

ce nombre étant ajouté à l'intérêt convenu 10, donne $11^f\,11^d$.

Pour désigner ces deux sortes d'intérêts, on est convenu d'appeler l'intérêt en dedans celui qu'on prend de la manière que la loi autorise, l'autre est pris en dehors. Ces deux mots sont consacrés par le commerce sans que rien les justifie : et par abréviation au lieu de pour cent on écrit p %.

Il y a une autre manière de fixer le taux de l'intérêt, qui n'est guère usitée, savoir : au denier tant ; comme au denier 20 ou 25 etc. ce qui signifie que chaque 20 ou 25 etc. porte 1 d'intérêt, ou que chaque unité rapporte $\dfrac{1}{20}$, $\dfrac{1}{25}$ etc. Alors pour un capital c l'intérêt sera $\dfrac{c}{20}$, $\dfrac{c}{25}$ etc. c'est-à-dire, que des fonds placés au denier 20 rapportent par an un intérêt égal au 20e du capital.

Pour trouver à quel taux p % il faut prêter, au lieu de prêter à un denier quelconque, il est facile de voir qu'il faut diviser 100 par le denier. réciproquement le taux étant donné, pour trouver le denier il faudra diviser 100 par le taux.

On distingue deux sortes d'intérêts le simple et le composé.

L'intérêt simple croit proportionnellement au nombre des années, lorsqu'il n'est pas payé à la fin de l'année; de sorte que pour 2, 3, etc. années il est double, triple etc. de celui d'un an.

L'intérêt composé croit dans un plus grand rapport, parce qu'à la fin de chaque année l'intérêt non payé s'ajoute à la somme prêtée, pour porter lui même intérêt.

Toute règle d'intérêt est fondée sur ces principes que les intérêts sont proportionnels aux capitaux, les capitaux aux intérêts; et les uns et les autres au tems. Cette règle n'est donc qu'un cas particulier de la règle de trois composée; en effet soit proposé cette question, sachant que 100 francs placés pendant 1 an rapportent 6 francs d'intérêt, on demande combien un capital de 3400 francs rapportera . . . d'intérêt pendant 4 ans?

L'intérêt cherché dépend de deux circonstances, des capitaux 100^f et 3400^f, et des tems 1 an et 4 ans ; or en faisant abstraction de la 2me circonstance on a .... $100 : 3400 :: 6 : y$. et en ayant égard à la seconde .... $1 : 4 :: y : x$, d'où l'on déduit .... $100 : 3400 \times 4 :: 6 : x$

C'est-à-dire que cent francs est au capital multiplié par le tems

154

comme le taux est à l'intérêt. En désignant chacune de ces quan-
-tités par leurs lettres initiales on a

$$100 : c \times T :: t : i .$$

Cette proportion contient quatre quantités, dont chacune peut
être supposée inconnue, les trois autres étant données; et il sera facile d'en déduire la quantité inconnue. De là quatre questions.

1° Déterminer l'intérêt d'un capital pour un certain
tems à un taux déterminé?

La quantité à chercher étant le 4.me terme de la proportion,
on trouve que

$$i = \frac{c \times T \times t}{100} .$$

2° Déterminer le taux auquel une somme doit être placée pour
rapporter, au bout d'un certain tems, une autre somme connue?

L'inconnue étant le 3.me terme de la proportion, la formule
est donc

$$t = \frac{100 \times i}{c \times T} .$$

3° Déterminer le tems pendant lequel une certaine somme doit
être placée pour rapporter à raison d'un certain taux connu, une
autre somme aussi connue?

Ici l'inconnue se trouve multipliée par le capital, et ce produit
étant le second terme de la proportion, on aura d'abord ....

$$c \times T = \frac{100 \times i}{t} ;$$ or C étant multiplicateur dans le premier membre,
passera comme diviseur dans le second, et on aura

$$T = \frac{100 \times i}{c \times t} .$$

Enfin 4° Déterminer le capital qu'il faudrait placer pendant
un tems connu, pour rapporter, à raison d'un certain taux donné, une
somme aussi connue.

La quantité cherchée est dans le premier membre de l'expression
$$c \times T = \frac{100 \times i}{t} ;$$ faisant passer le facteur T dans le second membre, on
aura

$$c = \frac{100 \times i}{T \times t} .$$

On résoudrait aussi, comme on l'a expliqué dans les règles de trois,
toutes ces questions par la méthode de réduction à l'unité.

Si le taux de l'intérêt était donné par mois, et non par an, les
mêmes formules serviraient en faisant désigner à la lettre T des mois

au lieu d'années.

Si l'on voulait l'intérêt d'un jour, il faudrait diviser celui d'une an par 365 jours ou par 360, pour plus de facilité, ou bien celui d'un mois par 30; alors la formule $i = \dfrac{C \times T \times t}{100}$ ne conserverait plus le facteur T, qui disparaîtrait comme désignant un an ou un mois, et on aurait pour le premier cas $i = \dfrac{C \times t}{36000}$, et pour le second $i = \dfrac{C \times t}{3000}$.

Avant de traduire ces formules on les simplifie, s'il y a lieu, d'après les valeurs particulières de C et de T.

Par exemple : à 6 p % par an, la première devient
$i = \dfrac{C \times 6}{36000} = \dfrac{C}{6000}$: et à 1 p % par mois, la seconde devient $i = \dfrac{C}{3000}$.

Si l'on veut l'intérêt pour plusieurs jours, on remet dans les deux formules la lettre T au numérateur, en lui faisant désigner des jours, et on a $i = \dfrac{C \times T \times t}{36000}$ ou $i = \dfrac{C \times T \times t}{3000}$, et on simplifie s'il y a lieu.

Pour trouver la somme des intérêts de plusieurs capitaux pour plusieurs jours, il suffit de multiplier chacun des capitaux par le nombre de jours correspondant, diviser la somme de ces produits par 3000, et multiplier ensuite ce résultat par le taux de l'intérêt du mois.

En effet, désignons ces capitaux par les lettres C', C'', C''' etc., et par T', T'', T''' le nombre de jours respectifs que ces capitaux restent entre les mains d'un négociant, la somme de leurs intérêts sera

$$\frac{C' \times T' \times t}{3000} + \frac{C'' \times T'' \times t}{3000} + \frac{C''' \times T''' \times t}{3000} = \left(\frac{C' \times T' + C'' \times T'' + C''' \times T'''}{3000}\right) \times t$$

à cause du diviseur 3000, et du facteur t, commun à tous les termes.

Quelquefois un commerçant a plusieurs billets ou effets dont il ne doit recevoir les payemens qu'à des époques ou échéances différentes; il les cède à un autre qui s'engage à les lui payer tous à la fois, à une époque antérieure à la dernière, qu'on appelle échange moyenne ou composée, et qu'il s'agit de trouver.

Par exemple
$$\left\{ \begin{array}{lll} \text{le 1}^{\text{r}} \text{ effet de} & 4500^t & \text{échait au 1}^{\text{r}} \text{ mars} \\ \text{le 2}^{\text{d}} & 3450 & \dots 15 \text{ avril} \\ \text{le 3}^{\text{e}} & 2520 & \dots 20 \text{ mai} \\ \text{le 4}^{\text{e}} & 1640 & \dots 25 \text{ juin} \end{array} \right\} \begin{array}{l} \text{somme totale} \\ 12110.^t \end{array}$$

On demande à quelle époque le second commerçant doit payer le total 12110.^t de manière que le premier n'ait ni perte ni gain par le retard des premières sommes échues, et par l'anticipation des dernières ?

Pour résoudre cette question, supposons que le second commerçant ne paye la somme totale qu'à la dernière échéance. Alors le premier commerçant perdrait l'intérêt de toutes les sommes échues antérieurement à cette époque, intérêt qu'on calculerait en multipliant chaque somme par le nombre de jours compris entre son échéance et la dernière, et ensuite par le taux de l'intérêt d'un franc par jour (d'après la formule précédente).

En représentant par a, b, c, d etc les différentes sommes, excepté la dernière, par T', T'', T''' le nombre de jours compris entre leur échéance et la dernière, et par t' le taux de l'intérêt d'un franc par jour, la somme des intérêts que perdrait le premier commerçant serait exprimée par

$$a \times T' \times t' + b \times T'' \times t' + c \times T''' \times t' + \text{etc} = t' \times (a \times T' + b \times T'' + c \times T''' + \text{etc}).$$

Pour compenser cette perte, il faut que le second commerçant paye la somme totale, désignée par S, un certain nombre de jours x, avant la dernière échéance de manière que son intérêt pendant ce nombre de jours égale la perte supposée; or ce nouvel intérêt se calculerait aussi en multipliant la somme totale S par x jours, et par le taux t' de l'intérêt d'un franc par jour: cet intérêt a donc pour expression $S \times x \times t'$, qui doit égaler $t' \times (a \times T' + b \times T'' + c \times T''')$, et comme dans cette égalité le taux t' est facteur commun, on peut le supprimer, et il reste l'équation

$$S \times x = a \times T' + b \times T'' + c \times T''' + \text{etc}$$

et par conséquent

$$x = \frac{a \times T' + b \times T'' + c \times T''' + \text{etc}}{S}$$

Valeur qui fournit cette règle générale. Pour trouver le nombre de jours, dont l'époque du payement total doit précéder la dernière échéance il faut multiplier chaque effet particulier par le nombre de jours compris entre son échéance et la dernière, et diviser la somme de tous ces produits par la somme de tous les effets.

Appliquons cette pratique à la question proposée

Détail du calcul

$$
\begin{array}{lll}
4500 & 3450 & 2520 \\
116 & 70 & 35 \\
\hline
270 & \overline{241500} & 1260 \\
45 & & 756 \\
45 & & \hline \\
\hline & & 88200 \\
522000 & & \\
241500 & & \\
88200 & & \\
\hline
851700 & \lfloor 12110 \\
\end{array}
$$

73 jours, en négligeant le reste.

Nota. Si le premier commerçant veut faire au second une faveur de 10 jours, en cas que les effets ne soient pas payés au jour fixe, l'époque du payement ne précédera la dernière échéance que de 63 jours, et par conséquent sera au 22 avril

Les achats de rente sur l'état peuvent être compris dans la règle d'intérêt.

On appelle 5 p % consolidés, cette partie de la dette publique que le gouvernement s'est réservé le droit de rembourser en donnant autant de fois 100 francs qu'il y a de fois 5 francs de rente annuelle inscrits au grand livre; ainsi pour 20 francs de rente le gouvernement donnera 400 francs. L'état est obligé de payer cette rente par moitié, c'est-à-dire, tous les 6 mois, tant qu'il n'a pas remboursé le capital. Ce capital peut éprouver des variations pour différentes causes; mais la rente ne subit jamais d'altération. Elle se négocie à la bourse par le ministère des agens de change, qui prennent, soit pour acheter une rente, soit pour la vendre, un droit de courtage qui égale $\frac{1}{8}$ p % du capital de cette rente, ou puisque le $\frac{1}{8}$ du $\frac{1}{100}$ vaut $\frac{1}{800}$, c'est aussi sa 800.e partie.

On dit que la rente est au pair lorsqu'on donne 100 f de capital pour acheter 5 francs de rente. Elle est au dessus du pair ou au dessous du pair, selon qu'elle coûte plus ou moins de 100 francs.

On peut donc proposer deux sortes de questions: 1.° de déterminer le capital pour acheter une rente donnée au cours déterminé. 2.° étant donné un capital, les frais de courtage compris, déterminer la rente au cours donné.

1.re Question. Combien a-t-on donné de capital pour acheter 2000 f de rente 5 p % au cours de 75 francs?

On a évidemment cette règle de trois simple. Si pour 5 francs de rente on a 75, combien pour 2000 f aura-t-on de capital. Les rentes allant en augmentant, les capitaux vont aussi en augmentant; ainsi $5 : 2000 :: 75 : x$, c'est-à-dire cinq francs est à la rente comme le pair est au capital. On trouvera que $x = \frac{2000 \times 75}{5} = 30000$ f; ensuite il faut pour le courtage $\frac{30000}{800} = 37$ f 50 c: on a donc dépensé en tout

$$30000 + 37,50 = 30037 \text{ f } 50 \text{ c}.$$

2.e Question. Combien a-t-on acheté de rentes 5 p % au cours de 75 pour 30037,50, y compris les frais de courtage?

Il faut d'abord dégager le capital des frais de courtage, et pour y parvenir représentons par y le capital, déduction faite des frais de courtage, on aura l'équation

$$y + \frac{y}{800} = 30037,50 \text{ c};$$

or pour trouver y, multiplions de part et d'autre par 800, on a

$$800\,y + y = 30037,50 \times 800, \text{ ou bien}$$

$$801\,y = 24030000,$$

ou en divisant les deux membres par 801,

$$y = \frac{24030000}{801} = 30000.$$

35

138

maintenant on remarquera que les capitaux 75 et 30.000 allant en augmentant, les rentes 5 et celle à chercher vont aussi en augmentant, on

aura donc $75 : 30.000 :: 5 : x$ d'où $x = \frac{30.000 \times 5}{75} = 2.000$

De la règle d'intérêt composé.

On nomme intérêt composé l'intérêt qui s'ajoute au commencement de chaque année au capital, pour porter lui-même intérêt:
de sorte qu'en retirant au bout d'un certain nombre d'années le capital
placé, on reçoit non seulement les intérêts annuels, mais encore les intérêts des intérêts.

Ainsi le capital de 100 francs, augmenté de son intérêt égal
à 5 francs, donne pour le capital de la seconde année 105, qu'on peut
mettre sous cette forme $100 \times \frac{105}{100}$. Pour savoir ce qui est dû à la fin de
la seconde année, il n'y a qu'à faire la proportion:

$$100 : 100 \times \frac{105}{100} :: 100 \times \frac{105}{100} : x = 100 \times \left(\frac{105}{100}\right)^2,$$

ou en effectuant la division par 100 .... $x = 100 \times \left(1 + \frac{5}{100}\right)^2$

c'est le capital de la troisième année. De même la somme due à la fin de
la troisième année sera $100 \left(1 + \frac{5}{100}\right)^3$ et ainsi de suite.

Mais pour trouver d'une manière générale ce que devient après
un certain nombre d'années un capital primitif c augmenté successivement des intérêts dus à la fin de chaque année, employons la méthode de réduction à l'unité. Représentons par i l'intérêt annuel d'un franc, celui de
2 sera $2i$; celui de 3 sera $3i$, et ainsi de suite; celui de c sera ci;
cela posé, à la fin de la première année, le capital plus son intérêt sera $c + ci$,
ou en décomposant en facteur $c(1 + i) = c'$, pour un instant.

Par la même raison, à la fin de la seconde année le nouveau
capital c' plus son intérêt sera $c' + c'i = c'(1 + i)$, ou bien en substituant
la valeur de c', $c(1 + i)(1 + i) = c(1 + i)^2 = c''$, pour un instant; de
même à la fin de la troisième année, le nouveau capital c'' plus son
intérêt sera $c'' + c''i = c''(1 + i) = c(1 + i)^2(1 + i) = c(1 + i)^3$.

Ces trois résultats suffisent pour conclure généralement qu'après
un nombre t d'années le dernier résultat qu'on appelle capital composé,
et que nous désignons par S, aura pour expression $S = c(1 + i)^t$ ainsi le
capital composé égale le capital primitif multiplié par la puissance d'un franc plus son intérêt annuel, d'un degré marqué
par le nombre des années.

Pour faciliter la traduction de ce résultat on forme une ou plusieurs tables contenant les 10, ou 20 premières puissances de $(1+i)$, en donnant à la lettre i une valeur particulière pour chaque table, et d'après le taux de l'intérêt qu'on aura en vue, par exemple, à 5 p%

$i = \frac{5}{100} = 0,05$; donc $1 + i = 1,05$. En formant les puissances successives de cette base on se borne à 8 ou 10 décimales exactes.

Table pour les intérêts composés à 5 p% .

$$(1+i)^{1} = 1,05$$
$$(1+i)^{2} = 1,1025$$
$$(1+i)^{3} = 1,15762 \cdot 5$$
$$(1+i)^{4} = 1,21550 \cdot 625$$
$$(1+i)^{5} = 1,27628 \cdot 15625$$
$$(1+i)^{6} = 1,34009 \cdot 56406$$
$$(1+i)^{7} = 1,40710 \cdot 04227$$
$$(1+i)^{8} = 1,47745 \cdot 54438$$
$$(1+i)^{9} = 1,55132 \cdot 82160$$
$$(1+i)^{10} = 1,62889 \cdot 46268$$

$$(1+i)^{11} = 1,71033 \cdot 93581$$
$$(1+i)^{12} = 1,79585 \cdot 63260$$
$$(1+i)^{13} = 1,88564 \cdot 91423$$
$$(1+i)^{14} = 1,97993 \cdot 15994$$
$$(1+i)^{15} = 2,07892 \cdot 81794$$
$$(1+i)^{16} = 2,18287 \cdot 45884$$
$$(1+i)^{17} = 2,29201 \cdot 83178$$
$$(1+i)^{18} = 2,40661 \cdot 92337$$
$$(1+i)^{19} = 2,52695 \cdot 01954$$
$$(1+i)^{20} = 2,65329 \cdot 77052$$

Exemple. Que devient le capital 4567, placé à intérêt composé pendant 5 ans, à 5 p%/ par an?

Je prends la 5.me puissance de 1,05 avec 7 décimales seulement, et je fais la multiplication abrégée.

```
       1,2762815
            7654
      -----------
        51051264
         6381410
          765768
           89341
      -----------
        5828,7882
```

Pour faire la preuve on peut suivre la méthode directe, d'année en année, en calculant l'intérêt à 5 p% d'une manière commode, qui consiste à prendre le 20.me du capital, ce qui se fait en prenant la moitié, et avançant le quotient d'une place vers la droite, pour pouvoir additionner, et en se bornant à 4 décimales comme il suit :

```
                   4567 .................... capital
                    228 , 35 ............... intérêt
fin de l'année   4 795 , 35 ............... cap.
                    239 , 7675 .......... int
 2.de année        5035 , 1175 ......... cap.
                    251 , 7558 .......... int
 3.me année        5286 , 8733 ......... cap.
                    264 , 3436 .......... int
 4.me année        5551 , 2169 ......... cap.
                    277 , 5608 .......... int
                   5828 , 7882 ............ capital comme ci dessus.
```

Cette

Cette marche fait bien sentir l'utilité de la formule précédante, surtout pour un plus grand nombre d'années, et pour un autre taux que 5 ou 10 p %; parce que l'intérêt ne serait pas aussi aisé à calculer.

Si on représente par M le facteur convenable au nombre des années pris dans la table, la formule précédante deviendra $S = cM$, qui est plus aisé à prononcer que $S = c(1 + i)^t$.

Si maintenant on voulait trouver les intérêts composés ou l'augmentation qu'a subi le capital primitif, il est évident qu'il suffit de soustraire celui-ci du capital composé; donc en désignant ces intérêts par I, on aura la seconde formule $I = cM - c = c(M - 1)$ c'est-à-dire que

Pour avoir directement les intérêts composés sans calculer le capital composé, il suffit de multiplier le capital primitif, par le facteur de la table diminué d'une unité.

Dans la dernière question les intérêts composés sont évidemment $5828^f,78 - 4567 = 1261^f,78$, que l'on peut trouver directement par la multiplication suivante

$$
\begin{array}{r}
0{,}2762816 \\
7654 \\
\hline
11051264 \\
1381410 \\
165768 \\
19341 \\
\hline
1261{,}7883
\end{array}
$$

Avec les deux formules $S = cM$ et $I = c(M - 1)$ on peut résoudre les deux questions suivantes:

1° Un pays renferme un nombre n d'habitans; que deviendra ce nombre après un nombre t d'années; en supposant que la population augmente annuellement d'une portion constante i, de la population existante à la fin de chaque année. Il est clair que le nombre n se compose annuellement de la même manière que le capital primitif c, donc en désignant par N le nombre cherché on aura $N = n \times M$.

2° Une personne jouit annuellement d'un revenu fixe r, en vertu d'un bien ou capital quelconque. Par un nouvel arrangement, elle en suspend la perception pendant un nombre t d'années, à condition de recevoir, au bout de ce terme non seulement les différens revenus échus mais encore leurs intérêts composés, évalués au même taux que le revenu annuel. Quelle somme devra-t-elle recevoir?

Par ce nouvel arrangement, le capital inconnu, qui était placé à intérêt simple, payable tous les ans, se trouve placé à intérêt composé pendant t années; ainsi la somme cherchée n'est autre chose que la somme des intérêts composés du capital, qui vaut le revenu annuel r

il faudra donc employer la formule $I = C(M-1)$, dans laquelle il faut changer le capital inconnu C, exprimé au moyen du revenu r, et de l'intérêt i d'un franc; or le revenu ou intérêt $r = Ci$, d'après ce qui a été dit, donc $C = \frac{r}{i}$; et par conséquent $I = \frac{r}{i}(M-1)$.

Pour faire une application de cette formule, soit le revenu annuel 2345 ^{f} dont on se prive pendant 4 ans. Quelle somme devra-t-on recevoir à la fin de ce terme, pour les revenus non payés et leurs intérêts successifs à 5 $\frac{1}{4}$ % par an? D'après ces données $i = 0,05 = \frac{1}{20}$; $\frac{r}{i} = \frac{2345}{\frac{1}{20}} = 2345 \times 20 = 46900$, qu'il faut multiplier par $M-1 = 0,21550625$, on trouvera 10107 ^{f} 24; on peut faire la preuve en cherchant le même résultat par la marche directe:

1re année	2 3 4 5	revenu échu.
	1 1 7,25	intérêt pendant la seconde année.
	2 4 6 2,25	
	2 3 4 5	
2de année	4 8 0 7,25	somme due à la fin de la seconde.
	2 4 0,3625	intérêt.
	2 3 4 5	
3me année	7 3 9 2,6125	somme due à la troisième.
	3 6 9,6306	intérêt.
	2 3 4 5	
4me année	1 0 1 0 7,2431	comme ci dessus.

Avec la formule précédente $I = \frac{r}{i}(M-1)$, on peut résoudre la question suivante. Pendant un nombre t d'années une personne prête ou paye une somme fixe P, à la fin de chaque année; quelle sera la valeur de toutes ces sommes augmentées des intérêts successifs, valeur que nous représentons par V? Il est clair que cette somme fixe peut être assimilée au revenu annuel dont on se prive, dans la question précédente; il suffira donc de remplacer I par V, et r par P; et on aura la valeur cherchée $V = \frac{P}{i}(M-1)$; il ne faut pas oublier que M désigne toujours $(1+i)^t$.

De la règle des annuités.

On appelle **annuités** des payemens égaux, faits à la fin de chaque année, au moyen desquels on éteint au bout d'un certain nombre d'années, une dette primitive avec tous ses intérêts successifs; l'inconnue de ce problème est un des payemens, que nous désignerons par P. Soit C la dette primitive; supposons que le débiteur ne fasse aucun payement annuel, pas même des intérêts simples; sa dette C, au lieu de s'éteindre, augmente au contraire de tous ses intérêts composés, et deviendra $C(1+i)^t$ ou CM; mais si à la fin de chaque années, et qu'il paye une somme P par an, toutes ces sommes avec leurs intérêts composés vaudront $\frac{P}{i}(M-1)$, d'après la règle précédente; de sorte que d'un côté il devrait c M, s'il ne payait rien, et comme il paye, on lui doit à la fin du terme $\frac{P}{i}(M-1)$, qui par conséquent doit égaler c M, pour qu'il soit libéré ou quitte; de là on déduit l'équation $\frac{P}{i}(M-1) = cM$, d'où l'on tire $P = \frac{cMi}{M-1}$, ou bien $P = ci\frac{M}{M-1} = ci \times q$ (en désignant par q le quotient de chaque valeur M de la table des intérêts composés) divisée par cette même valeur diminuée d'une unité. Les différens quotiens forment une nouvelle table très commode pour les questions des annuités; puisqu'il suffit de multiplier c i ou l'intérêt de la dette, pour la première année, par le quotient correspondant au nombre des années.

Table pour les annuités à 5 p%.

Années	quotiens		Années	quotiens
1	21 , ,		11	2,40763 . 71928
2	10,75609 . 75609		12	2,25650 . 82004
3	7,34417 . 12926		13	2,12911 . 53033
4	5,64023 . 66520		14	2,02047 . 93891
5	4,61949 . 59625		15	1,92684 . 57522
6	3,94034 . 93622		16	1,84539 . 81595
7	3,45639 . 63692		17	1,77398 . 28346
8	3,09443 . 62725		18	1,71092 . 44463
9	2,81980 . 15994		19	1,65490 . 02077
10	2,59009 . 14992		20	1,60485 . 17438

Exemple. On veut éteindre dans 4 ans une dette de 4680 f, en y comprenant les intérêts dûs successivement à 5 p%, quelle est la valeur des payemens annuels?

On multiplie 5,640237 par 234, qui est l'intérêt de 4680 f, on trouvera 1319,82 f comme on le voit ci-dessous.

```
   5,640237
        432
  ─────────
   11280474
   1692072
    225608
  ─────────
   1319,8282
```

On peut faire la preuve de la manière suiv.te

```
1re année .....  4680 ............... dette
              +   234 ............... intérêt
              ─────────
                 4914 ............... cap. compl.
              - 1319,82 ............. pay.t annuel
2de année ....  3594,18 ............. reste de la dette
              + 179,709 ............. intérêt
              ─────────
                3773,889
              - 1319,82
              ─────────
3me année ....  2454,069
              + 122,7034
              ─────────
                2576,7724
              - 1319,82
              ─────────
4me année ....  1256,9524
              +  62,8476
              ─────────
                1319,8000
              - 1319,82
              ─────────
```

Le dernier payement est trop fort de 0,02, ce qui est fort peu de chose

Scholie. Dans la formule de l'intérêt composé $S = C(1 + i)^t$, et dans celle des annuités $P = C \times i \frac{(1 + i)^t}{(1 + i)^t - 1}$, on peut regarder l'une quelconque des quatre quantités S ou P, C, i et t comme inconnue, et le reste comme donnée, ce qui conduit à trois autres problèmes : mais quand l'inconnue comme t est exposant on ne peut l'obtenir que par le secours des logarithmes. Et si l'inconnue est i, il est facile de l'obtenir dans la première équation, mais non dans la seconde ; car le problème qui consiste à trouver à quel taux d'intérêt un emprunt doit être fait pour qu'on se soit acquitté, après un tems donné, en payant une annuité convenue, se présente très rarement, et la solution dépend de la plus haute analyse.

De la règle d'escompte.

La règle d'escompte a pour but de faire trouver la partie à rabattre, ou à déduire d'une somme dont on veut toucher le montant avant l'échéance ; ainsi lorsqu'un négociant cède à un autre un effet non échu, ce dernier ne lui compte pas toute la somme portée sur le billet, il en garde une partie plus ou moins considérable, selon le tems qu'il reste encore à courir jusqu'à l'échéance. C'est cette partie retenue, ou mise hors de compte, qu'on appelle proprement escompte.

Il y a deux manières de calculer l'escompte, analogues aux deux manières de prendre l'intérêt, c'est-à-dire en dedans ou en dehors ; par exemple, lorsque l'escompte est à 5 p. %, les uns entendent que chaque 105^f se réduisent à 100^f par l'effet de l'escompte, et les autres que chaque 100^f se réduisent à 95^f. Nous allons donner une idée de cette double manière.

Dans les deux méthodes le montant du billet doit être décomposé en deux parties, un capital et l'intérêt de ce capital. Pour obtenir cette décomposition, il n'y a qu'à composer une somme de la même manière ; soit toujours le capital fictif 100^f, et soit un billet de 6000 francs payable à mon ordre dans un an, je le cède ou négocie sous l'escompte de 6 pour cent. Quelle somme dois-je recevoir ?

Le capital fictif 100^f augmenté de son intérêt donne 106, alors les valeurs 106 et 6000 sont les deux termes du premier rapport composé chacun de la même manière ; or ce rapport doit être égal à celui du capital 100^f et la valeur actuelle du billet.

On a donc la proportion

$$106 : 6000 :: 100 : x = \frac{6000 \times 100}{106}.$$

Si le tems était un nombre complexe on commencerait par chercher l'intérêt de 100 francs pour ce tems. Par exemple, si le billet de 6000^f était

144

payable à mon ordre dans 4 mois, toujours sous l'escompte de 6 pour 100? Une première proportion ·

$$12^m : 4^m :: 6^f : x = \frac{24}{12} = 2^f$$

donne l'intérêt de 100^f pour 12 mois ou 1 an. Ajoutant cet intérêt à 100^f, on aura 102^f. Or il est évident que cette négociation de ma part un emprunt que je fais pour 4 mois à 6 p %, en cédant un effet qui doit contenir la somme qu'on me prête plus son intérêt; et d'après la manière naturelle d'emprunter, et la seule légale, si on veut obtenir 100^f il faut qu'on fasse un billet de 102^f; de là résulte cette propor-tion 102 : 6000 :: 100 : $x = \frac{600000}{102} = 5882^f,35$ c'est-à-dire en général que 100^f plus l'escompte (ou intérêt pour 100 pour le tems qui reste à courir) est à l'effet négocié, comme 100 est à la som-me réduite que l'on doit recevoir

On peut faire la preuve en cherchant l'intérêt du résultat pour 4 mois et à 2 p % par la proportion 102 : 6000 :: 2 : $x = \frac{6000 \times 2}{102} = 117^f,65$, qui ajoutés à 5882^f,35 = 6000^f; de sorte que le négociant qui prend le billet retrouve à la fin de 4 mois la somme qu'il m'a prêtée plus son intérêt; ce qui confirme la légitimité de cette méthode, qui cepen--dant n'est pas suivie par les banquiers et négocians

Cette dernière proportion fait trouver directement l'escompte qui étant soustrait de la somme totale 6000^f donne 5882^f,35.

D'après la seconde manière d'emprunter, c'est-à-dire en dehors, il faut qu'on laisse un effet de 100^f pour obtenir 98^f; donc 100^f et 6000 sont dans le même rapport que 98^f et la somme qu'on doit recevoir: d'où résulte la proportion 100 : 6000 :: 98 : $x = 5880^f$ le résultat est plus faible que le précédent de 2^f,35; ainsi cette méthode est au désavantage de celui qui prête.

Au reste les commerçans parviennent au même résultat en cher--chant directement l'escompte par la proportion 100 : 6000 :: 2 : $x = 120^f$, pro--portion qui n'est autre chose qu'une règle d'intérêt simple; ils ôtent ensuite ce résultat de la somme portée dans l'effet, pour avoir celle qu'ils doivent payer. Ainsi 6000 − 120 = 5880. C'est la simplicité de cette méthode qui l'a sans doute fait préférer à la première, quoi--que moins légitime

Pour expliquer cette différence que donnent les deux méthodes, il faut observer que les banquiers, en prélevant 120^f sur les 6000^f, prélèvent l'intérêt que cette somme rapporterait au bout de 2 mois; tandis qu'ils ne devraient rigoureusement retenir que l'intérêt de la somme qui re-vient annuellement au possesseur du billet: et cette condition est remplie par la première méthode.

Ce nombre 120^f que le banquier retient d'après la seconde métho-de, se compose réellement de l'intérêt de la valeur actuelle du billet, c'est-à-dire de $117^f 65$, plus de l'intérêt de cet intérêt; comme il est aisé de le vérifier.

En effet la proportion

$$100 : 2 :: 117^f 65 : x, \text{ donne}$$
$$x = \frac{117,65 \times 2}{100} = 2^f 3538 \text{ comme on l'avait avancé.}$$

Les diverses théories qu'on vient d'exposer sont suffisantes pour résoudre toutes les questions ordinaires d'escompte qui ont pour but de trouver la somme réduite ou à recevoir par celui qui cède l'effet; mais si l'on veut re-garder successivement comme inconnue, chacune des quantités qui entrent dans ces sor-tes de questions, il est bon, comme dans les intérêts, d'avoir des proportions générales ou des équations qui les renferment, conformément aux deux méthodes ci-dessus. Soit e le taux de l'escompte annuel, t le tems qui reste à courir, de sorte que $e \times t$ sera le taux de l'escompte pour ce tems. Soit S la somme principale, por-tée dans l'effet négocié, et S' la réduite, nous aurons les deux proportions

$$1^o\ 100 + e \times t : S :: 100 : S',$$
$$2^o\ 100 : S :: 100 - e \times t : S'.$$

Elles donnent de suite S ou S'. Pour en déduire facilement e ou t, il faut leur donner la forme suivante : la différence des antécédens est à celle des conséquens, comme un antécédent quelconque est à son conséquent, ce qui don-ne

$$1^o\ e \times t : S - S' :: 100 : S'$$
$$2^o\ e \times t : S - S' :: 100 : S$$

à cause de $+ 100$ et 100 qui se détruis.^{t}

De la première on déduira

$$e = \frac{100(S-S')}{S't} \ ;\ t = \frac{100(S-S')}{S'e}.$$

De la seconde on déduira aussi

$$e = \frac{100(S-S')}{St} \ ;\ \text{et puis}\ t = \frac{100(S-S')}{Se}.$$

Des règles de tare et de change.

On appelle tare une diminution ou déduction que l'on accorde à tant $p\%$ sur le prix ou la quantité d'une marchandise quelconque, à raison de quelque partie gâtée ou tarée, ou encore de l'enveloppe dans laquelle une mar-chandise est contenue.

Le poids de la marchandise et de l'enveloppe qui la contient est ce qu'on appelle poids brut ou tort.

La règle de tare est une règle d'escompte particulière dans laquelle le tems n'entre point : elle se prend comme l'escompte, soit en dedans, soit en de-hors; donc pour trouver la somme réduite, on fera l'une des proportions suivantes,

146

qui ne diffèrent de celles du chapitre précédent qu'en ce que $t = 1$.

1°. 100 plus le taux de la tare, est à la somme principale s comme 100 est à la somme réduite s'.

2°. 100 est à la somme s comme 100 moins le taux de la tare est à la somme réduite s'.

Ou bien on cherchera directement la tare par la proportion $100 : s :: $ le taux de la tare $: X$, qui n'est qu'une proportion d'intérêt simple ou d'escompte en dehors, et on soustraira le résultat de s pour avoir la réduite s' de la seconde proportion : c'est ainsi qu'on le pratique dans le commerce.

D'après cela, pour savoir quelle est la tare de 6000 livres poids brut, à raison de 4 livres de tare p%, on fera la proportion :

$$100 : 6000 :: 4 : X = 240^{\text{li}}.$$

On appelle change, le bénéfice ou la perte que fait sur un billet ou sur une lettre de change, celui qui le prend ou le négocie.

La règle de change n'est autre chose qu'une règle d'escompte, en dedans ou en dehors, selon le but qu'on se propose dans le change : deux questions vont faire sentir ce double but.

1°. Je veux faire compter 6000^{li} dans une ville ou place de commerce quelconque, Paris, Bordeaux, etc.; je m'adresse à un banquier, qui se charge de faire compter cette somme par son correspondant, ou par le moyen d'une lettre de change, qu'il me donne payable à vue; mais il demande 2 p% pour son bénéfice ou droit de commission, que dois-je lui compter, au dessus, ou en sus de 6000^{li}? Il est évident que je dois donner 2^{li} autant de fois que 100^{li} sont contenus dans 6000^{li}, je fais donc la proportion $100 : 6000 :: 2 : x = 120^{\text{li}}$. C'est la pratique de la règle d'intérêt. De sorte que pour obtenir du banquier une lettre de change de 6000^{li}, il faut que je lui compte 6120^{li}.

2°. Je remets 6000^{li} à un banquier, pour obtenir de lui une lettre de change payable à vue sur Paris, ne voulant pas me charger de cette somme en espèces, de quelle somme sera la lettre de change, si le banquier retient son droit de commission de 2 p%.

Dans le premier cas je laisse au banquier 10,2^{li} pour obtenir une lettre de 100^{li}, donc dans ce cas-ci la lettre que je demande doit contenir 100^{li} autant de fois que 102^{li} sont contenus dans 6000^{li} ce qui donne la proportion $102^{\text{li}} : 6000^{\text{li}} :: 100 : x = 5882^{\text{li}},35$, qui n'est autre chose qu'une règle d'escompte du premier cas, et dans laquelle le tems n'entre pas. C'est ainsi que devrait agir le banquier pour être juste; mais il procédera comme dans le premier cas, il calculera l'intérêt de 6000^{li} à 2 p% = 120^{li}, il ôtera ce résultat de 6000^{li} et trouvera 5880^{li} pour la valeur de la lettre de change. D'après cet usage généralement suivi, on peut dire que **les règles d'escompte, de** tare, et de change n'étant qu'une règle d'intérêt simple, les commerçans ne font autre chose que multiplier la somme principale par le taux de l'intérêt, ou de l'escompte, ou de la tare, ou du change, et prendre le 1/100, et ôtent le résultat de la somme principale pour avoir la réduite.

La lettre de change est tirée d'un lieu sur un autre (parce qu'elle suppose un changement de lieu, circonstance qui lui a donné ce nom) ; elle est datée, elle énonce la somme à payer, le nom de celui qui doit payer, l'époque et le lieu où le payement doit se faire, la valeur fournie en espèces ou marchandises, en compte ou de toute autre manière ; elle est à l'ordre d'un tiers (qu'on appelle le porteur) ou à l'ordre du tireur lui-même, c'est à dire, de celui qui l'a faite. Si elle est par première, seconde, troisième, quatrième, etc, elle l'exprime ; elle peut être tirée à vue, à un ou plusieurs mois de vue, ou de date ; à une ou plusieurs usances, de vue ou de date, à un jour fixe, ou déterminé en foire. L'usance est de 30 jours ; les mois sont tels qu'ils sont fixés par le calendrier grégorien (voyez le code de commerce, titre VIII N° 110, 129, et suivans).

Scholie. Les règles dites des primes et assurances, des commissions, des pertes et bénéfices, sont de même nature que les précédentes ; nous nous bornerons à définir les deux premières.

On appelle prime d'assurance, ce que l'assuré paie à l'assureur pour le prix de l'assurance.

On entend par commission la rétribution qu'un individu accorde à un négociant pour une vente ou un achat, ou pour des payemens ou recouvremens qu'il a chargé ce négociant de faire pour son compte.

On calcule toujours la prime, les commissions, et la perte et bénéfice d'une opération, à raison de tant p. %.

De la règle de troc ou échange.

Troquer ou échanger, c'est donner des marchandises pour d'autres marchandises.

Dans les trocs les marchands vendent plus cher leurs marchandises qu'en argent comptant. La règle de troc ou échange a donc pour but de faire trouver l'augmentation que doit faire un marchand au prix réel de ce qu'il donne en échange à un autre, d'après l'augmentation supposée que fait celui-ci. On peut proposer deux questions : dans la première l'échange se fait tout en marchandises, de part et d'autre ; et dans la seconde l'un des marchands donne une partie en argent et l'autre partie en marchandises.

1re Question. Deux marchands veulent faire un échange, le 1er a du drap de 20 f. le mètre, dont il demande 24 f. en troc; le second doit donner en retour du sucre de 10 f. le kilogramme, à combien doit-il le compter pour n'être point dupe du premier ? Il est évident que le second prix réel doit augmenter dans le même rapport que le premier; il y a donc proportion entre les deux prix réels et les deux prix augmentés ou en troc. On fera donc la proportion 20 : 10 :: 24 : X, qui donne X = 12 f. On pourrait encore chercher seulement l'augmentation du second prix réel, par la proportion 20 : 4 :: 10 : X = 2.

2me Question. La même que la première, avec cette nouvelle condition que le premier marchand veut 1/4 en argent. Le 1/4 de 24 f. égale 6 f. que le second marchand doit donner sur chaque mètre de drap qu'il vendra; et si le premier n'avait pas augmenté son prix réel 20 f. le second après avoir donné 6 f. n'aurait à lui donner que le reste de 20, moins 6 ou 14, en sucre; et au prix réel de 10 f.; mais à raison de l'augmentation il faudra qu'il donne 24 − 6 = 18. La question se trouve réduite alors au premier cas, c'est comme si le premier marchand voulait vendre 18 f. ce qui n'en vaut que 14; on fera donc comme ci-dessus la proportion 14 : 10 :: 18 : X = 12 f. 86.

Donc, pour ramener les questions du second cas au premier, il faut prendre la partie exigée en argent du prix en troc, soustraire cette partie fixe du prix réel et du prix faux, qui doivent entrer dans la proportion avec le prix réel du second marchand.

On peut demander encore, dans les deux cas, combien de kilogrammes de sucre doit donner le second marchand pour obtenir un certain nombre de mètres de drap, 10 par exemple? Les 10 mètres à 24 f. coûtent 240 f. qu'il doit donner dans le premier cas pour 12 f. prix en troc du kilogramme de sucre, et on a 20 pour réponse; dans le second cas il faut ôter 6 × 10 = 60 de 240 et diviser le reste 180, par 12, 86, prix en troc du kilogramme. Le quotient 14 à peu près sera la réponse.

De la règle de société.

La règle de société a pour but de partager une somme donnée, bénéfice ou perte (qu'on nomme dividende) entre plusieurs associés, dans le rapport de leurs mises.

Cette règle est fondée sur ce principe que la part de gain ou de perte de chaque associé est proportionnelle à sa mise, quand les temps sont égaux, et proportionnelle au temps quand les mises sont égales

La règle de société présente trois cas principaux : 1°, lorsque les mi-ses inégales ont resté le même tems en société; 2°, des tems différens, et 3° ont subi différens changemens par addition ou soustraction, à des époques détermi-nées.

Trois négocians ont mis en société, le premier 4528^f, le second 5284, et le troisième 8245; ils ont fait un bénéfice de 9876^f; combien revient-il à chacun? Pour résoudre cette question, représentons le pre-mier gain par x, le second par y, et le troisième par z; le rapport du premier gain au second doit être le même que celui qui existe entre la première mise 4528 et la seconde 5284, ainsi des autres; par conséquent, le rapport des mises étant le même que celui des gains, nous avons cette suite de rapports égaux $4528 : x :: 5284 : y :: 8245 : z$. Cette suite ne donne pas la valeur de chacune des inconnues x, y, et z, mais on connaît leur somme, qui est égale au nombre à partager 9876; c'est ce qui nous engage à établir la proportion. La somme des antécédens est à la somme des conséquens comme un antécédent est à son conséquent; on a donc

$$4528 + 5284 + 8245 : \begin{matrix} x+y+z \\ \text{ou} \\ 9876 \end{matrix} :: \left\{ \begin{matrix} 4528 : x \\ 5284 : y \\ 8245 : z \end{matrix} \right.$$

Les trois termes de chacune de ces proportions sont connus, on pourra donc déterminer les gains demandés: ces résultats nous apprennent que, pour ré-soudre une règle de société, il faut faire autant de règles de trois particuliè-res qu'il y a d'associés, toutes conçues ainsi: la somme des mises est au bénéfice total comme chaque mise particulière est au bénéfice particulier qui lui correspond.

Le calcul de chacune des mises exige une multiplication et une division; on peut parvenir plus brièvement au même but par la métho-de de réduction à l'unité; car le gain d'un franc est égal au gain total divisé par la valeur totale des mises, comme on le voit d'ailleurs par la pro-portion de la règle de société,

$$S : G :: 1^f : x = \frac{G}{S}.$$

Ainsi pour avoir le bénéfice relatif à une mise quelcon-que, il faut diviser le gain total par la somme des mises, ce qui don-ne le bénéfice relatif à une mise d'un franc, et multiplier ensuite ce quotient fixe par chaque mise particulière.

Par cette pratique on n'a qu'une seule division à faire, et autant de multiplications qu'il y a de mises particulières. Il faut seulement obser-ver de mettre à ce quotient, qui doit servir de multiplicande, un assez grand nombre de décimales pour que chaque produit particulier, qui doit donner le gain de chaque associé, ait toute l'exactitude que l'on peut désirer. Si par

exemple, on veut que chacun soit exact jusqu'à un centième ; il faut met-
-tre au quotient autant de décimales plus trois, qu'il y aura de chiffres
entiers dans la plus forte mise, d'après la règle prescrite pour la multiplication
abrégée ; on pourra aussi abréger la division.

Appliquons cette pratique à la question précédente

```
9876,0000 /18057                0,5469347     0,5469347     1er  Preuve
 847 50   /                          4825          5428      gain ..... 2476,52
 125 220   0,5469347             ___________   ___________   2me  ,, ....... 2890
  16 8780          8254          27346735      43754776      3me  ,, ....... 4509,48
   6267         __________        1093870       1093870                  __________
    849   2,1876388                 439544        218772      gain total = 9876,00
    129    2734675                   21876         27345                  __________
      3    109386                 __________    __________
            43752               2890,0085      4509,4763
          __________
          2476,5201.
```

Si les mises données avaient un facteur commun, on pourrait
le supprimer avant de faire l'opération générale ci-dessus, ce qu'n'altérerait en
rien les résultats, puisque ce serait diviser par un même nombre un extrême
et un moyen de la proportion ordinaire, dont notre pratique est l'équivalen-
-te. Cela a lieu, par exemple, lorsque les mises sont terminées par des zéros ; alors
on en efface autant qu'il y en a dans celui qui en a le moins.

Si le nombre des associés était considérable, on ferait une table
des neuf multiples du quotient fixe, et toutes les multiplications se changerai-
ent en autant d'additions : c'est ce qui arrive dans le partage d'une suc-
cession ou du bien qu'il reste dans une faillite ; on appelle cela partager
au marc le franc, c'est-à-dire à tant pour un franc.

2° 3 négocians ont mis en société les sommes suivantes :

$$1528^t, \quad \text{Pour} \quad 7 \quad \text{mois;}$$
$$5284^t, \quad \text{pour} \quad 5 \quad \text{mois;}$$
$$8245^t, \quad \text{pour} \quad 3 \quad \text{mois;}$$

ils ont à partager un bénéfice de 9876^t, que revient-il à chacun ?

Cette question ne diffère de la précédente, qu'en ce que les mises
n'ont pas resté le même tems en société ; or il est évident qu'une mise qui
reste 7 mois doit rapporter autant qu'une mise 7 fois aussi forte qui n'au-
-rait resté qu'un mois ; donc, pour ramener ce cas au précédent, il suffit de multiplier chaque mise particulière par le tems qu'elle a
resté en société, et de considérer les produits comme des mises données, en oubliant les mises primitives : on trouvera pour les résultats ; savoir :
Pour le 1er, 3778^t, 22 ; Pour le 2d, 3149, 32 ; Pour le 3me, 2948, 46 ; et pour le
gain total 9876, 00 : ce qui confirme l'exactitude des résultats.

3° 2 négocians ont fait une société qui a duré 20 mois ;

Le 1ᵉʳ a mis d'abord 420ᵗ
4 mois après il a retiré 60ᵗ
5 mois après il a mis 80ᵗ
6 mois après il a retiré 50ᵗ

Le 2ᵐᵉ a mis d'abord 540ᵗ
3 mois après il a retiré 70
6 mois après il a mis 88ᵗ
7 mois après il a mis 64

À la fin de la société il reste en caisse 2000ᵗ contenant les mises restantes et le bénéfice,

... quel est le reste de la mise de chaque associé, et son bénéfice correspondant ?

Pour résoudre la première partie de cette question double, il faut pour chaque associé suivre la mise primitive dans tous les changemens par soustraction ou additions, selon qu'il a retiré ou mis une nouvelle somme : le dernier résultat sera évidemment la mise qui reste encore dans la société on aura donc,

$$
\begin{array}{ll}
\text{Pour le 1}^{er} & \quad\ \ 420 \\
 & \underline{-\ \ 60} \\
 & \quad\ \ 360 \\
 & \underline{+\ \ 80} \\
 & \quad\ \ 440 \\
 & \underline{-\ \ 50} \\
 & \quad\ \ 390
\end{array}
\qquad
\begin{array}{ll}
\text{Pour le 2}^{me} & \quad\ \ 540 \\
 & \underline{-\ \ 70} \\
 & \quad\ \ 470 \\
 & \underline{+\ \ 88} \\
 & \quad\ \ 558 \\
 & \underline{+\ \ 64} \\
 & \quad\ \ 622
\end{array}
$$

Ainsi le premier a encore dans la caisse une mise de 390ᵗ
et le second de 622
$$\overline{\ \ 1012^{t}}$$

Pour résoudre la 2ᵐᵉ partie de cette question, il faut d'abord dégager le bénéfice total, en soustrayant la totalité des mises restantes 1012ᵗ, de la somme qui reste en caisse 2000ᵗ ; ce bénéfice égale 988ᵗ qu'il faut partager entre les associés proportionnellement à leurs mises réelles, et au tems qu'elles ont resté en société : c'est précisément ce qui forme la difficulté de ce 3ᵐᵉ cas : il faut pour chaque associé réduire toutes les mises à une seule qui n'aurait resté qu'un mois en société, ce qui peut se faire de deux manières, dont nous excepterons seulement la plus directe, ce qui a d'ailleurs l'avantage d'utiliser les différens résultats fournis par la première partie de ce problème. Par exemple, en raisonnant pour le premier négociant, il est évident que sa première mise 420, n'ayant resté complète que pendant 4 mois, équivaut à une somme quadruple qui n'aurait resté qu'un mois, donc elle doit être multipliée par 4 : le résultat 360 de la première soustraction, n'ayant resté que 5 mois, doit être multiplié par 5 : le résultat 440 de l'addition suivante, n'ayant resté que 6 mois, doit être multiplié par 6 : enfin le résultat 390 de la dernière soustraction ayant resté en société 20 ᵐᵒⁱˢ − (4 + 5 + 6), c'est-à-dire le tems total, moins le tems écoulé jusqu'au dernier changement = 20 − 15 = 5, doit être multiplié par 5. Tous ces produits additionnés donneront la mise unique réduite à un mois, ou à l'unité de tems. Cette pratique, évidente par elle-même est aisée à généraliser ; nous allons l'exécuter pour les deux associés.

Détail du calcul

Pour le 1.ᵉʳ :

$$420 \times 4 = 1680 \qquad 360 \times 5 = 1800 \qquad 440 \times 6 = 2640 \qquad 390 \times 5 = 1950 \qquad 20-15=5$$

$$1680 + 1800 + 2640 + 1950 = 8070$$

Pour le 2.ᵈ :

$$540 \times 3 = 1620 \qquad 470 \times 6 = 2820 \qquad 558 \times 7 = 3906 \qquad 622 \times 4 = 2488 \qquad 20-16=4$$

$$1620 + 2820 + 3906 + 2488 = 10834$$

D'après cette préparation la question est ramenée au premier cas, il revient à partager 988ᶠ à deux associés dont les mises sont 8070 et 10834 ; on trouve pour quotient fixe 0ᶠ,05226010⁷, pour le gain du premier 421,77, et pour celui du second 566,23.

Si les différentes époques étaient données en jours, il faudrait agir comme pour les mois, pour réduire les mises en un jour.

Remarque 1.ᵉʳᵉ Si les mises sont égales, comme les actions d'une banque, il suffit de diviser la somme à partager par le nombre des actions ou mises, pour avoir au quotient le bénéfice correspondant à une seule. Si un actionnaire ou associé a fourni plusieurs actions il doit avoir évidemment autant de fois au quotient, comme dans cet

Un corsaire a fait pour 900,000 f. de prises : on demande ce qui revient à chaque homme de l'équipage, après que l'armateur a prélevé 5 p%⁰⁄₀ pour sa commission sur le total, et la ½ du montant des prises qui revient aux actionnaires ?

Composition de l'équipage.

1.	cap.ᵗⁿᵉ qui doit avoir	12	Parts.
2.	seconds, chacun	8	16.
3.	lieutenant	6	18.
4.	sous lieutenans	4	16
2.	timoniers	3	6
1.	chirurgien		6
1.	écrivain		6
1.	cuisinier		1
20.	matelots, chacun	1 ½	30
12.	novices, chacun	¾	9
			120 parts

Prises 900,000ᶠ
à déduire 5 p%⁰⁄₀ ... − 45,000
Reste 855,000
dont la ½ .... 427,500 étant divisés par 120, donne 3562,ᶠ50ᶜ

montant d'une part ; en la multipliant par 12 on aura la part du capitaine, et ainsi des autres.

Remarque 2me. Pour faciliter la répartition des contributions d'une commune sur les divers contribuables, on cherche d'abord la contribution relative d'un franc de revenu net, en divisant la contribution totale connue par le revenu net présumé de toute la commune, avec 6 ou 7 décimales exactes; on fera ensuite une table des 9 multiples de ce quotient, au moyen de laquelle on change en différentes additions les multiplications qu'il faudrait faire de ce quotient par le revenu net de chaque contribuable.

Remarque 3me. On voit d'après ce qui précède, que la règle de société revient à partager un nombre donné proportionnellement à d'autres nombres donnés.

Partager 240 en trois parties ayant entre elles les mêmes rapports que les nombres 6, 5, 4 ?

Représentons la première par x, la seconde par y et la troisième par z; on aura d'après l'énoncé de la question:

$$6 : 5 :: x : y \; ; \; \text{et } 5 : 4 :: y : z \text{, ou}$$

encore
$$6 : 4 :: x : z \text{, changeant les moyens de place,}$$

on aura............
$$6 : x :: 5 : y,$$
$$6 : x :: 4 : z \text{, et par suite, à cause du rapport}$$

commun de $6 : x$,

$$6 : x :: 5 : y :: 4 : z$$ dont on déterminera les inconnues comme dans la 1ère question de ce chapitre.

Soit à partager 240 en trois parties, de manière que la première soit à la seconde comme $5 : 2$, et que la première soit à la troisième comme 4 est à 3 ?

L'énoncé de cette question nous donne

$$5 : 2 :: x : y$$
$$\text{et} \quad 4 : 3 :: x : z .$$

On voit que la première partie est représentée par 5, dans la première proportion, et par 4 dans la seconde; il faut faire en sorte que cette première partie soit représentée par le même nombre dans les deux proportions, c'est-à-dire ramener les deux premiers rapports à avoir les mêmes antécédens, ce qui se fait en multipliant les deux termes de chacun par l'antécédent de l'autre, et nos deux proportions deviennent

$$20 : 8 :: x : y,$$
$$20 : 15 :: x : z .$$

Ainsi la question est ramenée, comme la précédente, à partager 240 en trois parties proportionnelles aux nombres 20, 8 et 15.

Enfin, si l'on avait voulu partager le nombre 240 en trois parties, de manière que la première fût à la seconde comme $3 : 4$, et que la seconde fût à la troisième comme $5 : 8$?

L'énoncé donnerait $3 : 4 :: x : y$,

$$5 : 8 :: y : z.$$

La seconde partie étant représentée par 4 dans la 1.re proportion, et par 5 dans l'autre, il faudra ramener ces deux 1.ers rapports à ce que le 1.er conséquent de la 1.re proportion fût le même que le 1.er antécédent de la 2.de, ce qui se fera en multipliant les deux termes du rapport $3 : 4$ par l'antécédent 5 de l'autre, et les deux termes du rapport $5 : 8$ par le conséquent 4 du précédent.

Alors on obtient $15 : 20 :: x : y$,

$$et \quad 20 : 32 :: y : z.$$

Ainsi la question est ramenée à partager 240 en trois parties proportionnelles aux nombres 15, 20 et 32.

On n'aurait pas plus de difficultés, si le même nombre devait être partagé en quatre parties telles que la première fût à la seconde comme $4 : 3$, la seconde à la troisième comme $5 : 2$, et la troisième à la quatrième, comme $6 : 8$?

Car l'énoncé donnant

$$4 : 3 :: x : y,$$
$$5 : 2 :: y : z,$$
$$et \quad 6 : 8 :: z : v,$$

il faut que le premier conséquent de la première proportion devienne égal au premier antécédent de la seconde, et que le premier conséquent de la seconde proportion devienne égal au premier antécédent de la troisième, ce qui se fera en multipliant les deux termes de chaque rapport par le produit des termes des autres, qui représentent les parties répétées, on multipliera dans les deux termes du rapport $4 : 3$ par …… 5×6 ou 30,

les deux termes du rapport $5 : 2$ par …… 3×6 ou 18,

et les deux termes du rapport $6 : 8$ par …… 3×2 ou 6,

et on aura $120 : 90 :: x : y$,

$$90 : 36 :: y : z,$$
$$et \quad 36 : 48 :: z : v.$$

La question se réduit à partager 240 en parties proportionnelles aux nombres 120, 90, 36 et 48, ce qui n'offre aucune difficulté.

De la règle conjointe.

La règle conjointe a pour but général de convertir une ou plusieurs unités d'une grandeur connue en unités d'une autre espèce, par le moyen de plusieurs valeurs ou rapports intermédiaires, qui lient ensemble les deux espèces dont il s'agit; ce qui a fait donner à cette règle le nom de *conjointe*; elle est d'un fréquent usage dans les transactions commerciales avec l'étranger, pour convertir les monnaies, poids et mesures quelconques d'un pays, en ceux d'un autre. Nous allons en donner une idée générale, en nous proposant la question suivante, qui pourra servir de modèle aux questions les plus compliquées.

Combien 10 mesures de longueur de France, en valent-elles d'Angleterre, en supposant que 9 de France en valent 8 d'Espagne, 7 d'Espagne 6 de Russie, et 5 de Russie 4 d'Angleterre.

Dans cette question les mesures de France, qu'il faut convertir en mesures d'Angleterre, sont liées ou conjointes avec ces dernières par des mesures d'Espagne et de Russie : on pourrait convertir d'abord ces 10 mesures de France en mesures d'Espagne; ce premier résultat en mesures de Russie, et enfin celui-ci en mesures d'Angleterre. On aurait donc, en représentant par les lettres F, A, R et E l'unité des mesures de France, d'Angleterre, de Russie et d'Espagne, et par x le nombre cherché des mesures d'Angleterre, qui doivent égaler les 10 mesures de France, on aurait, dis-je, ces trois règles de trois simples

$$9^F : 8^E :: 10^F : y^E$$
$$7^E : 6^R :: y^E : z^R$$
$$5^R : 4^A :: z^R : x^A$$

Multipliant toutes ces proportions par ordre, et observant qu'on peut supprimer les lettres, qui peuvent être considérées chacune comme un facteur commun, on a enfin $9^F \times 7 \times 5 : 8 \times 6 \times 4^A :: 10^F : x^A = 6 + \dfrac{2}{21}$.

Mais on arrive plus directement au même but, au moyen des égalités ou équations particulières fournies immédiatement par l'état de la question; car nous avons évidemment :

$$x^A = 10^F$$
$$9F = 8E$$
$$7E = 6R$$
$$5R = 4A.$$

Si l'on multiplie toutes ces équations entre elles, en observant qu'une équation n'est pas troublée lorsqu'on divise ses deux membres par un même nombre, en supprimant dans les deux membres les lettres qui peuvent être considérées comme des facteurs communs, il résultera de la multiplication que

$$x \times 9 \times 7 \times 5 = 10 \times 8 \times 6 \times 4.$$

Et par conséquent, en divisant les deux membres par le produit $9 \times 7 \times 5$, on a

$$x = \frac{10 \times 8 \times 6 \times 4}{9 \times 7 \times 5}.$$ Opération qu'il faudrait effectuer après avoir fait les simplifications que peuvent offrir les facteurs communs au numérateur et au dénominateur.

On peut déduire de cet exemple la pratique suivante: Pour résoudre une règle conjointe, il faut former une première équation avec l'inconnue et la quantité à déduire qui doit l'égaler; ou faire une seconde en prenant pour premier membre une quantité de même espèce que le 2e membre de l'équation précédente, et pour 2me membre sa valeur donnée en unités d'une autre espèce quelconque; jusqu'à ce qu'on ait pour 2me membre une quantité de l'espèce cherchée: on simplifie toutes les équations en supprimant les lettres initiales qui désignent les unités de chaque espèce, puis en divisant à droite et à gauche par les facteurs numériques communs; on a l'inconnue égale le produit de tous les facteurs qui restent au 2me membre, divisé par le produit de tous ceux qui restent au 1er, et on exécute ces différentes opérations.

Si l'on demandait pourquoi on n'additionne pas toutes les équations au lieu de les multiplier, on répondra qu'alors les lettres qui désignent les unités de chaque espèce ne seraient plus facteurs communs dans les deux membres de l'équation résultante, et par conséquent ne pourraient pas s'effacer.

La règle conjointe pourrait encore être résolue par la réduction à l'unité et les fractions de fractions; car, puisque 9 mesures de France en valent 8 d'Espagne, il est clair que 1 mesure de France $= \frac{8}{9}$ d'Espagne; de même 1 mesure d'Espagne $= \frac{6}{7}$ de Russie, et une mesure de Russie $= \frac{4}{5}$ d'Angleterre; donc 1 mesure de France $=$ les $\frac{8}{9}$ des $\frac{6}{7}$ des $\frac{4}{5}$ de Russie; ou $\frac{8 \times 6 \times 4}{9 \times 7 \times 5}$ et les 10 mesures de France vaudront par conséquent $\frac{8 \times 6 \times 4 \times 10}{9 \times 7 \times 5}$ comme ci-dessus.

On résoudra donc facilement d'après l'une quelconque de ces méthodes la question suivante:

Combien 1 litre vaut-il de pintes, sachant que la pinte contient 46,95 pouces cubes, et que le pouce cube vaut 19,8364 centimètres cubes?

Ces rapports s'enchaînent ainsi qu'il suit:

$$X \text{ pint.} = 1 \text{ litre}$$
$$1 \text{ lit.} = 1000 \text{ cent. cubes}$$
$$19,8364 = 1 \text{ pouce cube}$$
$$46,95 \text{ po. c.} = 1 \text{ pinte.}$$

d'où $X = \dfrac{1000}{19,8364 \times 46,96} = 1,0737$ pintes, capacité égale à celle du litre.

Quand on compare des sommes exprimées en monnaies de divers pays, la règle conjointe prend le nom d'arbitrage ou règle de change.

Un négociant de Genève reçoit une facture de Lyon de $166^f 67^c$; il veut, pour payer cette somme, prendre une lettre de change à Genève sur Lyon. Le change entre la France et Genève est de 5^f de France pour 3^l de Genève. On demande combien il doit débourser à Genève pour avoir une lettre de change de la somme demandée ?

Il est évident que tout se réduit à faire la proportion suivante

$$5^l : 3^l :: 166,67 : x = 100^l, \qquad \text{monnaie de Genève.}$$

ou d'après la règle précédente ....

$$x^l \text{ de Genève} = 166,67 \text{ de France}$$
$$5^l \text{ de France} = 3 \text{ de Genève};$$

par conséquent $5 \times x = 166,67 \times 3$ donc $x = \dfrac{166,67 \times 3}{5}$

Il est dû à un particulier de Paris 800 creuzades de Portugal. Lisbonne n'ayant pas de change ouvert avec Paris, il fait le change par la voie d'Amsterdam, qui est de 1 creuzade pour 45 deniers de gros; celui d'Amsterdam à Genève est de 92 deniers pour 3^l et celui de Genève à Paris est de 3^l pour 5^l. Combien vaudront ces 800 creuzades en argent de France ?

On poserait donc.

$$x^l \text{ de Paris} = 800^C \text{ de Portugal,}$$
$$1^C \text{ de Portugal} = 45^D \text{ d'Amsterdam,}$$
$$92^D \text{ d'Amsterdam} = 3^l \text{ de Genève,}$$
$$\text{et} \quad 3^l \text{ de Genève} = 5^S \text{ de Paris;}$$

ainsi

$$x \times 1 \times 92 \times 3 = 800 \times 45 \times 3 \times 5$$
ou
$$276 \times x = 540000$$
d'où
$$x = \frac{540000}{276} = 1956^l, 52^c.$$

Combien 100 pistoles d'Espagne valent-elles de francs, sachant que 1 ducat d'Espagne vaut 95 deniers de gros d'Amsterdam; que 34 sous de gros valent 1 livre sterling de Londres, et que 32 deniers sterling valent 3 francs ?

Dans cette question, il manque des rapports intermédiaires entre la pistole et le ducat, entre le denier de gros et le sou, et entre la livre sterling et le denier; mais en consultant le tableau des monnaies de change d'Espagne, de Hollande et d'Angleterre, on verra que 1 pistole vaut 1088 maravédis, 375 maravédis 1 ducat; 12 deniers de gros 1 sou ou scalin, et que 1 livre Sterling vaut 240 deniers Sterling. Nous pourrons donc établir les égalités suivantes.

$$x^l = 100 \ldots \text{pist.}$$
$$1 \ldots \text{pist.} = 1088 \ldots \text{marav.}$$
$$375 \text{ marav.} = 1 \ldots \text{duc}^t$$
$$1 \ldots \text{duc.} = 95 \ldots \text{den. gr.}$$
$$12 \ldots \text{den. gr.} = 1 \ldots S. \text{ gr.}$$
$$24 \ldots S. \text{ gr.} = 1 \ldots \text{liv. St.}$$
$$1 \ldots \text{liv. S.} = 240 \ldots \text{den. S.}$$
$$32 \ldots \text{den. S.} = 3^l$$

d'où

$$x = \frac{100 \times 1088 \times 95 \times 240 \times 3}{375 \times 12 \times 34 \times 32} = 1520^l \text{ pour la}$$

valeur des 100 pistoles.

Des règles de fausses positions.

La règle de fausse position a pour but général de faire trouver un nombre qui remplisse certaines conditions données, au moyen d'un nombre supposé qui ordinairement est faux; c'est qui a fait donner à cette règle le nom de fausse position, ou supposition. On en distingue deux espèces, la simple et la double; dans les questions qui peuvent être résolues par la première, les conditions sont telles que le résultat que l'on obtient en les exécutant sur les nombres supposés, varie proportionnellement à ce nombre, c'est-à-dire devient double, triple, etc. du premier. Si cette proportionnalité n'a pas lieu, la question n'est pas de nature à être résolue par une seule supposition, ou par la règle de fausse position simple.

Dans les questions qui sont l'objet de la seconde espèce, les conditions doivent être telles que l'erreur du résultat faux, c'est-à-dire sa différence avec le résultat vrai, exigé par la question, croisse dans le même rapport que l'erreur primitive ou la différence du nombre supposé ou vrai. Alors on emploie deux suppositions, d'où est venu le nom de double fausse position. Si les conditions d'une question ne donnent lieu ni à l'une ni à l'autre des proportions que nous venons d'indiquer, elle ne peut être l'objet d'aucune des deux règles de fausse position; car il ne faut pas croire qu'à l'aide de cette double règle on puisse toujours trouver un nombre qui remplisse toutes les conditions que l'on voudra; ces conditions sont bornées aux deux caractères précédens, et c'est pour cela que nous avons dit que le but de cette règle est de trouver un nombre qui remplisse certaines conditions, et non pas toutes les conditions imaginables.

Dans la règle de fausse position simple nous distinguerons deux cas, selon que les conditions de la question ne contiendront que des quantités variables proportionnellement au nombre supposé, ou des quantités de cette espèce mêlées avec des quantités fixes ou invariables.

1° Soit proposé de partager 6000 en 3 parties, telles que la première soit la $\frac{1}{2}$ de la seconde, et la seconde le $\frac{1}{3}$ de la troisième?

Si je connaissais la troisième partie, il me serait aisé de trouver la seconde en prenant le $\frac{1}{3}$, et la première en prenant la $\frac{1}{2}$ de la seconde; toute la difficulté consiste donc à trouver cette troisième, ou un nombre qui joint à son $\frac{1}{3}$, plus à la $\frac{1}{2}$ du $\frac{1}{3}$, donne 6000.

Pour éviter les fractions je suppose pour cette troisième partie un nombre divisible successivement par 3 et 2, le plus simple de ces nombres est visiblement $2 \times 3 = 6$, c'est-à-dire les produits des dénominateurs; je remplis sur 6 les conditions de la question, comme on le voit de l'autre part.

$$\text{Supposition} \begin{cases} 3^{\text{me}} \text{ partie} \dots\dots 6 \\ 2^{\text{de}} \dots\dots\dots\dots 2 \\ 1^{\text{re}} \dots\dots\dots\dots \dfrac{1}{9} \\ \text{résultat faux} \end{cases}$$

Dans cette question les conditions sont telles que si je suppose un nombre 12 double de 6, le résultat faux 9 doublerait aussi; puisque toutes les parties composantes doubleraient: donc si le résultat vrai exigé par la question était double ou triple du résultat faux 9, le vrai nombre cherché serait aussi double ou triple du nombre supposé 6: ainsi donc le nombre cherché est au supposé, comme le résultat vrai est au faux; ou au rebours, si l'on veut l'inconnue à la fin; Le résultat faux est au vrai comme le nombre supposé est au vrai.

Je fais donc la proportion $9 : 6000 :: 6 : x = 4000$. 3me partie vraie, qui fera connaître les autres en agissant à son égard comme on a déjà fait sur le nombre supposé 6

$$\text{Réalité} \begin{cases} 3^{\text{me}} \text{ partie} \dots\dots 4000 \\ 2^{\text{de}} \dots\dots\dots\dots 1333,33 \\ 1^{\text{re}} \dots\dots\dots\dots \underline{666,67} \\ 6000,00 \end{cases}$$

2.° Soit proposé de partager 6000 en 3. parties telles que la première soit la $\frac{1}{2}$ de la seconde + 100, et la seconde le $\frac{1}{3}$ de la troisième + 200.

Cette question ne diffère de la précédente que par les quantités fixes 100, et 200 qui accompagnent les parties variables $\frac{1}{2}$ et $\frac{1}{3}$; il est aisé de l'y ramener en ayant soin de distinguer dans deux colonnes les parties dépendantes du nombre supposé, qui doivent varier dans le même rapport que lui, et les quantités qui en sont indépendantes restant toujours les mêmes, quel que soit ce nombre. J'agis donc comme ci-après

$$\text{Supposition} \begin{cases} 3^{\text{e}} \text{ partie} \dots\dots 6 \\ 2^{\text{e}} \dots\dots\dots\dots 2 + 100 \\ 1^{\text{e}} \dots\dots\dots\dots 1 + 100 \\ \underline{+ 100} \end{cases}$$

somme variable $\quad$ 9 et 400, somme fixe.

Pour ne faire entrer dans la proportion que des quantités variablement proportionnelles, il faut négliger la somme fixe 400 dans le résultat faux ainsi que dans le vrai; en la soustrayant de 6000, ce qui donne 5600, et faire ensuite la proportion comme dans le 1er cas.

$$9 : 5600 :: 6 : x = 3733,33. \qquad 3^{\text{e}} \text{ partie ci. } 3733,33$$

$$\begin{array}{r} 1244,44 \\ +200 \\ \hline 1444,44 \end{array} \qquad 2^{\text{e}} \text{ partie ci. } 1444,44$$

$$\begin{array}{r} 722,22 \\ +100 \\ \hline 822,22 \end{array} \qquad 1^{\text{e}} \text{ partie ci } 822,22$$

$$5999,99 = 6000 \text{ à 0,01 près.}$$

Si la quantité fixe du résultat, au lieu d'être en plus était en moins, il faudrait la traiter d'une manière opposée, c'est-à-dire l'ajouter au vrai résultat au lieu de l'en soustraire avant de faire la proportion. D'ailleurs négliger une somme négative au résultat faux, c'est augmenter ce résultat de toute cette quantité; donc il faut que le résultat vrai reçoive la même augmentation.

On voit par cet exposé que pour s'assurer si une question peut être résolue par une règle de fausse position simple, il faut voir si le résultat faux dégagé de la quantité fixe qui peut s'y trouver varierait proportionnellement comme nombre supposé; et si cela a lieu on fera la proportion précédente.

Pour résoudre la règle de double fausse position soit proposé la question suivante:

Un ouvrier gagne 9 tous les jours qu'il travaille, et en perd 3 tous les jours qu'il ne travaille pas. Après 16 jours il lui est dû 96 f. combien de jours a-t-il travaillé?

Je puis supposer un nombre de jours depuis 1 jusqu'à 16. Je suppose 10 pour plus de facilité. Le nombre de jours qu'il n'aura pas travaillé sera $16 - 10 = 6$; d'après cette supposition l'ouvrier aura gagné $9 \times 10 = 90$, perdu $3 \times 6 = 18$; il lui sera dû $90 - 18$, ou 72, résultat faux, puisqu'il lui est dû réellement 96. Or ce résultat ne varierait pas dans le même rapport que le nombre supposé 10, puisqu'il n'était pas composé de parties multiples de ce nombre. Donc la question ne peut être résolue par la règle précédente. Soustrayons ce résultat faux 72 du vrai 96, et voyons si la différence ou erreur 24 varierait dans le même rapport que l'erreur inconnue de position. Pour cela je raisonne ainsi: Si je me trompe d'un jour en moins dans la supposition que je fais, j'aurai au résultat 9 de moins de gain, et 3 de perte de plus, ce qui fait une perte ou erreur totale de 12; si je me trompe de 2 jours l'erreur sera évidemment double, donc le rapport cherché existe; d'après cela il est aisé de corriger la supposition en calculant le nombre de jours dont je me suis trompé en supposant 10, pour avoir une erreur de 24 au résultat faux, il suffit de diviser cette erreur par celle qui est relative à un jour = 12; le quotient 2 est donc le nombre de jours au l'erreur de position, et par conséquent le nombre total de jours que l'ouvrier a travaillé égale $10 + 2 = 12$, comme on peut d'ailleurs le vérifier en agissant comme dans la supposition

$$
\begin{array}{llll}
\text{gain} & 12 \times 9 & = & 108 \\
\text{perte} & 3 \times 4 & = & 12 \\
\hline
\text{gain réel} & & = & 96.
\end{array}
$$

Voilà la question résolue par une seule supposition et au moyen d'une correction faite au nombre supposé, qui consiste à diviser l'erreur du résultat par celle qui correspond à une unité de plus ou de moins introduite dans la supposition, erreur qu'il est facile de calculer immédiatement d'après la question, ou en augmentant le nombre supposé d'une unité, et prenant la différence de la nouvelle erreur à la première, ce qui équivaut à une seconde position.

Ce parti paraît plus expéditif pour toutes les questions de ce genre, que la pratique connue sous le nom de double fausse position, dont on pourrait par conséquent se passer; nous allons cependant la faire connaître, en l'appliquant à la première question. Je suppose un autre nombre, 11 par exemple, et j'agis comme sur le premier; dans cette supposition, l'ouvrier aura

$$\begin{aligned} \text{gagné} \quad & 11 \times 9 = 99 \\ \text{perdu} \quad & \underline{3 \times 5 = 15} \\ & \qquad\quad 84 \end{aligned}$$

Il lui sera dû 84, résultat faux qui soustrait du vrai 96 donne 12 pour 2.e erreur. Cela posé, voici comment on procède pour obtenir le véritable nombre: on multiplie les deux erreurs inversement par les nombres supposés qui les ont données, et on divise ensuite la différence ou la somme des deux produits par la différence ou la somme des deux erreurs, selon que celles-ci sont dans le même sens ou en sens contraire.

Dans la question actuelle les erreurs sont dans le même sens, c'est-à-dire par défaut; j'agirais donc ainsi qu'il suit pour terminer l'opération.

$$\begin{array}{lll} \begin{array}{ll} 24 & \text{1}^{\text{re}}\ \text{erreur} \\ 11 & \text{2}^{\text{de}}\ \text{nouvelle supposition.} \\ \hline 264 \\ -120 \\ \hline 144 \end{array} \quad \begin{array}{ll} 12 & \text{2}^{\text{e}}\ \text{erreur} \\ 10 & \text{1}^{\text{re}}\ \text{nouvelle supposition.} \\ \hline 120 \end{array} \quad \begin{array}{ll} 24 \\ -12 \\ \hline 12 & \text{différence des erreurs} \end{array} \end{array}$$

$$144\ |\ \underline{12} \qquad 12 \ \text{ nombre de jours cherché.}$$

Cette pratique est bien plus longue que la précédente; voici sa démonstration générale, quelle que soit la question, pourvu qu'elle soit de nature à être résolue par la règle actuelle, c'est-à-dire pourvu que l'erreur du résultat varie dans le même rapport que celle de position, ou que les deux erreurs des résultats soient proportionnelles aux deux erreurs de position.

Nous représentons par n et n' les deux nombres supposés, par e et e' les deux erreurs résultantes, et par x l'inconnue ou le nombre vrai.

Les deux erreurs primitives ou de position seraient représentées par $x-n$ et $x-n'$ ou $n-x$ et $n'-x$, ou enfin par $x-n$ et $n'-x$, selon que les deux nombres supposés seront tous les deux $<$ ou $>$ que le nombre vrai; ou l'un $<$ et l'autre $>$.

Dans le premier cas nous avons la proportion $e : e' :: x-n : x-n'$ égalant le produit des extrêmes à celui des moyens, on aura $e(x-n') = e'(x-n)$; ou bien en effectuant les multiplications indiquées, $ex - en' = e'x - e'n$ transposant $e'x - en'$ d'un membre à l'autre, en changeant leurs signes, nous avons

$ex - e'x = en' - e'n$, ou bien $x(e - e') = en' - e'n$, d'où enfin on tire $x = \dfrac{en' - e'n}{e - e'}$, qui exprime la première partie de la règle ci-dessus. Dans le second cas nous avons la proportion $e : e' :: n - x : n' - x$, qui fournira le même résultat $x = \dfrac{en + e'n}{e + e'}$, qui exprime la seconde partie de la règle ci-dessus pour le cas où les erreurs sont en sens contraire.

Les questions que nous avons résolues par la règle de fausse position, soit simple soit double, et toutes celles qui en sont l'objet, peuvent évidemment être résolues par une équation directe exprimant les relations du nombre inconnu x avec les quantités connues. Par exemple, pour la première question, on désignerait la troisième partie par x, la seconde serait $\dfrac{x}{3}$, et la première $\dfrac{x}{6}$, et on aurait desuite l'équation $x + \dfrac{x}{3} + \dfrac{x}{6} = 6000$, ou (en multipliant tous les termes par 6 pour faire disparaître les dénominateurs) $6x + 2x + x = 36000$ ou $9x = 36000$, d'où $x = \dfrac{36000}{9} = 4000$ résultat conforme à celui qu'on avait obtenu.

La dernière question traitée généralement s'énoncerait ainsi: Un ouvrier gagne G tous les jours qu'il travaille, et perd P tous les jours qu'il ne travaille pas. Après n jours il lui est dû une somme S; combien de jours a-t-il travaillé? Soit x ce nombre de jours, le nombre qu'il n'aura pas travaillé sera $n - x$, et par conséquent il aura gagné Gx, et perdu $P(n - x)$ ou $Pn - Px$, il lui sera dû $Gx - Pn + Px = S$ d'où l'on tire $Gx + Px = S + Pn$, ou $x(G + P) = Pn + S$, ou enfin $x = \dfrac{Pn + S}{G + P}$, équation qui fournit une pratique bien plus simple que les précédentes, savoir: multiplier la perte de chaque jour par le nombre total de jours, ajouter à ce produit la somme qui est due, et diviser le tout par la somme du gain et de la perte d'un jour; cette pratique appliquée à la question ci-dessus donne

$$
\begin{array}{r|l}
3 \times 16 = 48 & 9 \\
+\,96 & 3 \\
\hline
144 & 12 \\
& 12 \text{ nombre cherché.}
\end{array}
$$

On peut fort bien se passer de cette règle de fausse position, que les anciens appellaient règula cœci ou la règle de l'aveugle à cause de son tâtonnement, mais comme la plupart des auteurs d'arithmétique en parlent, on a cru devoir la traiter avec quelque détail, et bien fixer la nature des questions qu'elle peut résoudre, pour apprécier son peu d'importance.

De la règle d'alliage.

On appelle en général alliage, un mélange que l'on fait d'un certain nombre de choses de différentes valeurs, pour former un tout d'un même nombre de parties égales entre elles et d'une valeur moyenne.

La règle d'alliage a pour but, 1°. De faire connaître la valeur moyenne et commune de chaque partie du mélange, quand on donne le nombre des parties, et la valeur particulière de chacune d'elles.

2°. De trouver le nombre des parties des choses qui doivent être mélangées ou alliées, quand on connaît le nombre total des parties et leurs valeurs moyennes.

1.er Ex. Un marchand de vin a mêlé des vins de différens prix, savoir: 300 bouteilles à 1.f 25.c la bouteille; 200 bouteilles à 1.f 15.c et 150 à 0,f 75; on demande combien il doit vendre la bouteille du mélange?

Puisque chaque bouteille de la première espèce vaut 1.f 25.c, les 300 bouteilles vaudront 300 fois 1.f 25.c ou . . . . 375,f ,,

De même les 200 bouteilles à 1,f 15.c chacune vaudront 200 fois 1.f 15.c ou . . . . 230.f ,,

Enfin les 150 bouteilles à 0,f 75 chacune vaudront 150 fois 0,f 75 ou 112,f 50

Somme 717.f 50

De sorte qu'en ajoutant tous ces produits le total 717.f 50 exprime le prix de toutes les bouteilles: donc en divisant cette somme par 650, nombre total de bouteilles, le quotient 1.f 10, à un centime près, sera évidemment le prix de la bouteille du mélange.

Les raisonnemens que nous venons de faire pour résoudre ce problème, nous conduisent à cette règle générale. Pour trouver le prix moyen du mélange, quand on connaît le nombre et la valeur des choses dont il est composé, il faut multiplier le nombre des choses de chaque espèce du mélange, par la valeur de l'unité de chaque espèce, et diviser ensuite la somme de ces produits par le nombre total des choses, le quotient sera la valeur moyenne.

Dans les arts, l'or et l'argent sont ordinairement combinés avec d'autres métaux tels que le cuivre, et on dit qu'une masse ou lingot d'or ou d'argent est à tel titre ou à tel degré de fin, lorsque sur un poids déterminé, un kilogramme par exemple, il renferme tel poids d'or ou d'argent pur; ainsi un lingot d'or au titre de $\frac{9}{10}$ ou à $\frac{9}{10}$ de fin, pesant un kilogramme, est un alliage d'or et d'autres métaux qui contient en or pur $\frac{9}{10}$ de kilogramme ou 0,f 9 (tel est, comme on l'a vu, le titre de toutes les nouvelles monnaies d'or et d'argent.

Un orfèvre a fait fondre ensemble 13 kilog. d'or au titre de 0,90, 25 k. au titre de 0,80, et 32 kilog. au titre de 0,70, quel est le titre de l'alliage?

D'après l'énoncé on a

13^k d'or au titre de .... $0,90$ contiennent $11^k,70$ d'or pur,

25 .... idem de .... $0,80$ .... $20,00$

32 .... idem de .... $0,70$ .... $22,40$

$\overline{70^k}$ .... $\overline{54^k,10}$

par conséquent 1 kilog. d'alliage contient $\frac{54,10}{70} = 0,77$ d'or pur; c'est donc le titre d'alliage.

Il résulte de cette pratique qu'on obtient le titre de l'alliage résultant de plusieurs lingots en multipliant le poids de chaque lingot par son titre, et divisant la somme de ces produits par le poids total de l'alliage.

Si le mélange ne contient qu'un seul objet de chaque espèce l'opération se simplifie; et il suffit, ainsi qu'on l'a dit dans la division, de diviser la somme des prix ou résultats particuliers par le nombre des objets. C'est de cette manière qu'on trouve le revenu moyen d'une terre; on ajoute les revenus par exemple de 10 années consécutives, et on prend le 10e de la somme. C'est donc prendre la valeur moyenne de plusieurs résultats différens ou qui ne s'accordent pas. Ainsi, pour essayer une pièce d'artillerie, on a tiré avec elle 5 coups qui ont donné, pour connaître sa portée, les résultats suivans:

le 1er coup a porté .... à .... 618^M

le 2e .... à 623

le 3e .... à 615

le 4e .... à 620

et le 5e .... à .... $\underline{610}$

.... $\overline{3086.}$

Les portées des 5 coups d'essai, ayant donné pour somme 3086 mètres on aura pour l'estime de la portée moyenne le 5e de cette somme ou $617^M,2$.

Les questions relatives à la seconde partie de la règle d'alliage sont le plus souvent indéterminées, c'est-à-dire d'un nombre infini de solutions ou réponses, lorsqu'on admettra des nombres quelconques entiers ou fractionnaires positifs ou négatifs. Pour comprendre comment on parvient à ces solutions proposons-nous cette question.

2e Cas. On veut mêler du blé de 20^f et de 30^f l'hectolitre, pour le vendre au prix de 27 sans perte ni gain. Combien peut-on prendre d'hectolitres de chaque prix ?

Si le prix moyen porté par la question était vraiment moyen entre 20 et 30, c'est-à-dire 25, il est évident que l'on devrait prendre un égal nombre d'hectolitres de chaque prix, puisque le gain fait sur ceux de 20^f vendus 25^f compenserait parfaitement la perte faite sur ceux de 30^f vendu 25^f; mais

27 n'est pas dans ce cas, il faut combiner ce nombre d'hectolitres de cha-que prix de manière que le gain total compense la perte totale. Cherchons donc l'expression de l'un et de l'autre, et en les égalant nous avons l'équation propre à résoudre le problème.

Or sur 1 hectolitre de 20^t vendu 27^t on gagne évidemment 7^t

$$\text{sur 2 idem…… idem…… idem. idem………… } 7^t \times 2$$
$$\text{sur 3 idem…… idem…… idem. idem………… } 7^t \times 3$$
$$\text{sur un nombre } x \text{ idem…… idem…… idem. idem………… } 7^t \times x$$

L'expression $7^t \times x$ est donc celle du gain total, en désignant par x le nombre inconnu d'hectolitres qu'il faut prendre du plus bas prix 20^t.

De même sur 1 hectolitre de 30^t vendu 27^t on perd 3^f.

$$\text{sur 2 idem…… idem…… idem…… idem } 3^f \times 2$$
$$\text{sur 3 idem…… idem…… idem…… idem } 3^f \times 3$$
$$\text{sur un nombre } x' \text{ idem…… idem…… idem…… idem } 3^f \times x'$$

L'expression $3^f \times x'$ est celle de la perte totale, en désignant par x' le nombre inconnu d'hectolitres qu'il faut prendre du plus haut prix 30^t. Le gain total devant égaler la perte totale. On a donc l'équation

$$7^t \times x = 3^t \times x',$$

à laquelle on peut satisfaire d'une infinité de manières; puisqu'elle contient deux inconnues dont l'une dépend de toutes les valeurs particulières que l'on attribuera à l'autre. Car en divisant ces deux produits égaux par 7 on obtient

$$x = \frac{3 \times x'}{7},$$

et en supposant $x' = 1$ ou 2, ou 3, on aura successivement pour la valeur de x

$$\frac{3}{7}, \frac{6}{7}, \frac{9}{7}, \text{ etc.}$$

Mais si on veut éviter les fractions, il faut supposer pour x' un mul-tiple de 7, dont le plus simple est 7 lui-même; posons donc $x' = 7$, on aura $x = \frac{3 \times 7}{7} = 3$. Or 7 est la différence du plus bas prix 20 au moyen 27, et 3 est la différence du plus haut prix 30 au moyen 27: de là résulte cette règle:

Qu'il faut prendre autant d'objets de chaque prix que l'indique la différence de l'autre au prix moyen. On pourrait aussi prendre les mêmes multiples ou parties aliquotes des deux différences; parce que toujours le gain total égalerait la perte totale.

Voici comment on dispose ordinairement les parties de cette pratique avec la preuve par le premier cas:

$$27 \begin{cases} 20 & 3 \quad \text{produit} = 60 \\ 30 & \dfrac{7}{10} \quad \text{idem} = 210 \end{cases}$$
$$\overline{\quad 270 : \dfrac{10}{27}}$$

Donc, lorsqu'on a deux quantités de différentes valeurs, pour déterminer ce qu'il faut prendre de chacune pour former une quantité moyenne et dont la valeur est donnée ; il faut comparer le prix de chaque quantité avec le prix moyen ; on écrit leur différence avec le prix moyen dans un ordre inverse, c'est-à-dire la différence du plus haut à côté du plus bas, et celle du plus bas à côté du plus haut : ces deux différences ainsi écrites marqueront ce qu'il faut prendre de chaque quantité. Pour faire la preuve, on multiplie ces différences, et on divise la somme de ces produits par la somme des différences ou des objets.

Si l'alliage ou mélange était composé de trois ou quatre matières différentes, on comparerait leurs prix deux à deux par la même règle, en observant que l'un soit inférieur et l'autre supérieur au prix moyen, comme si on avait autant de questions particulières, afin que toujours le gain total compense la perte totale.

Problème. Avec du café à 6 f, à 10 f, à 15, et à 17 f le myriagramme, on veut faire un mélange à 12 f le myriagramme, combien faut-il en prendre de chaque espèce pour la composition du mélange ?

$$
12\left\{
\begin{array}{llll}
17 & \cdots\cdots 6 \text{ myriagrammes} & 02 & \text{produits} \\
15 & \cdots\cdots 2 & 30 & \\
10 & \cdots\cdots 3 & 30 & \\
6 & \cdots\cdots \underline{5} & \underline{30} & \\
& \overline{16} & 192 & \lfloor 16 \\
& & 32 & \overline{12} \\
& & 00 &
\end{array}
\right.
$$

Il faut placer le prix comme ci-dessus, on compare 17 et 6 au prix moyen ; on écrit les différences dans un ordre inverse ; on compare 15 et 10 au prix moyen, et on écrit les différences dans un ordre inverse ; on trouvera que le mélange doit être composé de 6 myriagrammes de la 1re qualité,

de 2 ...... idem ...... idem ... 2e idem ;

de 3 ...... idem ...... idem ... 3e idem .

et de 5 ...... idem ...... idem ... 4e idem .

On sent, par cet exemple, que l'augmentation dans le prix occasionné par les myriagrammes de la 1re qualité est compensée par la diminution produite par ceux de la 4me. Il en est de même entre la 2e et la 3e qualités. On pourrait comparer la 1re qualité à la 3e, et la 2e à la 4e, ce qui donnerait une solution différente de la même question.

Si le nombre de prix est impair, un seul sert deux fois, et si un prix seulement était inférieur ou supérieur au moyen, il servirait avec chacun des autres en écrivant chaque fois la différence à côté des autres prix pour leur faire compensation.

Un marchand de vin voudrait mêler du vin à 15 décimes à 10 et à 8 le litre, pour en avoir qu'il puît vendre 12 décimes le litre, combien doit-il prendre de chaque espèce pour faire ce mélange ?

$$12 \begin{cases} 15 & 4 \text{ Seconde comparaison : 2, en tout } 6 \\ 10 & 3 \quad ci \dots\dots\dots\dots\dots 3 \\ 8 & 3 \quad si \dots\dots\dots\dots\dots 3 \\ & \overline{12} \end{cases} \begin{matrix} \text{qu'on vérifiera} \\ \text{comme précédemm}^t \end{matrix}$$

On peut mettre une condition de plus au problème qui limitera le nombre de solutions. On peut demander par exemple que le nombre total des myriagrammes du mélange soit 800. Dans ce cas il y aurait 4 proportions à ajouter ; car en faisant la somme des myriagrammes trouvés dans la 1ʳᵉ opération j'ai 16 au lieu de 800, exigés par la question ; pour remplir cette nouv. condition, on fait varier toutes les parties trouvées dans le rapport de la somme fausse 16, à la vraie 800 ; on dirait donc

$$16 : 800 :: \begin{cases} 6 & : x = 300 \\ 2 & : y = 100 \\ 3 & : z = 150 \\ 5 & : v = 250 \end{cases}$$

Nombres qui satisfont à la nouvelle condition, sans préjudice de la 1ʳᵉ puisqu'ils sont les mêmes multiples des nombres primitifs.

Donc, toutes les fois que la somme totale est fixée, on exécute d'abord l'opération relative au prix moyen, et si la somme des nombres trouvés n'égale pas celle exigée dans la question, on fera varier chacun de ces nombres par de proportions ainsi conçues : la somme fausse est à la somme vraie comme chacun des nombres faux est au vrai. Pour abréger il suffira de diviser la somme vraie par la fausse, et de multiplier le quotient par chacun des nombres faux.

Théories des Progressions et des Logarithmes.

On appelle en général progression une suite de nombres qui ont chacun la même raison ou le même rapport que celui qui le précède.

Chacun des nombres prend le nom de terme de la progression. On appelle progression croissante celle où les termes vont en augmentant, et progression décroissante celle où les termes vont en diminuant. Le premier et le dernier terme se nomment les extrêmes, et les termes interposés se nomment les moyens.

On distingue deux sortes de progressions; la progression arithmétique ou par différence et la progression géométrique ou par quotient.

Des progressions arithmétiques.

On appelle progression arithmétique ou par différence, une suite de termes dont chacun surpasse celui qui le précède, ou en est surpassé de la même quantité. Pour écrire une progression arithmétique il faut séparer ses termes par un point, et tracer avant le premier une barre horizontale avec un point au dessus et un autre au dessous. Ainsi les nombres 1, 5, 9, 13, 17, ... forment une progression par différence, parce que chaque terme surpasse celui qui le précède d'une même quantité 4 ; elle s'écrit

$$\div 1 . 5 . 9 . 13 . 17 \ldots\ldots\ldots$$

et l'on a 1 est à 5, comme 5 est à 9, comme 9 est à 13, etc,

On nomme raison d'une progression arithmétique la différence qui existe entre deux termes consécutifs. Une progression par différence croissante ou décroissante étant donnée, pour trouver la raison il faut retrancher un des termes de son consécutif.

Un terme quelconque d'une progression par différence croissante est égal au premier plus, autant de fois la raison qu'il y a de termes avant lui.

En effet, le second terme est égal au premier plus la raison; le troisième est égal au second plus la raison; mais puisque le second terme est égal au premier plus la raison, il s'ensuit que le troisième terme est égal au premier plus la raison et encore la raison, ou plus deux fois la raison.

Le quatrième terme est égal au troisième plus la raison; mais le troisième est égal au premier plus deux fois la raison ; il en résulte que le quatrième terme vaut le premier plus trois fois la raison.

En continuant de la même manière, on voit que le théorème est démontré ; si donc l'on désigne le premier terme par p, la raison par r, le dernier terme par d, et le nombre de termes par N, on aura la formule

$$d = p + r(N-1).$$

Il suit de là que pour calculer un terme quelconque d'une progression arithmétique croissante, connaissant le premier terme et la raison, sans calculer les autres termes intermédiaires, il faut ajouter au premier terme autant de fois la raison qu'il y a de termes avant celui qu'on cherche.

Un terme quelconque d'une progression par différence commençant par zéro, est égal au produit de la raison par le nombre des termes qui le précèdent.

En effet, l'un des termes quelconques d'une progression arithmétique croissante est égal au premier, plus autant de fois la raison qu'il y a de termes avant lui ; mais lorsque le premier terme est zéro, il ne change rien à la raison répétée autant de fois qu'il y a de termes avant ce terme quelconque, que est alors ce dont celui-ci est composé ; ce terme est donc exprimé par $d = r(N-1)$.

Réciproquement, si la raison d'une progression qui commence par zéro, est répétée un certain nombre de fois, ce produit sera le terme de cette progression, dont le rang sera désigné par le nombre plus un qui multiplie la raison.

Un terme quelconque d'une progression par différence décroissante, est égal au premier, moins autant de fois la raison qu'il y a de termes avant lui.

Car le second terme est égal au premier moins la raison ; le troisième terme est égal au second moins la raison, mais le second terme est lui-même composé du premier moins la raison ; il s'ensuit que le troisième terme est égal au premier moins deux fois la raison, et ainsi de suite pour les autres termes.

Alors $d = p - r(N-1)$; par conséquent la formule générale de la valeur d'un terme d'une progression quelconque sera $d = p \pm (N-1)r$.

Le premier terme d'une progression par différence décroissante et la raison étant donnés, pour calculer un terme quelconque il faut retrancher du premier terme autant de fois la raison qu'il y a de termes avant lui : car un terme quelconque d'une progression par différence décroissante vaut le premier, moins autant de fois la raison qu'il y a de termes avant lui.

Connaissant le premier terme, le dernier et le nombre des termes dans une progression par différence, trouver la raison.

Il faut retrancher le plus petit terme du plus grand, et diviser le reste par le nombre des termes qui précèdent le plus grand ; le quotient exprimera la raison. En effet, le plus grand terme pouvant être considéré comme le dernier, doit être composé du premier plus autant de fois la raison qu'il y a de termes avant lui; donc si du plus grand de ces deux termes on retranche le plus petit, le reste sera composé d'autant de fois la raison qu'il y avait de termes avant le plus grand; donc si l'on divise ce reste par le nombre des termes qui doivent précéder le plus grand, on aura la raison; ainsi $r = \dfrac{d-p}{n-1}$.

Pour insérer un certain nombre de moyens proportionnels par différence, entre deux nombres donnés, il faut retrancher le plus petit nombre du plus grand, diviser le reste par le nombre des moyens qu'on veut insérer, augmenté d'une unité, le quotient sera la raison avec laquelle on formera la progression.

Car le plus grand des deux nombres donnés pouvant être considéré comme le dernier terme de la progression, doit être composé du premier plus autant de fois la raison qu'on veut qu'il y ait de termes avant lui; donc si du plus grand de ces deux nombres ou le dernier terme, on retranche le plus petit, le reste sera composé d'autant de fois la raison qu'il doit y avoir de termes avant le plus grand. Si donc on divise ce reste par le nombre des termes qui doivent précéder le plus grand, ou ce qui est la même chose, par le nombre des moyens plus un, on aura la raison; la connaissant avec le premier terme on aura tous les autres termes; car en l'ajoutant au plus petit on a le second, l'ajoutant au second on a le troisième, et ainsi des autres. On n'a plus qu'à indiquer si les termes de la progression par différence doivent aller en augmentant ou en diminuant; dans le premier cas elle serait croissante, et dans le second au contraire elle serait décroissante.

Pour trouver la somme d'une suite de termes en progression par différence, il faut ajouter le premier terme au dernier, et multiplier leur somme par la moitié du nombre des termes de la progression.

En effet, soit la progression par différence $\div$ 2 . 4 . 6 . 8 . 10 . 12, au dessous de laquelle j'écris la même progression . $\div$ 12 . 10 . 8 . 6 . 4 . 2, mais en commençant par le dernier terme, de sorte que la première étant croissante la seconde soit au contraire décroissante, et en désignant par S la somme de ses termes, on aura ces deux égalités,

$$S = 2+4+6+8+10+12$$
$$S = 12+10+8+6+4+2$$

par conséquent en ajoutant membre à membre $\overline{2S = 14+14+14+14+14+14\cdots}$

Or on voit que la somme de deux des termes correspondans des deux suites est la même pour tous les termes; car en formant ces sommes on ajoute à chaque fois deux nombres, qui comparés aux primitifs sont l'un augmenté

précisément d'autant que l'autre est diminué : la somme reste donc toujours la même pour chacun des termes correspondant. Cela posé, la somme des termes des deux progressions, ou le double de la progression donnée, vaut la somme du premier terme p et du dernier d, répété autant
de fois qu'il y a de termes dans la progression ; ce dernier produit exprimant
le double de la somme des termes de la progression donnée, doit donc être divisé
par 2 : ainsi................... $S = \dfrac{(p+d)n}{2}$

Les deux équations
$$d = p + r(n-1), \text{ et } S = \dfrac{(p+d)n}{2}$$

ayant trois quantités communes p, d et n, on peut en tirer trois autres
équations, en éliminant successivement p, d et n, ce qui se fera d'abord
en prenant dans chacune d'elles la valeur de p, les égalant on trouvera la
première équation ci-après ; et on agira de même pour trouver les deux autres.

$$2S = 2dn - rn(n-1).$$
$$2S = 2pn + rn(n-1).$$
$$2rS = d^2 - p^2 + pr + dr.$$

On aura ainsi cinq équations entre les cinq quantités p, r, n, d et S,
qu'on combinera quatre à quatre, et si on résout chaque équation par rapport à chacune des quatre quantités qui y sont employées, il en résulte 20
formules.

Scholie. Suivant les physiciens, si l'on divise en parties égales le tems
qu'un corps emploie à tomber librement et sans éprouver de résistance de
la part de l'air, les espaces parcourus pendant ces instans égaux forment
une progression arithmétique : cette progression est d'ailleurs très remarquable par
ce que la différence qui y règne est double du premier terme. On aura donc
pour la raison, $r = 2p$, alors la troisième équation
$$S = \dfrac{2pn + rn(n-1)}{2}, \text{ devient } \dfrac{2pn + 2pn(n-1)}{2}$$
$$= \dfrac{2pn + 2pn^2 - 2pn}{2}, \text{ et en effectuant les réductions on}$$

obtient $S = pn^2$.

Ainsi, dans cette progression, la somme des termes est égale au premier
terme multiplié par le carré du nombre des termes, et par conséquent l'espace
parcouru par un corps depuis l'origine de son mouvement, est égal à l'espace
parcouru dans le premier instant, multiplié par le carré du nombre des instans. On
a observé que le premier espace ou $p = 4^{m},904$, si l'on compte le tems en
secondes ; d'après cela nous pourrons résoudre les deux problèmes suivans.

Une bombe a mis autant de temps à monter qu'à descendre, et

172

son mouvement a duré 10 secondes. À quelle hauteur s'est-elle élevée ?

Puisque la bombe a dû tomber pendant $\frac{10^s}{2}$ ou 5 secondes, et que $s = p n^2$, on trouvera que $s = 4^m,904 \times 5^2 = 4,904 \times 25 = 122^m,6$.

2°. Le sommet du Panthéon, à Paris, est élevé de $78^m,464$ au dessus du pavé de cet édifice. Combien de secondes emploierait un corps pesant à tomber de cette hauteur ?

L'équation $s = p \times n^2$, dans laquelle on cherche n, devient s ou $78^m,464 = 4^m,904 \times n^2$ ou $\frac{78,464}{4,904} = n^2$; extrayant la racine carrée de deux membres, $n = \sqrt{\frac{78,464}{4,904}} = \sqrt{16}$; par conséquent $n = 4$. Ainsi le corps mettrait 4 secondes à tomber.

Enfin soit proposé cette question. Un homme est chargé d'arroser un à un, 100 arbres placés sur la même ligne, à 5 mètres l'un de l'autre ; il prend l'eau à 10 mètres du premier arbre, sur le prolongement de la ligne des arbres. Combien de chemin fera-t-il, tant en allant qu'en revenant ?

Il fera 20 mètres pour le premier arbre, 30 pour le second, 40 pour le troisième, etc. Les espaces parcourus forment donc une progression arithmétique, dont le premier terme est 20, la différence 10, et le nombre des termes 100. On aura la somme, en fonction du premier terme de la raison et du nombre de termes, c'est-à-dire, par la formule

$$s = \frac{2pn + rn(n-1)}{2} = \frac{2 \times 20 \times 100 + 1000 \times 99}{2}$$
$$= \frac{4000 + 99000}{2} = 51500 \; ^{mèt} = 5^{my},15, \text{ environ } 12 \text{ lieues,}$$

de 25 au degré de latitude.

Pour trouver la formule que donne la somme des carrés des termes d'une progression arithmétique, prenons la progression littérale croissante

$$\div \quad p \cdot a \cdot b \cdot c \ldots\ldots c \cdot d \; ;$$

Soit r la raison de la progression, n le nombre de termes, s la somme des termes, s_2 celle de leurs carrés, et s_3 celle de leurs cubes. On aura

$$a = p + r, \; b = a + r \ldots\ldots d = c + r \; ;$$

en élevant au cube chacun des membres de ces égalités, on obtiendra

$$a^3 = (p + r)^3 = p^3 + 3p^2 r + 3p r^2 + r^3$$
$$b^3 = (a + r)^3 = a^3 + 3a^2 r + 3a r^2 + r^3$$
$$\ldots\ldots\ldots\ldots\ldots\ldots\ldots\ldots\ldots$$
$$d^3 = (c + r)^3 = c^3 + 3c^2 r + 3c r^2 + r^3.$$

Ajoutant ensemble ces équations membre à membre, on aura pour premier membre la somme des cubes des termes moins le cube du premier p ; on verra aussi aisément la composition du second membre, on aura donc

$$S_3 - p^3 = S_3 - d^3 + 3r(S_2 - d^2) + 3r^2(S_1 - d) + r^3(n-1).$$

ou en faisant passer S_3 du second membre au premier, et changeant les signes des deux membres, pour rendre le premier positif,

$$p^3 = d^3 - 3r(S_2 - d^2) - 3r^2(S_1 - d) - r^3(n-1).$$

Faisant encore passer le terme en S_2 dans le premier membre, et le terme p^3 au second, l'on tirera enfin

$$S_2 = \frac{3r d^2 + d^3 - p^3 - 3r^2(S_1 - d) - r^3(n-1)}{3r}.$$

Mais $d = p + r(n-1)$, et $S_1 = (2p + rn - r)\frac{n}{2}$.

Il sera donc facile d'obtenir S_2, ou la somme des carrés des termes, lorsqu'on connaîtra d, r, et n.

Si l'on élève successivement à la quatrième puissance les équations primitives qui expriment la progression, qu'on les ajoute et qu'on les traite d'une manière analogue, on trouvera la somme des cubes. On suivra le même procédé pour obtenir la somme des puissances les plus élevées.

Appliquons maintenant la formule de la somme des carrés des termes d'une progression arithmétique. Si l'on suppose que la progression soit celle de la suite naturelle des nombres dont le premier terme et la raison sont 1, telle que $\div 1.2.3.4 \ldots\ldots$ etc $p = 1$ et $r = 1$; par conséquent $d = n$ et $S_1 = (2 + n - 1)\frac{n}{2}$ ou

$$S_1 = \frac{n(n+1)}{2}, \text{ alors } S_2 = \frac{3n^2 + n^3 - 1 - 3(n(\frac{n+1}{2}) - n) - (n-1)}{3}, \text{ c'est-à-dire}$$

$$S_2 = \frac{3n^2 + n^3 - 1 - \frac{3n^2 - 3n}{2} + 3n - n + 1}{3}, \text{ réduisant}$$

tous les termes en demi, et divisant ce quotient par 3, c'est diviser la quantité par 6; on aura

$$S_2 = \frac{6n^2 + 2n^3 - 2 - 3n^2 - 3n + 6n - 2n + 2}{6}, \text{ faisant la réduc-}$$

tion on trouvera

$$S_2 = \frac{2n^3 + 3n^2 + n}{6}, \text{ décomposant en facteurs,}$$

$$S_2 = \frac{n(2n^2 + 3n + 1)}{6} = \frac{n(2n^2 + 2n + n + 1)}{6}$$

$$= \frac{n(2n(n+1) + n + 1)}{1.2.3} = \frac{n(n+1)(2n+1)}{1.2.3}.$$

Telle est la formule qui donne la somme des carrés des nombres naturels depuis le carré de 1 jusqu'à celui de n.

Des Piles de Boulets.

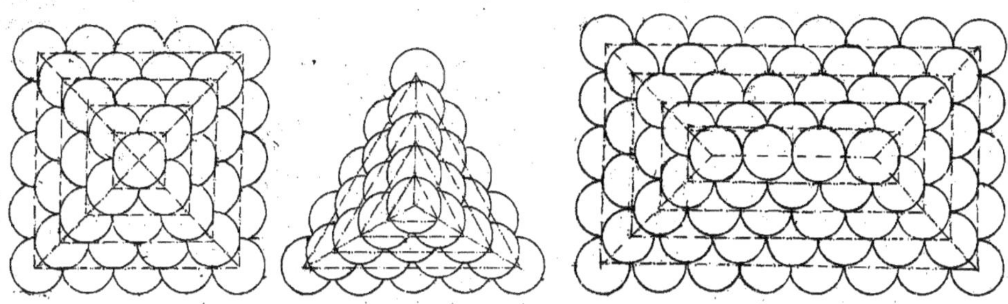

Figure 1.   Figure 2.   Figure 3.

Dans les parcs d'artillerie, on met en piles les boulets de canon, les bombes et les obus, tous ces projectiles se touchent et sont de même diamètre dans la même pile. Les piles peuvent être de trois espèces différentes, pyramidales à base carrée (Fig. 1), pyramidales à base triangulaire (Fig. 2), et oblongues ayant pour base un parallélogramme rectangle (Fig. 3).

1.° La pile pyramidale à base carrée est composée de tranches carrées; ces tranches sont en allant du sommet à la base, la suite des carrés des nombres naturels. Ainsi en suivant cet ordre, on a 1 boulet dans la première tranche, 4 dans la seconde, 9 dans la troisième, 16 dans la quatrième, 25 dans la cinquième; ..... n^2 dans la $n^{ième}$; la dernière tranche se nomme base de la pile. La totalité des boulets est donc la somme des carrés des nombres naturels, depuis celui de 1, jusqu'à celui de n, en désignant par n le nombre de tranches; n marque aussi combien il y a de boulets dans chaque côté de la base, et dans chacune des arêtes latérales de la pyramide.

Si on désigne par T le total du nombre des boulets de la pile entière, on aura, ainsi qu'on vient de le trouver,

$$T = \frac{n(n+1)(2n+1)}{1 \cdot 2 \cdot 3} = \frac{1}{6} n(n+1)(2n+1).$$

C'est-à-dire que pour avoir la totalité des boulets contenus dans une pile pyramidale dont la base est un carré, il faut au nombre des boulets d'un des côtés de la base et à son double, ajouter un, multiplier les deux résultats l'un par l'autre, et leur produit par le nombre même des boulets, et prendre le sixième de ce dernier produit.

Par exemple, si la pile quadrangulaire a 6 boulets de côté, à 6 et à son double 12 j'ajoute 1, ce qui me donne 7 et 13, qui mulpliés l'un par l'autre font 91 ; je multiplie celui-ci par 6, ce qui fait 546, dont le sixième 91 est le nombre de boulets de la pile.

Voici un tableau qui pourra tenir lieu de la formule, s'il est assez étendu, et qui servira à la vérifier, s'il est nécessaire.

Arêtes ..... 1, 2, 3, 4, 5, 6, 7, 8, 9, 10, 11, 12 ;
Tranches ... 1, 4, 9, 16, 25, 36, 49, 64, 81, 100, 121, 144 ;
Pile .... 1, 5, 14, 30, 55, 91, 140, 204, 285, 385, 506, 650.

La première ligne marque le nombre des tranches, ou le nombre de boulets contenus dans chaque arête : la seconde suite indique combien il y a de boulets dans chaque tranche ; enfin, la troisième donne le total des boulets de la pile entière.

Remarque. La formule qui exprime la valeur de T donne le moyen de calculer le nombre X des boulets contenus dans la pile tronquée ; car en désignant par n' le nombre des boulets du côté de la base supérieure du tronc, on obtiendra X, en ôtant de la pile entière, la petite pile retranchée dont le côté de sa base contient $n' - 1$ boulets ; puisque cette tranche est plus près du sommet que celle de la base supérieure du tronc d'une rangée ; le nombre des boulets de cette petite pile supérieure s'obtiendra en remplaçant n par $n' - 1$ dans la formule générale ; ce qui donnera, en désignant par t le nombre des boulets de cette petite pile enlevée,

$$t = \tfrac{1}{6}(n'-1)(n'-1+1)(2n'-2+1) = \tfrac{1}{6}(n'-1)\,n'\,(2n'-1).$$

Retranchant ce résultat de la valeur de T, et observant que $\tfrac{1}{6}$ est facteur commun, on aura pour le nombre des boulets de la pile tronquée.

$$X = \tfrac{1}{6}\big(n(n+1)(2n+1) - (n'-1)\,n'\,(2n'-1)\big).$$

2°. La pile pyramidale à base triangulaire se décompose en tranches triangulaires, en allant du sommet à la base. Chaque tranche est un triangle équilatéral, excepté la première, qui ne contient qu'un seul boulet. Il y a 2 boulets dans le côté de la seconde tranche, 3 dans celui de la troisième, 4 dans celui de la quatrième, n dans celui de la $n^{\text{ième}}$. Le nombre des boulets d'une tranche quelconque, est la somme des termes d'une progression arithmétique dont le premier terme est 1, la raison aussi 1, et le nombre des termes égal à celui des boulets contenus dans chaque côté de la tranche. Ainsi dans le cas ou ce côté contient n boulets, la tranche en contient $\tfrac{n(n+1)}{2}$ ou $\tfrac{1}{2}(n^2+n)$. Si n vaut successivement 1, 2, 3, 4 ..... n, les tranches vaudront successivement

$$\tfrac{1}{2}(1^2+1),\ \tfrac{1}{2}(2^2+2),\ \tfrac{1}{2}(3^2+3),\ \tfrac{1}{2}(4^2+4)\ \ldots\ldots\ \tfrac{1}{2}(n^2+n),$$

T représentant la totalité des boulets de cette pile à base triangulaire, on aura

$$T' = \tfrac{1}{2}(1^2+1) + \tfrac{1}{2}(2^2+2) + \tfrac{1}{2}(3^2+3) + \tfrac{1}{2}(4^2+4) \ldots\ldots + \tfrac{1}{2}.(n^2+n)$$
$$= \tfrac{1}{2}(1^2+2^2+3^2+4^2\ldots+n^2) + \tfrac{1}{2}(1+2+3+4\ldots+n)$$

substituant les formules qui expriment les valeurs entre les parenthèses, on trouvera que $T' = \dfrac{n(n+1)(2n+1)}{6\times 2} + \dfrac{n^2+n}{2\times 2}$, formule qui se simplifie; car en effectuant les trois multiplications indiquées au numérateur de la 1re fraction, réduisant les deux fractions au même dénominateur, et faisant la réduction, l'expression devient

$$\dfrac{2n^3+6n^2+4}{12} = \dfrac{n^3+3n^2+2n}{6},$$

décomposant en facteurs, on a successivement $\tfrac{n}{6}(n^2+3n+2) = \tfrac{1}{6}n(n^2+2n+n+2)$
$= \tfrac{1}{6}n(n(n+2)+n+2)$; par conséquent

$$T' = \tfrac{1}{6}n(n+1)(n+2).$$

C'est-à-dire que pour avoir la totalité des boulets contenus dans une pile pyramidale, dont la base est un carré, il faut au nombre des boulets d'un des côtés de la base ajouter successivement 1 et 2; multiplier les deux résultats l'un par l'autre, et leur produit par le nombre même des boulets, et prendre le sixième de ce dernier produit.

Formons aussi un tableau pour cette pile à base triangulaire, comme nous en avons formé un pour la pile à base carrée. Soit une tranche dont chaque côté contient n boulets: cette tranche est composée de n rangées, formant la même progression arithmétique que les nombres naturels 1.2.3.4 ...... n. Ainsi le nombre des boulets de cette tranche est exprimé par $1+2+3+4 \ldots + n$ ce nombre est donc

1 pour la première tranche,

$1 + 2 = 3$ pour la seconde,

$1 + 2 + 3 = 6$ pour la troisième,

$1 + 2 + 3 + 4 = 10$ pour la quatrième,

$1 + 2 + 3 + 4 \ldots + n$ pour la $n^{ième}$.

Chaque tranche se forme donc par l'addition successive des nombres naturels. D'après cela voici le tableau:

Rangées.....1, 2, 3, 4, 5, 6, 7, 8, 9, 10, etc.
Tranches 1, 3, 6, 10, 15, 21, 28, 36, 49, 55, etc.
Piles.......1, 4, 10, 20, 35, 56, 84, 120, 165, 220, etc.

La première ligne indique combien il y a de boulets dans chaque arête de la pile, ou de tranches dans la pile. La seconde ligne marque le nombre des boulets contenus dans les différentes tranches. On voit donc qu'il y aurait 55 boulets dans la 10e tranche. Cette seconde ligne se forme en ajoutant successivement les nombres naturels depuis 1 jusqu'à celui qui marque le rang de la tranche. La troisième ligne se forme en ajoutant successivement tous les nombres contenus dans la deuxième ; d'où chacun des ces termes exprime nécessairement la totalité des boulets d'une pile entière, puisqu'il est la somme des tranches de cette pile. Ainsi il y a 220 boulets dans une pile dont le nombre des tranches est 10. La formule

$$T' = \frac{n(n+1)(n+2)}{6},$$ en mettant 10 pour n,

devient $$T' = \frac{10 \times 11 \times 12}{6} = 220$$

Résultat parfaitement d'accord avec celui du tableau.

Remarque. Le nombre Y des boulets contenus dans la pile tronquée se déduit de la formule précédente. En effet désignons par n' le nombre des boulets du côté de la tranche supérieure du tronc, on obtiendra Y en ôtant de la pile entière la petite pile retranchée dont le côté de la base contient $n'-1$ boulets ; puisque cette tranche est plus près du sommet que celle de la base supérieure du tronc d'une rangée. Le nombre des boulets de cette petite pile supérieure s'obtiendra en remplaçant n par $n'-1$ dans la formule générale ; donc, si l'on désigne par t' le nombre des boulets de cette petite pile enlevée, on aura

$$t' = \frac{1}{6}(n'-1)(n'-1+1)(n'-1+2) = \frac{1}{6}(n'-1)n'(n'+1),$$

retranchant ce résultat de la valeur de T', et observant que $\frac{1}{6}$ est facteur commun, on aura pour le nombre des boulets de la pile tronquée

$$Y = \frac{1}{6}\left(n(n+1)(n+2) - (n'-1)n'(n'+1)\right)$$

3°. La pile oblongue a pour tranches des rectangles ; en allant du sommet à la base, la première tranche contient une rangée de boulets seulement. Soit m le nombre des boulets de cette rangée ; il y a dans la seconde tranche 2 rangées de boulets, et $m+1$ boulets dans chaque rangée ; 3 rangées dans la troisième tranche, et $m+2$ boulets dans chaque rangée ; 4 rangées dans la quatrième tranche, et $m+3$ boulets dans chaque rangée ; enfin, n rangées dans la $n^{\text{ème}}$ tranche, et $m+n-1$ boulets dans chaque rangée. D'après cette analyse, le nombre des boulets de la $n^{\text{ème}}$ tranche sera $n(m+n-1) = mn + n^2 + n$.

N. B. Ici n ne désigne pas aussi comme dans les deux piles précédentes le nombre des boulets d'un côté quelconque de la base, mais celui du plus petit côté de cette base.

Si dans cette expression, on met pour n successivement $1, 2, 3, 4, \ldots\ldots n$, le nombre des boulets sera

$$m + 1^2 - 1 \quad \text{pour la } 1^{\text{ère}} \text{ tranche}$$
$$2m + 2^2 - 2 \quad \text{pour la } 2^{\text{me}}$$
$$3m + 3^2 - 3 \quad \text{pour la } 3^{\text{me}}$$
$$4m + 4^2 - 4 \quad \text{pour la } 4^{\text{me}}$$
$$\cdots\cdots\cdots\cdots\cdots$$
$$nm + n^2 - n \quad \text{pour la } n^{\text{ème}}$$

178

En désignant par T'' la totalité des boulets des tranches ou des boulets de la pile oblongue, on aura

$$T'' = m(1+2+3+4\dots+n) + (1^2+2^2+3^2+4^2\dots+n^2) - (1+2+3+4\dots+n).$$

substituant aux quantités entre parenthèses les formules qui expri-ment leurs valeurs.

$$T'' = m \times \frac{n(n+1)}{2} + \frac{n(n+1)(2n+1)}{6} - \frac{n(n+1)}{2}.$$

La quantité $n\frac{(n+1)}{2}$ étant facteur commun, on aura

$$T'' = n\frac{(n+1)}{2} \times \left(m + \frac{2n+1}{3} - 1 \right);$$

réduisant les entiers en fractions, dans le second facteur, et faisant la réduction, on obtiendra enfin

$$T'' = \frac{n(n+1)(3m+2n-2)}{2\times3} = \frac{1}{6}n(n+1)(3m+2n-2)$$

C'est-à-dire que pour avoir la totalité des boulets contenus dans une pile oblongue dont la base est un rectangle, il faut au nombre des boulets du plus petit côté de la base et à son double, ajouter au premier un, et retrancher du second, deux, ajouter ce reste au triple du nombre des boulets de la première file ou rangée supérieure, multiplier le premier résultat par le dernier et leur produit par le nombre du plus petit côté de la base ou celui des rangées de la pile, et prendre le sixième du résultat.

On ne peut faire de tableau pour cette pile qu'en donnant une valeur arbitraire à la première tranche m; soit donc $m=10$, on aura le tableau suivant.

Nombre des tranches 1.2 . 3 . 4 . 5 . 6 . 7 . 8 . 9 . 10 ; etc.

Valeur des tranches   10.22.36.52.70.90 .112 .136 .162 . 190 ; etc.

Pile . . . . 10.32.68.120.190.280.392 . 528 . 690 . 880 ; etc.

La première ligne marque le nombre des tranches de la pile, et celui des boulets de chaque arête latérale. Cette même ligne dési-gne aussi le rang des tranches dans une pile donnée. La seconde ligne indique le nombre des boulets contenus dans les différentes tran-ches dont une pile est composée. Cette seconde ligne se forme d'après la formule $n(m+n-1)$, expliquée précédemment, et dans la quelle il faut supposer $m=10$, et donner pour valeur à n successivement les nombres naturels $1,2,3,4\dots10$. La troisième ligne se calcule en ajoutant ensemble les termes de la seconde. Cette troisième ligne étant ainsi composée des sommes des tranches, donne le nombre des boulets des piles correspondantes. Ainsi le dixième terme 880, marque qu'il y a 880 boulets dans une pile oblongue composée de 10 tranches. La formule $T'' = \frac{1}{6}n(n+1)(3m+2n-2)$, en y mettant 10 pour m et 10 pour n devient;

$$T'' = \frac{10 \times 11 \times 48}{6} = 880$$

résultat qui s'accorde avec le tableau.

1re Remarque. La quantité représentée par m exprime le nombre des boulets de la première file, et n celui des nombres des tranches, ou encore le nombre des boulets du plus petit côté de la base. Si l'on voulait exprimer T'' en fonction des nombres des boulets des deux côtés de la base inférieure, il suffirait de se rappeler que la rangée du plus grand côté est exprimée par $m + n - 1$; donc si l'on représente cette rangée par l, on aura $m + n - 1 = l$, d'où $m = l - n + 1$; et par conséquent $3m = 3l - 3n + 3$, substituant dans la formule, à la place de $3m$, la quantité qui l'égale, on aura

$$T'' = \tfrac{1}{6} n (n+1)(3l - 3n + 3 + 2n - 2)$$
$$= \tfrac{1}{6} n (n+1)(3l - n + 1):$$

donc encore, pour avoir la totalité des boulets contenus dans la pile oblongue, il faut au nombre des boulets du plus petit des côtés de la base ajouter un ; retrancher cette somme du triple du nombre des boulets contenus dans le plus grand côté de la base, multiplier cette différence par la première somme ; leur produit par le nombre même des boulets du plus petit côté ; et prendre le sixième du résultat.

2e Remarque. Le nombre Z des boulets contenus dans la pile oblongue quadrangulaire tronquée, se déduit de la dernière formule qui donne la valeur de T''; car en désignant par n' et l' les nombres des boulets des côtés de la base supérieure du tronc, les nombres des boulets des côtés de la base inférieure de la pile retranchée seront représentés par $n' - 1$ et $l' - 1$; puisque cette tranche est plus près de la file supérieure de la pile totale que celle de la base supérieure du tronc. d'une rangée on obtiendra donc le nombre des boulets t'' de cette petite pile en remplaçant dans la dernière formule n et l par $n' - 1$ et $l' - 1$, ce qui donne

$$t'' = \tfrac{1}{6}(n' - 1)(n' - 1 + 1)(3l' - 3 - n' + 1 + 1)$$
$$= \tfrac{1}{6}(n' - 1) n' (3l' - n' - 1)$$

et comme en retranchant cette petite pile de la grande, le reste exprime le tronc de la pile demandée, on aura

$$Z = \tfrac{1}{6}\left(n (n+1)(3l - n + 1) - (n' - 1) n' (3l' - n' - 1) \right)$$

Connaissant le nombre total des boulets d'une pile quelconque, déterminer le nombre n des tranches horizontales des boulets ?

On pourrait résoudre ce problème au moyen du tableau suffisamment étendu qu'on a donné pour chacune des piles. A cet effet, on cherche dans la troisième ligne le nombre des boulets de la pile; le nombre qui correspond à celui-ci, dans la première ligne, indique combien il y a de tranches dans la pile. Ainsi dans la pile à base carrée on voit que cette pile doit avoir 12 tranches, s'il y a 650 boulets dans la pile.

On peut d'ailleurs résoudre ce même problème au moyen de la formule.

$$T = \frac{1}{6} n (n+1)(2n+1) = \frac{2n^3 + 3n^2 + n}{6}$$

où l'on connaît T, et où l'on cherche n. On aurait donc à résoudre une équation du troisième degré; mais on peut éviter d'avoir recours aux méthodes algébriques, puisque T exprimant une pile complète, n doit être un nombre entier; or l'équation précédente donnant $3T = n^3 + \frac{3n^2}{2} + \frac{1}{2} n$, il en résulte que $3T > n^3$, et comme on a vu que le cube de $n+1$ est $n^3 + 3n^2 + 3n + 1$, il en résulte que $3T$ ou $n^3 + \frac{3n^2}{2} + \frac{1}{2} n < n^3 + 3n^2 + 3n + 1$ ou $(n+1)^3$.

Si dans les deux inégalités

$$3T > n^3 \text{ et } 3T < (n+1)^3$$ on extrait les racines cubiques des deux membres on obtiendra

$$\sqrt[3]{3T} > n \text{ et } \sqrt[3]{3T} < n+1 \text{ ou}$$
$$n < \sqrt[3]{3T} \text{ et } n+1 < \sqrt[3]{3T}.$$

n est donc la racine cubique du plus grand cube contenu dans $3T$; par conséquent on obtiendra le nombre des tranches d'une pile pyramidale à base carrée, en extrayant la racine cubique du triple du nombre total des boulets qu'elle contient.

S'il s'agit de la pile à base triangulaire, à cause que

$$T' = \frac{1}{6} n (n+1)(n+2) = \frac{n^3 + 3n^2 + 2n}{6}, \text{ on a}$$
$$6T' = n^3 + 3n^2 + 2n, \text{ ce qui donne}$$
$$6T' < n^3 \text{ et } 6T' < (n+1)^3.$$

Car le second membre de la dernière égalité est plus petit que le cube de $(n+1)$; puisque $2n$ est plus petit $3n+1$; donc

$$6T' < n \text{ et } 6T' < n+1$$

n est donc la racine cubique du plus grand cube contenu dans $6T'$; par conséquent on obtiendra le nombre des tranches d'une pile pyramidale à base triangulaire, en extrayant la racine cubique du sextuple du nombre total des boulets qu'elle contient.

Quant à la pile oblongue, comme il entre trois quantités différentes dans son équation,

$$T'' = \frac{1}{6} n (n+1)(3n + 2n - 2),$$

il faut connaître deux de ces trois quantités pour déterminer la troisième.

Des progressions Géométriques.

On appelle progression géométrique ou par quotient, une suite de termes dont chacun contient celui qui le précède, ou en est contenu de la même quantité. Pour écrire une progression géométrique, il faut séparer ses termes par deux points, et tracer avant le premier une barre horizontale avec deux points au dessus et deux autres au dessous. Ainsi les nombres 3, 6, 12, 24, 48..... forment une progression par quotient, parce que chaque terme contient celui qui le précède d'une même quantité 2 ; elle s'écrit $\div$ 3 : 6 : 12 : 24 : 48...... et s'énonce 3 est à 6 comme 6 est à 12, comme 12 est à 24, etc.

On nomme raison d'une progression géométrique le quotient qui existe entre deux termes consécutifs. Une progression géométrique croissante ou décroissante étant donné, pour trouver la raison il faut diviser un des termes par son consécutif.

Un terme quelconque d'une progression géométrique croissante est égal au premier, multiplié par la raison, élevée à une puissance marquée par le nombre de termes qui précèdent ce terme quelconque.

En effet, le second terme est égal au premier multiplié par la raison; le troisième est égal au second multiplié par la raison; mais puisque le second terme est égal au premier multiplié par la raison, il s'ensuit que le troisième terme est égal au premier multiplié par la raison et encore par la raison ou multiplié par le carré de la raison.

Le quatrième terme est égal au troisième multiplié par la raison, mais le troisième est égal au premier multiplié par le carré de la raison; il en résulte que le quatrième terme vaut le premier multiplié par la troisième puissance de la raison.

En continuant de la même manière on voit que le théorème est démontré; si donc l'on désigne le premier terme par p, la raison par r, le dernier terme par d, et le nombre de termes par n, on aura la formule

$$d = p \times r^{n-1}$$

Il suit de là que pour calculer un terme quelconque d'une progression géométrique croissante, connaissant le premier terme et la raison, sans calculer les autres termes intermédiaires, il faut multiplier le premier terme par la raison élevée à une puissance marquée par le nombre qui exprime combien il y a de termes avant celui qu'on cherche.

46

Un terme quelconque d'une progression géométrique commençant par l'unité, est égal à une puissance de la raison désignée par le nombre des termes qui le précèdent.

En effet, l'un des termes quelconques d'une progression géométrique croissante, est égal au premier multiplié par la raison élevée à une puissance désignée par le nombre qui marque combien il y a de termes avant lui; mais lorsque le premier terme est l'unité, il ne change rien à la raison élevée à la puissance désignée par le nombre de termes qui précèdent ce terme quelconque, qui est alors ce dont celui-ci est composé; ainsi ce terme est exprimé par $d = r^{n-1}$.

Réciproquement, si la raison d'une progression qui commence par l'unité est élevée à une certaine puissance, elle sera un des termes de cette progression, dont le rang sera désigné par le nombre plus un qui affecte l'exposant de la raison.

Un terme quelconque d'une progression par quotient décroissante, est égal au premier, divisé par la raison élevée à une puissance désignée par le nombre des termes qui le précèdent.

Car le second terme est égal au premier, divisé par la raison; le troisième terme est égal au second, divisé par la raison; mais le second terme est lui-même composé du premier, divisé par la raison; il s'ensuit que le troisième terme est égal au premier, divisé par la raison élevée au carré, et ainsi de suite pour les autres termes, donc $d = \dfrac{p}{r^{n-1}}$.

Quand on connaît le premier terme et la raison d'une progression géométrique, pour trouver un terme quelconque il faut multiplier le premier terme par la raison élevée à une puissance désignée par le nombre des termes qui précèdent celui qu'on cherche; car un terme quelconque est égal au produit du premier terme par la raison élevée à une puissance désignée par le nombre des termes qui le précèdent. Si le premier terme était donné égal à zéro, la progression ne pourrait pas exister.

Connaissant le premier terme, le dernier, et le nombre des termes d'une progression géométrique, trouver la raison ?

Il faut diviser le dernier terme par le premier, et extraire du quotient une racine désignée par le nombre des termes qui précèdent le dernier; cette racine sera la raison. Car le dernier terme égale le premier multiplié par la raison élevée à une puissance désignée par le nombre des termes qui précèdent le dernier; ainsi en divisant le dernier terme par le premier,

le quotient sera une puissance de la raison désignée par le nombre des termes qui doivent précéder le dernier; donc si l'on extrait de ce quo-

-tient une racine désignée par le nombre des termes qui précèdent le dernier, on connaîtra la raison ; par conséquent $R = \sqrt[n-1]{\frac{d}{p}}$.

Pour insérer un certain nombre de moyens proportionnels géomé-triques entre deux nombres donnés, il faut diviser le plus grand des deux par le plus petit, et extraire du quotient une racine désignée par le nombre des moyens plus un ; cette racine sera la raison avec laquelle on formera tous les autres termes intermédiaires. Car le plus grand de ces deux nombres peut être considéré comme le dernier, et le plus petit comme le premier ; or le dernier vaut le premier multiplié par la raison élevée à une puissance désignée par le nombre des termes qui le précèdent ; donc si l'on divise le dernier par le premier, le quotient sera une puissance de la raison désignée par le nombre des termes qui précèdent le dernier ; par consé--quent, si l'on extrait de ce quotient une racine désignée par le nombre des termes qui précèdent le dernier, ou ce qui est de même, par le nombre des moyens plus un, on aura la raison ; la connaissant, avec le premier on déterminera tous les autres ; en multipliant le premier par la raison, on aura le second, qui multiplié par la raison donne le troisième, et ainsi des autres.

Connaissant le premier terme, le dernier et la raison ; trouver le nombre des termes.

Pour cela je divise le dernier terme par le premier, j'obtiens un certain quotient, qui est égal à la raison élevée à une puissance marquée par le nombre des termes que l'on cher--che moins un. Si je connaissais le nombre des termes, il suffirait d'élever la raison à une puissance marquée par cette quantité ; mais le nombre de termes est inconnu, l'opération revient donc à chercher par tâtonnement, le degré de la puissance à laquelle on doit élever la raison pour reproduire le quotient primitif.

Pour trouver le produit d'une suite de termes en progression géométrique, il faut multiplier le dernier par le premier, élever ce produit à une puis-sance désignée par le nombre des termes de la progression, et prendre la racine carrée de cette puissance.

Soit la progression $\div 3 : 6 : 12 : 24 : 48$, j'écris la même pro--gression au-dessous, mais au rebours $\div 48 : 24 : 12 : 6 : 3$, la première étant crois--sante, la seconde devient décroissante, et en désignant par P le produit des termes de cette progression, on a $P = 3 \times 6 \times 12 \times 24 \times 48$;

multipliant nombre à nombre $P = 48 \times 24 \times 12 \times 6 \times 3$

donc $P^2 = 144 \times 144 \times 144 \times 144 \times 144$.

On voit que le produit des deux termes correspondans de ces deux suites est le même pour tous les termes ; car en formant ces produits on multiplie chaque fois deux nombres qui, comparés aux primitifs, sont l'un multiplié par le même nombre que l'autre est divisé. Cela posé

184

le produit des termes des deux suites égale le produit des extrêmes,
pris autant de fois facteur qu'il y a de termes ; cette puissance exprimant le carré des produits des termes de la progression ; il s'ensuit que
pour avoir celui de cette progression il faut en extraire sa racine carrée ;
ainsi $P = \sqrt{(B \times d)^n}$

Pour trouver la somme d'une suite de termes en progression géométrique il faut multiplier le dernier terme par la raison, retrancher du produit le premier, et diviser le reste par la raison moins un.

Soit la progression $3 \div 3 : 9 : 27 : 81 : 243 : 729$,
En représentant par S la somme de tous ses termes, on a
$$S = 3 + 9 + 27 + 81 + 243 + 729 ;$$
Si on multiplie cette égalité par la raison 3, on aura
$3S = 9 + 27 + 81 + 243 + 729 \cdot 2187$, Si on retranche la 1.ʳᵉ égalité de la 2.ᵈᵉ les restes seront
encore égaux donc $3S - S = 9 + 27 + 81 + 243 + 729 + 2187 - 3 - 9 - 27 - 81 - 243 - 729$; ou
$2S = 2187 - 3$: Si on divise le tout par 2 on a $S = \dfrac{2187 - 3}{2}$. Or 2187
égale le dernier terme de la progression ou 729 multiplié par la raison
3 ; ainsi $S = \dfrac{(729 \times 3) - 3}{2}$, d'où l'on voit que la somme de tous les termes
égale le dernier 729 multiplié par 3, qui est la raison le produit étant diminué
du premier terme 3, et le tout divisé par la raison moins un ; ainsi
$$S = \frac{(d \times r) - p}{r - 1}.$$
La somme des termes d'une progression géométrique décroissante infinie est égale à une quantité finie.

En effet, soit la progression décroissante
$\div p : b : c :$ d etc, on peut l'écrire sous la
forme... $\div p : pr : pr^2 : pr^3$ (en appelant r la raison, qui est
une fraction). Si on désigne par S la somme des termes, il viendra $S = p + pr + pr^2 +$, etc ; multipliant les deux membres par r, il vient
$$Sr = pr + pr^2 + pr^3 ;$$ puis en retranchant les
égalités on a $S - Sr = p$ ou $S(1 - r) = p$,
d'où enfin $S = \dfrac{p}{1 - r}$;
C'est-à-dire que la somme des termes d'une progression décroissante et continuée à l'infini, est égale au premier terme divisé par l'unité moins la raison.

Exemple, on demande la somme des termes d'une progression décroissante dont le premier terme et la raison seraient un quart, c'est-à-dire de la progression.

$$\div \; \frac{1}{4} : \frac{1}{16} : \frac{1}{64} \; : \text{etc.}$$

alors $S = \dfrac{\frac{1}{4}}{1 - \frac{1}{4}} = \dfrac{\frac{1}{4}}{\frac{3}{4}} = \dfrac{1}{3}$.

Celle de la progression $\div \; \frac{1}{3} : \frac{1}{9} : \frac{1}{27} :$ etc, donne

$$S = \dfrac{\frac{1}{3}}{1 - \frac{1}{3}} = \dfrac{\frac{1}{3}}{\frac{2}{3}} = \dfrac{1}{2} .$$

Et enfin $\div \; \frac{1}{2} : \frac{1}{4} : \frac{1}{8}$. etc

donne $S = \dfrac{\frac{1}{2}}{1 - \frac{1}{2}} = \dfrac{\frac{1}{2}}{\frac{1}{2}} = 1 .$

Les deux équations

$$d = p \times r^{n-1} , \quad \text{et} \quad S = dr - p$$

ayant trois quantités communes, p , d et r , on peut tirer trois autres
équations, en éliminant successivement p , d et r ; ce qui se fera d'abord
en prenant dans chacune d'elles la valeur de p ; les égalant on trou-
-vera la première équation ci-après, on agira de même pour trouver les
deux autres.
$$pr^n - Sr + S - p = 0 .$$
$$dr^n - d + Sr^{n-1} - Sr^n = 0 .$$
$$d(S - d)^{n-1} - p(S - p)^{n-1} = 0 ;$$

On aura ainsi cinq équations entre les cinq quantités p , r , n , d et
S , qu'on combinera quatre à quatre ; et si on résout chaque équation
par rapport à chacune des quatre quantités qui y sont employées,
il en résultera 20 formules.

N.B. Ces formules s'appliquent également aux progressions
décroissantes: il suffit de regarder p comme le plus petit terme,
d comme le plus grand, et r comme le quotient du plus grand
des deux termes consécutifs, divisé par le plus petit.

Scholie. En physique on applique la proposition suivan-
-te pour la démonstration de la règle à suivre lorsqu'on veut obtenir
les hauteurs des lieux élevés, à l'aide du baromètre.

Lorsque plusieurs quantités sont quatre à quatre comme
leurs différences, ces mêmes différences sont en progression par
quotient.

Soint les quantités a , b , c , d , etc, dont les différences
sont $a - b$, $b - c$, $c - d$, etc.

On a par supposition cette suite de rapports égaux ;
$$b : a - b :: c : b - c :: d : c - d :: \text{etc.}$$

Les quatre premiers termes de cette suite donneront, en faisant
le produit des extrêmes et celui des moyens, cette égalité.
$$(a - b) c = (b - c) b \quad \text{ou} \quad ac - bc = b^2 - bc , \quad \text{d'où}$$

47

en supprimant $-bc$ de part et d'autre, $ac = b^2$ d'où l'on tire la proportion
$$a : b :: b : c \; ;$$

Mais on sait que la différence des deux premiers termes est à celle des deux derniers comme le second est au quatrième, donc
$$a - b : b - c :: b : c \;.$$

De même, en considérant la proportion
$$c : b - c :: d : c - d, \text{ déduite de la suite proposée,}$$
on en concluerait, comme dans la proportion précédente, que
$$b : c :: c : d \;;$$

faisant dans cette proportion, la différence des deux premiers ter= =mes est à celle des deux derniers comme le premier est au troisième, on aura
$$b - c : c - d :: b : c \;.$$

À cause du rapport de $b : c$, commun à cette proportion et à la proportion $a - b : b - c :: c : d$,

On obtiendra enfin
$$a - b : b - c :: b - c : c - d :: \text{ etc.}$$

que l'on peut écrire ainsi,
$$\div \; a - b : b - c : c - d : \text{ etc,}$$

ce qu'il fallait démontrer.

La formule $S = \dfrac{dr - p}{r - 1}$ peut prendre d'autres formes. D'a- -bord, en remplaçant d par sa valeur $p\, r^{n-1}$, on aura
$$S = \frac{p r^{n-1} \times r - p}{r - 1} = \frac{p r^n - p}{r - 1} = \frac{p (r^n - 1)}{r - 1} \;.$$

Cette dernière deviendra, en mettant à la place de p sa valeur déduite de $d = p\, r^{n-1}$, d'où $p = \dfrac{d}{r^{n-1}}$; substituant dans l'équa- tion $S = \dfrac{p (r^n - 1)}{r - 1}$, cette expression de p, on obtiendra
$$S = \frac{d (r^n - 1)}{r^{n-1}(r - 1)} \; ; \text{ effectuant la division par}$$
r^{n-1} il viendra
$$S = \frac{d \left(r - \dfrac{1}{r^{n-1}} \right)}{r - 1} = \frac{d \left(r - \dfrac{r}{r^n} \right)}{r - 1} = \frac{d r}{r - 1} \left(1 - \frac{1}{r^n} \right) \;.$$

Pour en faire l'application aux progressions décroissantes à l'infini, on remarque que le nombre n des termes étant infini, la fraction $\dfrac{1}{r^n}$ s'évanouit ; puisque son dénominateur r^n devient lui-même plus grand que toute quantité assignable ; alors $S = \dfrac{d r}{r - 1}$ qui exprime la même valeur que $S = \dfrac{p}{1 - r}$, en se rappelant ce qu'on a dit au (N.B.) pour appliquer aux progressions décroissantes les formules des pro- gressions croissantes.

Et en effet $\dfrac{1}{4} + \dfrac{1}{16} + \dfrac{1}{64} + \text{ etc} = \dfrac{\frac{1}{4} \times \frac{1}{4}}{4 - 1} = \dfrac{1}{3}$

comme l'avait donné la formule $S = \frac{p}{1-r}$.

Les fractions décimales périodiques offrent un exemple remarquable, des progressions décroissantes à l'infini. En effet la fraction périodique $0,818181..$ etc $= \frac{81}{100} + \frac{81}{(100)^2} + \frac{81}{(100)^3} .....$ etc, qui est une progression dont la formule $S = \frac{d\,r}{r-1}$ servira à déterminer la somme des termes, en observant que $d = \frac{81}{100}$ et $r = 100$ (d'après le dernier N.B.). On aura donc, pour cette somme,

$$\frac{\frac{81}{100} \times 100}{100 - 1} = \frac{81}{99},$$ ce qui confirme la règle qu'on avait démontrée.

Si la fraction périodique était mixte comme $0,41666...$ etc, il faudrait poser

$$0,41666.. = \frac{1}{100} \times (41,666) = \frac{1}{100}\left(41 + \frac{6}{10} + \frac{6}{(10)^2} + \frac{6}{(10)^3} + etc\right)$$
$$= \frac{1}{100}\left(41 + \frac{6}{9}\right) = \frac{375}{900}.$$

Résultat conforme à celui qu'on avait indiqué dans les fractions périodiques.

On ne peut guère parler des progressions géométriques, sans rappeler le problème suivant.

L'inventeur du jeu des échecs, ayant eu le choix de la récompense qu'il désirait, demanda 1 grain de bled pour la première case de l'échiquier, 2 grains pour la seconde, 4 grains pour la troisième, 8 grains pour la quatrième, et ainsi de suite en doublant toujours jusqu'à la 64.ᵉ et dernière case. Combien demandait-il de grains ?

Le nombre de grains de bled est évidemment la somme des termes d'une progression géométrique où l'on connaît $p = 1$, $r = 2$ et $n = 64$; on aura donc cette somme par la formule

$$S = \frac{p(r^n - 1)}{r - 1} = \frac{2^{64} - 1}{2 - 1} = 2^{64} - 1 = 18.446.744.073.709.551.615.$$

Le calcul consiste à retrancher 1 de la soixante-quatrième puissance de 2. Or voici comment on la forme facilement: il faut, 1.° multiplier la quatrième puissance de 2 ou 16 . par elle-même: 2° Le résultat de cette première multiplication par lui-même, ou la huitième puissance par elle-même; 3°. Le résultat de cette seconde multiplication par lui-même, ou la seizième puissance par elle-même: Enfin 4°. Le résultat de la troisième multiplication par lui-même, ou la trente-deuxième puissance par elle-même, ce qui donnera la 64.ᵉ puissance de 2.

Des curieux ont trouvé qu'il fallait environ 261.000 grains de bled pour former le poids d'un myriagramme (environ 20^{li}), dans le nombre de grains contenus dans les 64 cases il y aurait donc 970.677.180359.040 myriagrammes; et en évaluant ce poids à 2 francs, cela aurait fait 141.354.360.718.080.ᶠ somme d'argent bien supérieure à tous les trésors du monde.

Nous allons encore faire deux applications de la formule
$$S = \frac{ar - p}{r - 1} \,.$$

1°. Une personne paye une somme fixe p à la fin de chaque année pendant un nombre t d'années, quelle somme S lui devra-t-on pour toutes les sommes et les intérêts successifs? En désignant par i l'intérêt annuel d'un franc, et rappelant la première formule de l'intérêt composé, dont le second membre est $c(1+i)^t$. Nous verrons sans peine que la première somme n'ayant été payée qu'à la fin de la première année, doit se composer de ses intérêts successifs pendant $t-1$ années, et produira par conséquent $p(1+i)^{t-1}$. Par une raison semblable la seconde produira $p(1+i)^{t-2}$; la troisième deviendra $p(1+i)^{t-3}$, la dernière n'étant payée qu'à la fin de la dernière année, ne porte pas d'intérêt, et par conséquent ne produit que p. L'avant-dernière donne $p(1+i)$. Toutes ces sommes partielles considérées au rebours forment une progression géométrique dont le premier terme $= p$, le dernier $p(1+i)^{t-1}$, et la raison $1+i$; on aura donc

$$S = \frac{p(1+i)^{t-1}(1+i) - p}{i} = \frac{p(1+i)^{t} - p}{i} = \frac{p\,m - p}{i} \quad (\text{désignant}$$

par m la quantité $(1+i)^{t}$), on a enfin $S = \frac{p}{i}(m-1)$, formule que nous avons trouvée ailleurs, et qui nous a servi pour les annuités.

2°. Une personne prête une somme fixe p au commencement de chaque année pendant t années, que lui devra-t-on pour les différentes sommes et leurs intérêts?

Cette question ne diffère de la précédente qu'en ce que la somme fixe se paye au commencement de chaque année et non à la fin; de sorte que les résultats partiels successifs seront $p(1+i)^{t}$ pour la première somme prêtée, $p(1+i)^{t-1}$ pour la seconde etc. $p(1+i)^{2}$ pour l'avant-dernière, et $p(1+i)$ pour la dernière. Or ces résultats forment une progression dont le premier terme est $p(1+i)$, le dernier $p(1+i)^t$ ou $p\,m$, et la raison $1+i$; on aura donc $S = \frac{p\,m(1+i) - p(1+i)}{i} = \frac{p(1+i)(m-1)}{i}$. Formule qui ne diffère de la précédente que par le facteur $1+i$ qu'elle renferme de plus.

Des Logarithmes

On appelle Logarithmes des nombres en progression par dif=
férence commençant par zéro, qui correspondent terme pour terme à
une pareille suite de nombres en progressions par quotient, commençant
par l'unité.

Par exemple, si l'on écrit les progressions suivantes:

$$\div\ 1 : 2 : 4 : 8 : 16 : 32 : 64 :\ 128\ ,\ \text{etc.}$$
$$\div\ 0 . 3 . 6 . 9 . 12 . 15 . 18 .\ 21\ ,\ \text{etc.}$$

Le premier terme 0 sera le logarithme de 1, 3 le sera de 2;
6 de 4 etc.; en sorte que si l'on prend dans la progression par quotient
quatre termes qui soient en proportion géométrique; leurs logarithmes
seront en proportion par différence.

Un même nombre peut avoir une infinité de logarithmes diffé=
=rens, puisqu'à une même progression par quotient commençant par 1,
on peut faire correspondre une infinité de différentes progressions par différen=
=ce commençant par zéro.

La propriété fondamentale des logarithmes est que si on mul=
=tiplie entre eux deux termes de la progression par quotient, et qu'
=on ajoute aussi entre eux les termes correspondans de la progres=
=sion par différence, le produit et la somme se correspond tout.
En effet, si dans la progression par quotient commençant par 1, on vou=
=lait multiplier le cinquième terme par le neuvième, dans le cinquième
terme la raison est 4 fois facteur, dans le neuvième elle est 8 fois: donc dans
le produit elle est facteur 12 fois, ainsi le produit sera le treizième terme
de la progression. Si d'un autre côté, on avait une progression par dif=
=férence commençant par zéro, et qu'on voulut ajouter le cinquième terme
avec le neuvième; dans le cinquième la raison est répétée 4 fois,
et 8 fois dans le neuvième; donc dans la somme elle le sera 12 fois :
ainsi cette somme sera le treizième terme de la progression par différen=
=ce. Mais les termes de cette progression correspondent à ceux de la pro=
=gression par quotient; ainsi le produit des deux termes de celle-ci, et
la somme des termes correspondans dans la seconde se correspondent,
puisqu'ils sont le treizième terme de leur progression respective.
Or les termes de la progression par différence sont les logarithmes de ceux
correspondans dans l'autre; par conséquent la somme des logarith=
=mes de deux facteurs, sera le logarithme du produit de ces mêmes

190

facteurs.

On démontrerait de même que la somme des logarithmes de 3, 4, 5 etc. facteurs est le logarithme de leur produit.

Les progressions dont on s'est servi pour construire nos tables de logarithmes, sont la progression par quotient décuple commençant par l'unité, qui est la base de notre numération, et pour progression par différence la suite naturelle des nombres commençant par zéro, qui est la plus simple de toutes les progressions, et dont les termes sont les exposans des puissances auxquelles il faut élever 10 pour avoir les termes correspondans dans la progression par quotient. Les deux progressions tabulaires sont donc,

$$\div \quad 1 : 10 : 100 : 1000 : 10000 : 100000, \text{ etc.}$$
$$\div \quad 0 \quad . \quad 1 \quad . \quad 2 \quad . \quad 3 \quad . \quad 4 \quad . \quad 5 \quad . \text{ etc.}$$

Ce sont aussi celles qui rendent les calculs les plus simples.

On appelle caractéristique d'un logarithme le nombre d'unités entières qu'il contient. Les chiffres décimaux d'un logarithme s'appellent la figure de ce logarithme.

La caractéristique d'un logarithme a toujours une unité de moins que le nombre ne contient de chiffres ; car 4 est le logarithme de 10000, 5 celui de 100000 : ainsi tout logarithme composé de 4 unités et d'une fraction est le logarithme d'un nombre > 10000 et < 100000, c'est à dire d'un nombre de 5 chiffres. Réciproquement, tout nombre a un chiffre de plus qu'il n'y a d'unités à la caractéristique de son logarithme. Car le logarithme de 10000 $= 4$, celui de 100000 $= 5$; donc celui de tout nombre de 5 chiffres quelconques est composé de 4 unités entières et d'une fraction, c'est-à-dire de 4 unités à sa caractéristique.

Pour avoir les logarithmes des nombres qui ne font pas partie de la progression par quotient décuple, c'est-à-dire des nombres compris entre 1 et 10 ; 10 et 100 etc., il faut concevoir qu'entre 1 et 10 de la progression par quotient on ait inséré un très grand nombre de moyens proportionnels par quotient, pareil nombre entre 10 et 100, etc. ; alors on aura formé une nouvelle progression par quotient dans laquelle la raison est une racine de 10 désignée par le nombre des moyens insérés entre 1 et 10. Cette nouvelle progression ainsi formée sera encore en progression ; car la raison est la même pour chaque terme, puisque cette raison se forme d'abord en prenant un certain nombre de moyens compris entre 1 et 10 ; ce qui revient à extraire une racine de 10 désignée par le nombre des moyens plus un. Pour insérer le même nombre de moyens entre 10 et 100 il faut diviser 100 par 10, ce qui donne 10, et extraire de 10 la même racine que précédemment; on voit donc que la raison étant constante, tous les termes sont en progression.

De même on conçoit qu'entre 0 et 1 de la progression par différence on ait inséré le même nombre de moyens proportionnels par différence qu'entre 1 et 10 de l'autre progression; même nombre entre 1 et 2; alors on aura formé une nouvelle progression par différence, dans laquelle la raison égale l'unité divisée par le nombre des moyens augmenté d'un; et cette progression ayant la même raison pour chaque terme, formera une nouvelle progression par différence. On aura donc une suite de nombres en progression par différence correspondant terme à terme à une pareille suite de nombres en progression par quotient, et les termes de la première seront les logarithmes des termes correspondans dans la seconde. Mais quoique aucun des nombres entiers n'appartenant pas à la progression décuple, ne puisse jamais, rigoureusement parlant, être l'un des moyens insérés entre les termes de cette progression, puisqu'on a eu la raison en extrayant de 10, qui n'est pas une puissance parfaite, une racine désignée par le nombre des moyens insérés plus un; cette raison est donc incommensurable, ainsi que les moyens insérés. Cependant les nombres entiers approcheront d'autant plus des moyens insérés que leur nombre sera plus grand; donc si l'on prend dans la deuxième progression les nombres correspondans aux nombres 2, 3, et autres qui ne font pas partie de la progression par quotient décuple, ou du moins à ceux des moyens insérés qui en approcheront le plus, on aura les logarithmes des nombres intermédiaires.

Les tables de logarithmes ne contiennent que la suite des nombres naturels avec leurs logarithmes, on n'y fait pas entrer les autres moyens proportionnels géométriques et les autres moyens arithmétiques, afin d'éviter une prolixité qui serait d'ailleurs inutile, puisqu'avec les logarithmes des nombres entiers, on peut avoir, comme on le verra, ceux de tous les autres nombres.

Trouver le logarithme d'un nombre à moins d'un centième près?

Soit par exemple celui de 7. Je cherche dans la progression par quotient, si le nombre 7 lui-même s'y trouve, auquel cas son logarithme sera le terme de la progression par différence qui lui correspond. Si 7 ne s'y trouve pas, alors je ne trouverai pas exactement son logarithme, je prendrai le moyen par quotient le plus approché de 7 et le moyen par différence correspondant sera le logarithme de 7: mais puisqu'on demande

que le logarithme de 7 soit à moins d'un centième près, je remar-
-que que le logarithme de 7 doit tomber entre deux termes consécutifs
de la progression par différence ; il suffit alors que ces deux termes
consécutifs ne diffèrent pas de plus d'un centième : or pour que deux ter-
-mes de la progression par différence soient tels, il faut que la raison
de la progression par différence soit tout au plus un centième ; il faut
donc insérer 99 moyens proportionnels entre 0 et 1 de la progression
par différence : le logarithme de 7 ne différant pas d'un centième, on
l'a donc à moins d'un centième près.

Il suit de là que l'erreur que l'on commet, en prenant le
logarithme d'un nombre entier compris entre deux moyens proportion-
-nels, est égale à $\frac{1}{m+1}$, qui est la valeur de la raison.

Maintenant, pour former une table de logarithmes, on trace-
-ra deux colonnes ; en tête de la première on écrira nombres,
en tête de la seconde on écrira logarithmes ; on écrira dans la
première la suite naturelle des nombres tirée de la progression par
quotient, commençant par l'unité dont elle fait partie ; et à côté sur
la même ligne et dans la deuxième colonne, leurs logarithmes tirés de la
progression par différence commençant par zéro.

Il résultera de cette disposition que quand on voudra le
logarithme d'un nombre, il suffira de chercher ce nombre dans la première
colonne à côté son logarithme ; et réciproquement, quand on voudra
trouver le nombre correspondant à un logarithme, il suffira de chercher
ce logarithme dans la deuxième colonne ; quand on l'aura trouvé,
on aura à côté le nombre qui lui correspond.

Scholie. On trouve dans presque toutes les tables de logarithmes
une difficulté qu'il est bon d'expliquer ; c'est que dans la première ligne
des tables, on a donné pour logarithme à zéro l'infini négatif. Or
zéro n'étant pas une quantité, ne devrait pas avoir de logarithme. La
réponse qu'on peut faire à cette difficulté se tire de l'inspection seule
des deux progressions géométrique et arithmétique, qui sont les bases des
logarithmes. La progression géométrique décimale continuée au-dessous
de l'unité décroissante donnera

$$\div \ 1 : \frac{1}{10} : \frac{1}{100} : \frac{1}{1000} : \text{etc.}$$

La progression arithmétique continuée au dessous de zéro, ou
décroissante, donnera

$$\div \ 0 . - 1 . - 2 . - 3 . - \text{etc.}$$

Il est clair que ces deux progressions continuées à l'in-
-fini donneront, la première un terme infiniment petit, que l'on prend

pour zéro, et la seconde l'infini avec le signe négatif, et qui sera le logarithme correspondant au terme infiniment petit de la première progression. Mais des notions d'infini et d'infiniment petit doivent être
appuyées sur des principes plus clairs.

Le zéro par lequel la progression géométrique

$$\div\ 1 : \tfrac{1}{10} : \tfrac{1}{100} : \tfrac{1}{1000} : \text{etc.}$$

se termine, ne doit point être considéré comme une quantité
réelle, mais comme une limite vers laquelle les termes de cette progression
tendent sans cesse, et dont ils approchent d'autant plus qu'ils sont
plus éloignés.

En sorte que l'on peut continuer la progression de manière que
son dernier terme soit moindre qu'aucune grandeur donnée : c'est ce
qu'on veut exprimer en disant que le dernier terme de la progression
géométrique continuée à l'infini est zéro.

Pareillement, dans la progression arithmétique $\div\ 0 . - 1 . - 2 . - 3 .$ etc.,
plus on prendra de termes, plus le dernier terme sera grand, en sorte qu'il
n'aura d'autre limite que l'infini négatif. Ainsi, quand on dit que le
logarithme de zéro est l'infini négatif, cela signifie que plus une fraction est
petite plus son logarithme négatif est grand, et que l'on peut prendre la fraction si petite que son logarithme surpasse tout nombre donné. Zéro est la
limite de la fraction, et l'infini négatif est la limite de son logarithme.

Des usages des Logarithmes.

Les logarithmes servent à substituer à des multiplications, des additions ; à des divisions, des soustractions ; à des élévations de puissance,
des multiplications ; et à des extractions de racine, des divisions.

Pour faire une multiplication par le moyen des logarithmes, il
faut ajouter le logarithme du multiplicande avec celui du multiplicateur, la somme sera le logarithme du produit.

Car nous avons vu que si l'on multiplie deux termes d'une progression par quotient, commençant par l'unité, et qu'on ajoute les termes correspondans d'une progression par différence commençant par
zéro, le produit et la somme se correspondront : or les facteurs donnés, ou les nombres naturels qui sont dans les tables, sont tirés d'une progression par quotient
commençant par l'unité ; les logarithmes qui sont à côté sont tirés d'une
progression par différence commençant par zéro ; donc en multipliant
deux nombres naturels et ajoutant leurs logarithmes, le produit et la som-

= me se correspondront ; donc, pour obtenir le produit de deux nombres, il faut ajouter les logarithmes de ces facteurs, puis chercher à quel nombre correspond cette somme ; le nombre correspondant sera le produit demandé.

Nous venons de voir que le logarithme du produit de deux nombres est égal à la somme des logarithmes des facteurs qui composent ce produit, on va prouver que le logarithme d'un produit quelconque est égal à la somme des logarithmes de ces facteurs. Soient les trois facteurs a, b, c leur produit $a \times b \times c$ peut se mettre sous la forme $a \times (b \times c)$; prenant le logarithme du produit, nous aurons

$$\log. (a \times b \times c) = \log. a + \log. (b \times c),$$

mais d'après ce que nous venons de démontrer, $\log. (b \times c) = \log. b + \log. c$, remplaçant cette valeur on a

$$\log. (a \times b \times c) = \log. a + \log. b + \log. c.$$

On raisonnerait de la même manière pour un plus grand nombre de facteurs.

Pour faire une division par logarithmes, il faut retrancher le logarithme du diviseur de celui du dividende ; l'excès sera le logarithme du quotient.

La raison est que le quotient multiplié par le diviseur devant reproduire le dividende, le logarithme du quotient ajouté au logarithme du diviseur doit donc composer le logarithme du dividende ; et par conséquent le logarithme du quotient vaut celui du dividende moins celui du diviseur.

Pour élever un nombre à une puissance quelconque par logarithme, il faut multiplier le logarithme de ce nombre par le degré de la puissance que l'on veut avoir, le produit sera le logarithme de la puissance demandée.

Car nous avons vu que pour avoir le logarithme du produit de plusieurs facteurs, il fallait ajouter les logarithmes de tous ces facteurs ; mais lorsqu'il s'agit d'élever un nombre à une puissance quelconque, tous les facteurs qui y concourent sont égaux entre eux : il faut donc, en opérant par logarithmes répéter un des logarithmes de ces facteurs autant de fois qu'il y a de ces facteurs, c'est-à-dire autant de fois que le degré de la puissance l'indique.

Pour extraire d'un nombre une racine quelconque par logarithmes, il faut diviser le logarithme de ce nombre par le degré de la racine que l'on veut extraire, le quotient sera le logarithme de la racine cherchée.

En effet, puisque pour élever un nombre à une puissance quelconque, il faut multiplier son logarithme par le degré de la puissance qu'on veut avoir, le logarithme de la racine d'un nombre étant multiplié par le degré de la puissance donne donc le logarithme de cette puissance; par conséquent le logarithme de la racine est égal au logarithme de cette puissance divisé par le degré de la racine.

Pour déterminer par logarithmes le quatrième terme d'une proportion géométrique, il faut ajouter le logarithme du second terme avec celui du troisième, et de leur somme retrancher le logarithme du premier; le reste sera le logarithme du quatrième terme.

En effet, pour avoir le quatrième terme d'une proportion, il faut multiplier le second terme par le troisième, et diviser le produit par le premier terme; en employant les logarithmes; il faut donc ajouter le log. du second terme avec celui du troisième, ce qui donnera le logarithme du produit des moyens; duquel retranchant le logarithme de l'extrême connu, on aura celui de l'extrême que l'on cherche; et pour avoir cet extrême on prendra dans une table de logarithmes le nombre qui lui correspondra.

Pour trouver par logarithmes un terme quelconque d'une progression par quotient dont on connaît le premier terme et la raison, il faut multiplier le logarithme de la raison par le nombre des termes qui précèdent celui qu'on cherche, et ajouter au produit le log. du premier terme; la somme sera le logarithme du terme que l'on cherche.

Car nous avons vu que le terme que l'on cherche est égal à la raison élevée à une puissance désignée par le nombre des termes qui précèdent le terme cherché multiplié par le premier terme; il faut donc, en employant les logarithmes, multiplier le logarithme de la raison par le nombre des termes qui précèdent celui qu'on cherche, et ajouter à ce produit le logarithme du premier terme; la somme exprimera le logarithme du terme que l'on cherche; il ne s'agira donc plus que de prendre dans une table de logarithmes le nombre qui correspond au logarithme trouvé, et on aura le terme demandé.

Pour trouver par le moyen des logarithmes la raison d'une progression par quotient dont on connaît le premier terme, le dernier et le nombre des termes, il faut retrancher le logarithme du premier de celui du dernier, et diviser le reste par le nombre des termes qui précèdent le dernier, le quotient sera le logarithme de la raison.

En effet, il est démontré que pour avoir la raison d'une progression avec les données que le théorème renferme, il faut diviser le dernier terme par le premier, et tirer du quotient une racine désignée par le nombre de termes qui précèdent le dernier; en employant les logarithmes il faudra donc retrancher le logarithme du premier terme de celui du dernier, et diviser le reste par le nombre des termes qui précèdent le dernier; le quotient exprimera le logarithme de la raison, d'après lequel on déterminera la raison.

Connaissant le premier terme, le dernier et le produit des termes d'une progression géométrique, trouver le nombre des termes? Représentons par a le 1er terme, par d le dernier, par N le nombre de termes et par P leur produit. On a vu que $P = \sqrt{(a\,d)^n}$, ou $P^2 = (a\,d)^n$; la quantité N étant exposant, on ne peut avoir la formule qui l'exprime qu'en employant les logarithmes; or lorsque deux quantités sont égales leurs logarithmes sont égaux, donc log. $P^2 = $ log. $(a\,d)^n$; (par abréviation on écrit log. pour logarithme); mais le logarithme de P^2 est 2 log. P, celui de $(a\,d)^n$ est $(\log. a + \log. d) \times N$; on a donc, en substituant ces valeurs,

$$2 \log P = (\log. a + \log d) \times N \; ; \text{ par conséquent}$$

$$\frac{2 \log. P}{\log. a + \log d} = N.$$

Cette formule nous indique qu'en divisant le double du logarithme du produit par la somme des logarithmes du premier et du dernier terme, le quotient sera le nombre des termes de la progression.

Enfin, connaissant le premier terme, le dernier, et la raison d'une progression géométrique, trouver le nombre des termes?

Dans la formule $d = p \times r^{N-1}$, la quantité inconnue est encore exposant, et en raisonnant comme dans le cas précédent, on aura

log $d = $ log. $p + (N-1)$ log. r : par conséquent

log. $d - $ log. $p = (N-1)$ log. r, d'où

$\dfrac{\log d - \log p}{\log. r} = N-1$, faisant passer le terme -1 dans l'autre membre, on aura $\dfrac{\log d - \log p}{\log. r} + 1 = N.$

Ainsi, en divisant la différence des logarithmes du premier et du dernier terme par le logarithme de la raison, et augmentant le quotient d'une unité, on aura le nombre des termes de la progression.

Du calcul des tables de logarithmes.

Reprenons les deux progressions fondamentales

$$\div \quad 1 : 10 : 100 : 1000 : 10000 \quad \text{etc},$$
$$\div \quad 0 \;.\; 1 \;.\; 2 \;.\; 3 \;.\; 4 \quad \text{etc}.$$

La méthode d'insérer un très grand nombre de moyens propor-tionnels entre 1 et 10, que nous avons déjà indiquée pour construire une table de logarithmes, est impraticable; mais notre objet était seulement de faire connaître la possibilité de l'existence d'une telle table. Les premiers calculateurs se sont bornés à chercher directement les logarithmes des nom-bres premiers seulement, à l'aide de qu'ils issentau aisément ceux des autres nom-bres, en les décomposant en facteurs premiers, et ajoutant le logarithme de ces facteurs connus :

Ainsi $\log. 2 + \log. 3 = \log. 6$.

$\log. 6 + \log. 2 = \log. 12 \;.\; \text{etc} \ldots$

Toute la difficulté consiste donc à calculer les logarithmes des nombres premiers.

Voyons avant quel a été le but du choix des deux progressions tabulaires, et d'abord, pourquoi on a pris Zéro pour le logarithme de 1.

Dans toute multiplication le produit est au multiplicande com--me le multiplicateur est à l'unité, ainsi

$$P : M :: m : 1 \quad .$$

Mais on sait que si quatre quantités sont en proportion géométrique, leurs logarith--mes sont en proportion arithmétique ; on a donc

$$\log. P \;.\; \log. M : \log. m \;.\; \log 1 ,$$

d'où $\log. P$, qui est un extrême, vaut $\log M + \log. m - \log. 1$.

Il aurait fallu, pour avoir le logarithme d'un produit, de la som--me des logarithmes des facteurs retrancher celui de l'unité; c'eût été une soustraction continuelle à faire dans les multiplications, et une addition dans les divisions. En effet, dans toute division on a

$$D : q :: d : 1, \text{ et par logarithmes}$$

$\log D \;.\; \log q : \log. d \;.\; \log. 1 \;;\;$ par conséquent le log du quotient, qui est un moyen de cette proportion arithmétique, vaut

$$\log. D - \log d + \log 1;$$

il aurait donc fallu, pour avoir le log. du quotient, ajouter celui de l'unité à la différence des log. du dividende et du diviseur; mais en faisant le log. de 1 égal à zéro, ces opérations se simplifient

Quant au choix des raisons, il est fondé, sur la relation cons-
-tante de la caractéristique du logarithme et du nombre des chiffres que
renferme le nombre correspondant à ce logarithme.

La confection d'une table de logarithmes dépendant de la
recherche des logarithmes des nombres premiers, nous allons faire voir
comment on trouve ces derniers. On n'a pas de caractères bien simples
pour reconnaître immédiatement si un nombre donné est premier ou
non, ce qui serait bien utile dans beaucoup de cas. On peut suppléer
à ce défaut par une table qui offrirait tous les nombres premiers com-
-pris dans la suite des nombres naturels depuis 1 jusqu'à 10000 ou
100.000 etc, par exemple. Voici comment on pourra construire cette table.
Il est d'abord évident que tous les nombres premiers après 2 sont impairs;
il ne faut donc les chercher que parmi ces derniers, qui renferment beaucoup
de nombres non premiers. On écrira donc la suite des nombres impairs;
3, 5, 7, 9, 11, 13, 15, 17, 19, 21, 23, 25, 27, 29, 31, 33, 35, 37, 39 etc.
indéfiniment, suivant l'étendue que l'on voudra donner à la table.
Pour exclure de cette suite tous les multiples de 3, on effacera tous les
troisièmes termes après le nombre 3, en comptant de 3 en 3, et mettant
un point sur le troisième nombre; car chaque terme après 3 augmente
de deux unités; le troisième après $3 = 3 + 2 \times 3$ égale 9; le troisième
après $9 = 9 + 2 \times 3 = 15$; ainsi de suite pour les autres. Cette démonstra-
-tion s'applique à tous les cinquièmes termes après 5, qu'on effacera com-
-me multiples de 5, et ainsi de suite pour tous les termes analogues qui
viennent après les nombres premiers 7, 11, 13, 17 etc, parce qu'il est
inutile de l'appliquer à ceux qui viennent après les nombres impairs
ou premiers qui ont déjà été pointés, puisqu'on retomberait sur des
termes déjà effacés. Par exemple le neuvième après $9 = 9 + 2 \times 9 = 27$ qui
est multiple de 3.

Il sera encore inutile d'appliquer le même procédé aux nom-
-bres premiers immédiatement plus grands que la racine carrée du
dernier nombre naturel qui doit déterminer la table; par exemple, si
elle doit aller jusqu'à 100, il sera inutile de compter de 11 en 11,
parce qu'on tomberait sur 11×3, 11×7, qui ont déjà été effacés
comme multiples de 3, 7. Cette méthode est connue sous le nom
de crible d'Ératosthènes son inventeur.

Cela posé, cherchons le logarithme de 2, qui est le premier
dont on a dû s'occuper; 2 étant compris entre 1 et 10 on a cherché
un moyen géométrique entre ces deux nombres, qui égale

$$\sqrt{1 \times 10} = \sqrt{10} = 3,16227 :$$

on a également cherché un moyen arithmétique entre 0 et 1; Or ce moyen est $\frac{0+1}{2} = \frac{1}{2} = 0,5$, pour servir de logarithme au premier moyen géométrique. Le nombre 2 étant encore compris entre 1 et 3,16.. on a cherché un nouveau moyen géométrique entre ces deux nombres qui égale $\sqrt{3,16..} = 1,778279$, dont le logarithme a été un moyen arithmétique entre 0 et 0,5 ou 0,25. Le nombre 2 étant compris entre ces deux moyens géométriques on en a cherché un troisième entre ceux-ci, en extrayant la racine carrée de leur produit, et on a eu 2,371373, dont le logarithme a été un moyen arithmétique entre les deux premiers déjà trouvés, qui vaut 0,375. On a continué de la même manière jusqu'à ce qu'on ait trouvé un moyen géométrique très peu différent de l'entier 2. Il a fallu près de 20 opérations partielles pour obtenir le moyen géométrique à moins d'un millième près. Cette méthode, quoique fort longue, est au moins praticable, et n'est rien auprès de la première.

On trouverait de la même manière les logarithmes des nombres premiers 3, 5.7.11.13.17, etc. Les 100.000 premiers nombres renferment 9600 nombres premiers, par conséquent pour former une table de logarithmes depuis 1 jusqu'à 100.000, il faudrait calculer 9600 logarithmes.

On met un point au lieu d'une virgule pour séparer la caractéristique d'un logarithme de sa figure, afin de distinguer un nombre décimal ordinaire d'un logarithme.

Les logarithmes des nombres décuples les uns des autres ont la même figure de logarithme.

En effet, pour rendre un nombre 10 fois, 100 fois, 1000 fois plus grand, il faut ajouter à son logarithme le logarithme de 10, ou de 100, ou de 1000. La somme sera le logarithme du produit; or le logarithme de 10 est une unité entière, celui de 100 est 2, celui de 1000 est 3, et ainsi de suite. Donc en ajoutant 1, 2, 3 etc. unités à la caractéristique d'un logarithme, on le fait correspondre à un nombre 10 fois, 100 fois, mille fois etc. plus grand.

Réciproquement, si l'on diminue la caractéristique d'un logarithme d'une, 2 ou 3 unités, ce nombre correspondant devient 10 fois, 100 fois 1000 fois plus petit. Car, pour diviser un nombre par 10, par 100, par 1000, il faut retrancher du logarithme de ce nombre le logarithme de 10, de 100, de 1000 etc. Le reste sera le logarithme du quotient; or le logarithme

de 10 est 1, celui de 100 est 2, celui de 1000 est 3; donc en diminuant
la caractéristique d'une, 2, 3, unités, le logarithme correspond à un
nombre 10 fois, 100 fois, 1000 fois, plus petit. Ainsi

54360	a pour logarithme	4,7352794
5436	……………………	3,7352794
543,6	……………………	2,7352794
54,36	……………………	1,7352794
5,436	……………………	0,7352794

Des nombres dont les logarithmes ne se trouvent pas dans les tables.

Pour avoir le logarithme d'un nombre qui dépasse les limites des tables,
il faut préparer ce nombre en séparant à la droite par une virgule, le moins
de chiffres nécessaires pour que la partie restante à gauche puisse se trouver dans
les tables, prendre la différence des logarithmes des nombres entre lesquels
il tombe (différence que l'on trouve dans les tables et dont les unités sont de
l'ordre du dernier chiffre décimal), et supposant ensuite les différences des
logarithmes proportionnelles aux différences des nombres, ce qui n'est jamais
rigoureusement vrai, mais cela approche d'autant plus de l'exactitude que
les nombres sont plus grands, on fera cette proportion: Si l'unité de différence entre deux nombres consécutifs répond à tant de différence entre
leurs logarithmes, à combien doivent répondre tant de figures décimales séparées vers la droite.

On trouve pour quatrième terme une différence de logarithme qui ajoutée
aux dernières figures décimales du plus petit logarithme, donne le logarithme
du nombre préparé; pour avoir le logarithme du nombre donné, il faut ajouter à
la caractéristique autant d'unités qu'on a séparé de figures décimales à la
droite de ce nombre; car le nombre préparé étant 10, 100, 1000 fois plus petit
que le nombre proposé, suivant qu'on a séparé un, deux, ou trois chiffres
à sa droite, pour avoir le logarithme du nombre proposé, il faut au logarithme de ce nombre ajouter le logarithme de 10, 100, etc. c'est-à-dire 1, 2, 3
unités à la caractéristique; et en général autant que l'on a séparé de
chiffres vers la droite. Si les chiffres qu'on a séparés sur la droite du nombre, qui dépasse les limites des tables, étaient des zéros, il suffirait d'ajouter
à la caractéristique de la partie restante à gauche, autant d'unités qu'on a

séparés de zéros. Car la partie restante à gauche est exactement 10 fois, 100 fois ou 1000 fois plus petite que le nombre proposé; il suffira donc d'ajouter 1, 2 ou 3 unités à la caractéristique de son logarithme pour avoir celui du nombre proposé.

Nous allons maintenant démontrer sur quoi est fondée la proportion que nous venons d'énoncer, dans laquelle on suppose que la différence des nombres est proportionnelle à la différence entre leurs logarithmes; ce qui n'est jamais rigoureusement vrai, mais approche d'autant plus de l'être que les nombres sont plus grands (★). En effet, la différence entre deux logarithmes consécutifs appartenant à deux nombres très grands, se trouve être très petite, et de plus la différence entre ces deux différences ne faisant partie que des figures décimales négligées, se trouve être nulle; il s'ensuit donc que cette différence est la même pour un certain nombre de logarithmes consécutifs. Et donc pour une de différence entre deux nombres consécutifs on a tant de différence entre leurs logarithmes, pour deux unités de différence on aura le double, pour 3 le triple etc.; donc, pour une partie quelconque d'unité entre deux termes consécutifs on aura évidemment la même portion de différence entre leurs logarithmes: on peut donc dire, lorsque les nombres sont très grands, que les différences entre les nombres sont proportionnelles aux différences entre leurs logarithmes. Cela n'a lieu que lorsque les nombres sont très grands; car s'ils étaient petits, les différences entre les logarithmes seraient très grandes, et les différences entre ces différences seraient exprimées par des chiffres décimaux d'un ordre supérieur à ceux négligés. En effet les logarithmes des nombres naturels 2, 3, 4 etc., compris entre 1 et 10, font partie des moyens proportionnels arithmétiques compris entre 0 et 1 au nombre de 8; les logarithmes des nombres naturels compris entre 10 et 100 sont au nombre de 89. Ainsi la différence des logarithmes consécutifs entre 10 et 100 est plus petite que celle des log. des nombres consécutifs compris entre 1 et 10. Il en est de même à mesure que les nombres augmentent.

D'ailleurs soient n et $n+1$ deux nombres consécutifs des tables, et D la différence de leurs logarithmes, on aura $D = \log(n+1) - \log n = \log\left(\frac{n+1}{n}\right) = \log\left(1 + \frac{1}{n}\right)$; or plus le nombre n sera grand, plus la fraction $\frac{1}{n}$ sera petite, et par conséquent plus la quantité $1 + \frac{1}{n}$ se rapprochera de 1: Or $\log 1 = 0$, donc la différence D se rapproche continuellement de zéro, ou devient d'autant plus petite que le nombre n augmente.

Pour avoir le logarithme d'un nombre entier suivi de décimales, il faut prendre ce logarithme comme si le nombre proposé n'avait pas été virgulé, et ensuite ôter à la caractéristique autant d'unités qu'il y avait de figures décimales dans le nombre proposé. En effet, en considérant le

____

(★) comme de 1500, et cela suffit pour les usages ordinaires.

nombre comme s'il n'y avait pas de virgule, on le considère comme 10, 100, 1000 fois plus grand, suivant qu'il y avait une, 2, ou 3 décimales; il faudra donc, pour avoir le vrai logarithme de la quantité donnée, faire correspondre son logarithme à un nombre 10, 100, 1000 fois moindre, c'est-à-dire qu'on doit diminuer d'une, de deux, ou de trois unités la caractéristique de son logarithme, et en général d'autant d'unités que la quantité donnée renferme de chiffres décimaux.

Pour avoir le logarithme d'un nombre entier joint à une fraction, il faut réduire l'entier en fractions de même espèce que celle qui l'accompagne, ensuite retrancher le logarithme du dénominateur du logarithme du nouveau numérateur. La différence sera le logarithme de l'entier joint à la fraction; car en réduisant l'entier en fractions de même espèce que celle qui l'accompagne, on a une quantité fractionnaire dont le numérateur peut être considéré comme un dividende, et le dénominateur comme son diviseur: or pour faire une division par logarithme, il faut retrancher le logarithme du diviseur du logarithme du dividende; donc, après avoir réduit l'entier en fractions de même espèce, il faudra retrancher le logarithme du dénominateur de celui du numérateur; le reste sera le logarithme demandé.

Pour avoir le logarithme d'une fraction, il faut retrancher le logarithme du numérateur du logarithme du dénominateur, et donner au reste le signe moins. Car une fraction étant le quotient du numérateur par le dénominateur, il faudrait retrancher le logarithme du dénominateur de celui du numérateur; mais comme la soustraction ne peut pas s'effectuer, puisque le logarithme du dénominateur est plus grand que celui du numérateur, on retranche au contraire le logarithme du numérateur de celui du dénominateur. Le reste, qui marquera ce dont il s'en faut pour que la soustraction ait pu se faire, sera le logarithme de la fraction; puis on appliquera à ce reste le signe moins, qui marque que la soustraction a été faite en sens contraire.

Il est d'ailleurs facile de se convaincre que le logarithme d'une fraction doit être négatif; car le logarithme de 1 est zéro: par conséquent le log. d'une fraction sera plus petit que zéro, il sera donc négatif.

Les log. des fractions doivent être pris en sens contraire des log. des nombres entiers, c'est-à-dire que, pour multiplier un nombre par une fraction, il faut retrancher le logarithme de la fraction; et que, pour diviser un nombre par une fraction, il faut ajouter le logarithme de la fraction. En effet, pour multiplier un nombre par une fraction, l'opération revient à multiplier l'entier par le numérateur, et à diviser le produit par le dénominateur. Opérant par log. il faut donc ajouter au logarithme de l'entier le logarithme du numérateur, et retrancher celui du dénominateur; ce qui revient à retrancher du logarithme du nombre entier l'excès du logarithme du dénominateur de la fraction proposé sur le logarithme du numérateur, lequel excès est précisément le logarithme de la fraction.

Pour diviser un nombre par une fraction, il faut ajouter le logarithme de la fraction diviseur avec le logarithme du nombre proposé dividende; car diviser un nombre par une fraction, c'est le multiplier par la fraction diviseur renversée, c'est à dire qu'il faut multiplier le nombre proposé par le dénominateur, et diviser le produit par le numérateur. Opérant par logarithmes il faut donc au logarithme du nombre entier ajouter le logarithme du dénominateur, et retrancher celui du numérateur, ce qui revient à ajouter au logarithme du nombre entier l'excès du logarithme du dénominateur de la fraction proposé sur le logarithme de son numérateur, lequel excès est précisément le logarithme de la fraction.

Pour avoir le logarithme d'une fraction à deux termes d'une autre manière, c'est à dire en ayant la caractéristique seule de négative, on écrit à la droite du même autant de zéros qu'il est nécessaire pourqu'il puisse être divisé par le dénominateur; on retranche le logarithme du dénominateur du log.ᵉ du nouveau numérateur, on diminue la caractéristique d'autant d'unités qu'on a écrit de zéros à la droite du numérateur; comme la soustraction ne pourra pas se faire, on ôtera le plus d'unités qu'il sera possible; celles qui resteront non soustraites on les mettra à la caractéristique en les surmontant du signe moins; la caractéristique seule est négative, et la figure du log.ᵉ est exacte. En effet, en écrivant deux zéros par exemple à la droite du numérateur, la fraction est devenue 100 fois plus grande; or pour avoir le logarithme d'une quantité fractionnaire, il faut retrancher le logarithme du dénominateur de celui du numérateur; mais la quantité fractionnaire étant 100 fois plus forte que la fraction proposé, il faudra donc diminuer la caractéristique de deux unités; mais comme cette soustraction ne pourra pas s'effectuer en entier, il faudra surmonter du signe moins celles qui restent encore à soustraire.

Pour avoir le logarithme d'un nombre qui ne contient que des décimales, il faut prendre le logarithme de cette quantité comme si elle était un nombre entier, c'est-à-dire comme si elle n'avait pas de virgule, ensuite retrancher ce logarithme d'autant d'unités entières qu'il y a de chiffres décimaux dans le nombre proposé, et faire précéder le reste du signe moins. Car une fraction décimale n'est autre chose qu'une fraction ordinaire dont le numérateur serait le nombre qui exprime les unités décimales, et le dénominateur l'unité suivie d'autant de zéros qu'il y a de chiffres décimaux dans le nombre proposé; or on a vu que pour avoir le logarithme d'une fraction à deux termes, il fallait retrancher le logarithme du numérateur de celui du dénominateur, et faire précéder le reste du signe moins; mais comme le logarithme de ce dénominateur renferme autant d'unités entières qu'il y a de zéros à la droite de l'unité dans ce dénominateur, c'est-à-dire qu'il y a de décimales dans le nombre proposé. On voit donc que, pour avoir le logarithme d'une fraction décimale, il faut opérer comme il vient d'être dit.

Pour avoir le logarithme d'une quantité décimale moindre que l'unité, avec la caractéristique négative, il faut chercher le logarithme du nombre donné comme s'il n'avait pas de virgule, et diminuer sa caractéristique d'autant d'unités que le nombre renferme de figures décimales; mais comme cette soustraction ne pourra pas se faire, on ôtera le plus d'unités qu'il sera possible, et celles qui resteront non soustraites on les mettra à la caractéristique en les surmontant du signe moins. Ce signe ainsi placé indique, lorsqu'on emploiera ces sortes de logarithmes dans le calcul, que la caractéristique seule est négative, et que la figure du logarithme est exacte. En effet, en prenant le logarithme de la quantité décimale comme si elle n'avait pas de virgule, on la considère comme cent fois plus grande, par exemple, si elle a deux chiffres décimaux; il faudra donc, pour avoir le logarithme du nombre donné, diminuer la caractéristique de deux unités, et pour cela on soustraira d'abord celles qu'on pourra, puis il faudra surmonter du signe moins les unités restantes à soustraire.

On obtient le logarithme d'un nombre complexe en le réduisant en unités de la plus petite espèce qu'il contient, ou bien en le convertissant en fractions à deux termes de l'espèce principale, ou encore en fractions décimales de cette unité principale: on retombe ainsi dans le cas précédent.

Des logarithmes dont les nombres ne se trouvent pas dans les tables.

Pour trouver à quel nombre correspond un log. compris entre deux logarithmes consécutifs, on prend leur différence et l'excès du logarithme donné sur le plus petit des deux; ensuite, supposant toujours les différences des logarithmes proportionnelles aux différences des nombres (ce qui n'est pas rigoureusement vrai, mais approche d'autant plus de l'être que les nombres sont plus grands), on fera la proportion. Si tant de différence entre deux logarithmes consécutifs répond à l'unité de différence entre les nombres, à combien la différence entre le logarithme donné et le plus petit des deux entre lesquels il tombe, doit-elle correspondre? On aura pour quatrième terme une fraction qui, ajoutée au nombre correspondant au plus petit logarithme, donne le nombre correspondant au logarithme proposé.

Pour trouver à quel nombre correspond un logarithme qui excède la limite des tables, on prépare ce logarithme en retranchant à sa caractéristique autant d'unités qu'il est nécessaire pour que ce logarithme puisse se trouver dans les tables avec la plus forte caractéristique possible. Il arrivera de deux choses l'une, ou ce logarithme ainsi préparé se trouve, ou ne se trouve pas dans les tables : dans le premier cas, il suffira d'écrire à la droite du nombre qui lui correspond autant de zéros qu'on a supprimé d'unités à la caractéristique, et on aura le nombre cherché, qui doit être 10 fois, 100 fois, etc. plus grand que le nombre correspondant au logarithme préparé ; puisque la suppression d'une, deux, etc. unités à la caractéristique du logarithme donné l'a fait appartenir à un nombre 10 fois, 100 fois etc. moindre.

Dans le second cas, s'il tombe entre deux logarithmes consécutifs compris dans les tables, on cherchera la fraction qui doit accompagner le nombre correspondant au plus petit des deux logarithmes consécutifs entre lesquels tombe le logarithme proposé. Alors on aura le nombre correspondant au logarithme préparé, et pour avoir le nombre correspondant au logarithme donné, on convertira en décimales la fraction qui entre dans l'expression du nombre correspondant au logarithme préparé ; puis l'on avancera la virgule d'autant de rangs vers la droite qu'on a supprimé d'unités à la caractéristique ; ce qui rendra ce nombre 10 fois, 100 fois plus grand, ainsi que cela doit être ; puisqu'en retranchant une, deux etc. unités à la caractéristique du logarithme donné, on l'a fait appartenir à un nombre 10 fois, 100 fois, etc. plus petit.

Pour trouver à quel nombre correspond un logarithme tombant entre deux log.^{es} consécutifs ayant une caractéristique plus petite que la plus forte des tables, il faut ajouter à la caractéristique autant d'unités qu'il est nécessaire pour que ce logarithme se trouve dans les tables avec la plus forte caractéristique possible, chercher le nombre qui lui correspond, et séparer à sa droite autant de chiffres décimaux qu'on aura ajouté d'unités à sa caractéristique. On aura le nombre cherché à moins d'une unité décimale près de l'ordre désigné par le nombre des unités ajoutées à la caractéristique.

La raison de ce procédé est qu'en ajoutant une, deux etc. unités à la caractéristique d'un logarithme, le nombre correspondant devient 10 fois, 100 fois etc. plus fort, et comme on a ce nombre à moins d'une unité près, en le rendant dix fois, cent fois moindre, c'est-à-dire en séparant une, deux etc. figures décimales, on a le nombre proposé à un dixième, à un centième etc. près, c'est-à-dire en général à moins d'une unité de l'ordre

désigné par le nombre des unités ajoutées à la caractéristique du loga-
-rithme.

Si le logarithme préparé en ajoutant une, deux, etc. unités à sa caractéristique, ne se trouve pas exactement dans les tables, on pourrait cher-
-cher la fraction qui doit accompagner le nombre correspondant au plus petit des deux logarithmes entre lesquels il tombe, convertir la fraction en décimale, la joindre au plus petit de ces deux nombres, et avancer la vir-
-gule vers la gauche d'autant de rangs qu'on a ajouté d'unités à la caractéris-
-tique du logarithme donné. Car, lorsqu'un logarithme préparé par l'ad-
-dition d'une, deux, etc. unités à sa caractéristique, ne se trouve pas exac-
-tement dans les tables, on peut se contenter de prendre le nombre correspon-
-dant au logarithme inférieur, vers la droite duquel on séparera autant de figures décimales qu'on a ajouté d'unités à la caractéristique. Et en effet la proportion qu'on ferait pour trouver plus exactement à quel nombre corres-
-pond un logarithme compris entre deux logarithmes consécutifs ne peut avoir qu'une exactitude bornée, puisque les logarithmes des tables (de Lalande par exemple) n'étant exacts qu'à une demi-unité décimale près du cinqui.ᵉ ordre les différences sont affectées du même défaut.

Pour trouver le nombre correspondant à un logarithme négatif, on retranche ce logarithme d'autant d'unités entières qu'il est nécessaire pour que la soustraction puisse s'effectuer et que le reste soit affecté de la plus forte caractéristique des tables. Le logarithme deviendra alors positif, on cherche dans les tables le nombre qui lui correspond, on place la virgule convenablement à ce dernier nombre, mais ensuite on la recule vers la gauche d'autant de rangs qu'il y avait d'unités dans le nombre duquel on a retranché le logarithme négatif. Car en retranchant de 3 unités, par exem-
-ple, un logarithme négatif (abstraction faite de son signe), c'est comme si on augmentait la caractéristique de ce logarithme de trois unités.

En effet, 3 –2 ou 1 est plus grand que –2 de 3 unités, ce dernier loga-
-rithme ayant 3 unités de plus à la caractéristique appartient à un nom-
-bre 1000 fois plus grand que celui qu'on cherche, il faut donc le rendre 1000 fois plus petit, ce qui se fera en avançant la virgule de trois rangs vers la gauche, le nombre deviendra une quantité décimale qui sera le nombre correspondant au logarithme négatif.

Si après avoir retranché un logarithme négatif d'autant d'unités qu'il est nécessaire, le reste ne se trouvait pas exactement dans les tables, on considérerait ce reste comme appartenant au logarithme immédiatement inférieur; ce qui n'altèrera pas beaucoup l'exactitude du résultat; car la proportion qu'on pourrait faire pour trouver plus exactement le nombre correspondant au logarithme restant, ne peut donner qu'une exactitude bornée, puisque les logarithmes des tables n'étant exacts qu'à une demi-unité décimale près du cinquième ordre, les différences sont affectées du même défaut.

Pour trouver le nombre correspondant à un logarithme dont la caractéristique seule serait négative, on n'aurait qu'à chercher le nombre correspondant à la figure du logarithme donné, placer la virgule comme si la caractéristique était zéro, mais on la reculerait vers la gauche d'autant de rangs qu'il y a d'unités dans la caractéristique négative.

En effet, en prenant le nombre correspondant à la figure du logarithme, et plaçant la virgule dans ce nombre, comme si la caractéristique était zéro, on a un nombre qui correspond à un logarithme trop fort d'autant d'unités que la caractéristique en a de négatives; et si cette caractéristique était 2, par exemple, le nombre trouvé serait donc 100 fois trop fort; on le rendrait à sa juste valeur, en séparant, par une virgule deux chiffres décimaux, c'est-à-dire autant que le logarithme contenait d'unités négatives.

Des complémens arithmétiques.

On appelle complément arithmétique d'un nombre le résultat qu'on obtient en retranchant ce nombre de l'unité suivie d'autant de zéros qu'il y a de chiffres dans ce nombre. Il est évident que pour prendre un complément arithmétique, il faut, d'après la règle de la soustraction, retrancher en allant de gauche à droite chaque chiffre de 9, et le premier chiffre significatif à droite de 10. S'il y a des zéros à la droite du nombre, il y en aura le même nombre à la droite de son complément arithmétique. Car en faisant la soustraction à l'ordinaire, l'emprunt n'a lieu qu'à partir du chiffre significatif.

Par le moyen des complémens arithmétiques on parvient toute soustraction à une addition. Soit demandé de trouver la différence qui existe entre des nombres 3487 et 259. Il est clair qu'on peut ajouter 1000, pourvu qu'on retranche ensuite la même quantité à chacun des nombres dont la différence est $3487-259$, ce qui donne $3487-259+1000-1000$, sans altérer leur différence; or le complément arithmétique de 259 est $+1000-259 = 741$. Ainsi on a pour la différence cherchée $3487+741-1000 = 3228$.

On voit par là qu'au lieu de retrancher un nombre d'un autre, l'opération revient à ajouter son com.t arith., pourvu qu'on retranche ensuite une unité de l'ordre immédiatement supérieur à celui du complément arithmétique du nombre à soustraire.

Voici comment s'indique l'opération $\begin{cases} 3487 \\ 741 \\ \hline 3228 \end{cases}$ faisant la somme de ces nombres on aura pour la différence cherchée.

Le calcul des complémens arithmétiques est surtout utile lorsqu'on

a plusieurs additions et plusieurs soustractions successives à faire. Exemple:
$32731 + 5729 - 371 - 4834$; On emploie les complémens arithmétiques de
371 et de 4834, qui sont 629 et 5166; on a alors:

$$1° \left\{ \begin{array}{r} 32731 \\ 5729 \\ \overline{1}629 \\ \overline{1}5166 \end{array} \right. \qquad 2° \left\{ \begin{array}{r} 32731 \\ 5729 \\ \overline{1}9629 \\ \overline{1}5166 \end{array} \right.$$

$$33255 \qquad\qquad 33255 \text{ pour le résultat demandé.}$$

Pour faciliter cette opération on pourrait la ramener à placer toutes les
unités à retrancher sous la même colonne verticale, comme on le voit à côté
de la première opération, sans que le résultat en soit altéré; il suffit pour cela
d'écrire à la gauche des nombres à soustraire, autant de zéros qu'il est nécessaire
pour que tous ces nombres aient le même nombre de chiffres; ainsi on écrirait
un zéro à la gauche de 371, on aurait 0371, dont le complément arithmétique
est 9629: on doit donc l'écrire ainsi $\overline{1}9629$, sous les nombres à ajouter.

Par le moyen des logarithmes et des complémens arithmé-
tiques, la division se réduit à une addition. En effet, par logarithmes, la division s'effectue en retranchant le logarithme du diviseur de celui du dividende;
et le reste donne le logarithme du quotient; mais les complémens arithmétiques
substituent à des soustractions des additions; il faudra donc, pour obtenir le
logarithme du quotient, ajouter le complément arithmétique du logarithme du
diviseur au logarithme du dividende; et comme les complémens arithmétiques
des logarithmes se prennent sur une dizaine, il suffira d'effacer à la somme l'u-
nité du plus haut ordre, qui est une dizaine et l'on aura alors le logarithme
du quotient.

On peut d'ailleurs faire voir d'une manière générale que
Lorsqu'on a plusieurs logarithmes à retrancher d'un autre logarithme, il faut prendre les complémens arithmétiques des logarithmes
soustractifs, les ajouter au premier logarithme, et retrancher autant
de dizaines du résultat qu'on a pris de complémens arithmétiques.

Soit à retrancher de L les logarithmes que je représente par
L' et L'', c'est-à-dire qu'on ait $L - L' - L''$: on peut ajouter et retrancher à la
fois 10 de L' et L'', ainsi on aura:

$$L - L' + 10 - 10 - L'' + 10 - 10,$$
$$\text{ou bien } L + (10 - L') - 10 + (10 - L'') - 10,$$
$$\text{ou bien enfin } L + (10 - L') + (10 - L'') - 2 \times 10.$$

Mais $10 - L'$ n'est autre chose que le complément arithmétique du
logarithme L', et $10 - L''$ celui de L''; puisque les complémens arithmétiques
des logarithmes se prennent sur une dizaine, faisant ces substitutions on aura

$$L + \text{com}^t \text{ arith}^e \log L' + \text{com}^t \text{ arith}^e \log L'' - 20.$$

Scholie. On prend le comp^t arith. d'un nombre en commençant par la gauche; parce que cela procure l'avantage d'écrire ou d'énoncer un comp^t arithmétique d'un logarithme à l'inspection des chiffres qui composent ce logarithme.

Pour multiplier une fraction par une autre, il faut ajouter les logarithmes des numérateurs et les comp^s arith^{es} de ceux des dénominateurs. Car, en opérant par logarithmes, il faudrait ajouter les logarithmes des numérateurs, et retrancher ceux des dénominateurs, mais comme les complémens arithmétiques substituent à des soustractions des additions, il faudra donc ajouter les logarithmes des numérateurs avec les complémens arithmétiques des logarithmes des dénominateurs, et retrancher de la somme les deux dizaines provenant des complémens arithmétiques.

Pour diviser une fraction par une autre, il faut renverser la fraction diviseur, et ajouter les logarithmes des numérateurs actuels avec les complémens arithmétiques des log^s des dénominateurs : car diviser par une fraction, c'est multiplier par cette fraction diviseur renversée.

Cette manière d'opérer évite les logarithmes négatifs, mais il ne faut pas oublier de tenir compte de ce dont le logarithme du résultat est trop fort, aussi surmonte-t-on du signe moins les dizaines de trop de sa caractéristique.

Pour avoir le complément arithmétique du logarithme d'une fraction, il faut ajouter le logarithme du numérateur avec le complément arithmétique du logarithme du dénominateur, et se souvenir que la caractéristique est trop forte de dix unités. Car une fraction étant le quotient de son numérateur par son dénominateur, il faudrait retrancher le logarithme du dénominateur de celui du numérateur; mais comme les complémens arithmétiques substituent à des soustractions des additions; il faudra donc ajouter le complément arithmétique du logarithme du dénominateur avec le logarithme du numérateur, et on surmontera du signe moins la dizaine qui doit être soustraite; puisqu'on a ajouté un complément arithmétique d'un logarithme; de sorte que si ce logarithme doit être ajouté à un autre, on diminuera leur somme d'une dizaine et si on doit le soustraire d'un autre, on augmentera leur différence d'une dizaine.

Pour trouver à quel nombre correspond un complément arithmétique d'un logarithme, c'est-à-dire pour trouver la fraction correspondante à un logarithme trop fort de dix unités, on cherchera le nombre correspondant à la figure de ce logarithme, vers la fin des tables, pour avoir le plus de chiffres possibles dans l'expression du nombre cherché; après l'avoir trouvé, on imaginera la virgule placée comme si la caractéristique était zéro, c'est-à-dire à la droite du premier chiffre de gauche; puis on la transportera d'autant de places vers la gauche, qu'il y a d'unités de différence entre la caractéristique positive du logarithme donné et dix. En effet en prenant le nombre correspondant à la figure du logarithme donné sans caractéristique, on diminue ce logarithme d'autant d'unités que sa caractéristique en renferme; mais le logarithme proposé était trop grand de dix unités, il reste donc trop fort de la différence entre sa caractéristique et dix, et par conséquent pour faire correspondre le nombre trouvé au véritable logarithme, il faut porter la virgule d'autant de places vers la gauche que l'indique cette différence.

Si l'on voulait trouver la fraction correspondante à un logarithme qui a une dixaine de trop à sa caractéristique, à moins d'un 32ième près, par exemple, on ajouterait à ce logarithme celui de 32, et en diminuerait la somme d'une dixaine, à cause que le logarithme proposé était trop fort de dix; on cherchera ensuite le nombre correspondant au logarithme restant, et l'on donnera à ce nombre (en le prenant à moins d'une unité), 32 pour dénominateur. Car l'addition du logarithme de 32 a fait correspondre le logarithme donné à une fraction 32 fois trop forte; donc pour obtenir la fraction cherchée il faudra diviser le nombre correspondant à ce dernier logarithme par 32, ce que l'on fera en donnant à ce nombre 32 pour dénominateur.

Si un complément arithmétique d'un logarithme ne se trouvait pas exactement dans les tables, on se dispenserait de faire la proportion qui servirait à déterminer plus exactement le nombre qui lui correspond, en prenant simplement le nombre correspondant au logarithme qui approche le plus du proposé. Car cette proportion ne pourrait donner qu'une exactitude bornée, parce que les logarithmes des tables n'étant exacts qu'à une demi-décimale près du dernier ordre, les différences sont affectées du même défaut.

Pour élever à une puissance quelconque un nombre duquel on a le complément arithmétique, il faut multiplier ce logarithme par le degré de la puissance que l'on veut avoir; mais il faut ôter de ce produit autant de dixaines qu'il y a d'unités dans le degré de la puissance. Car si le degré était 3, comme le logarithme proposé avait une dixaine de trop, le produit en aura 3, qu'il faudra ôter, s'il est possible, ou surmonter du signe moins celles qui resteraient encore à soustraire.

Pour extraire une racine d'un degré quelconque d'une fraction, on prend d'abord le complément arithmétique du logarithme de cette fraction, qu'on augmente d'autant de dixaines moins une qu'il y a d'unités dans le degré de la racine; puis on divise cette somme par l'indice du radical. En effet, si l'on voulait extraire la racine cubique par exemple d'une fraction, en prenant le comp.t arith.e de son log. on aura une dixaine de trop; et en l'augmentant de deux dixaines, il en renfermerait 3; on pourrait donc écrire cette somme en la faisant suivre de moins 30; car il y aurait compensation; prenant le tiers de ce résultat, pour extraire la racine cubique, on aura le logarithme de la racine cubique; or ce résultat se compose d'un logarithme suivi de moins le tiers de 30 qui est une dixaine, c'est donc un logarithme trop fort d'une dixaine, et dont on trouve la fraction correspondante d'après ce qu'on a indiqué.

Pour trouver un terme d'une proportion géométrique, si c'est un extrême qu'on cherche, il faut ajouter le logarithme du second terme avec celui du troisième, et le complément arithmétique du logarithme du premier; leur somme — 10 sera le logarithme du 4.me terme. Car de la somme des log. du second et du troisième termes, on devrait retrancher celui du premier; mais comme les comp.ts arith.ts substituent à des soustractions des additions, il faut donc ajouter les logarithmes des moyens avec les comp.ts arithmétiques du logarithme de l'extrême connu et retrancher

Si les termes de la proportion étaient des fractions, ou des quantités fractionnaires, il faudrait renverser les deux termes de la fraction premier terme de la proportion, ajouter les log.s des numérateurs actuels avec les comp.ts arith.s des log.s des dénominateurs; puisque sans logarithmes il faudrait diviser le produit des fractions, qui sont les moyens de la proportion, par la fraction qui est extrême. Mais diviser par une fraction revient à multiplier par cette fraction renversée, et comme le produit de trois fractions par complémens revient à ajouter la somme des logarithmes des numérateurs avec celle des complémens arithmétiques des logarithmes des dénominateurs, cette somme sera le logarithme du quatrième terme; il faudra cependant diminuer cette somme de trois dixaines, puisqu'on emploie 3 complémens arithmétiques.

Théorie analytique des logarithmes.

La génération des logarithmes provient de l'équation $y = a^x$, dans laquelle en donnant à x des valeurs successives, sans changer celle de a, on trouve pour y des valeurs correspondantes à celles de x; en sorte que l'une de ces quantités est déterminée par l'autre. Les valeurs de x s'appellent les logarithmes des valeurs correspondantes de y.

Tous les logarithmes calculés avec la même valeur attribuée à a sont dits appartenir au même système, et la valeur attribuée à a est appelée la base de ce système.

On définit le logarithme d'un nombre, dans un système déterminé, l'exposant de la puissance à laquelle il faut élever la base de ce système pour reproduire ce nombre. Cette définition des logarithmes comprend celle qu'on a déjà donnée; car, soit mis successivement en place de x, dans l'équation $y = a^x$, les quantités 0, b, $2b$, $3b$ etc., qui expriment une progression par différence dont le premier terme est zéro, on aura d'abord $y = a^0$, or a^0 vaut l'unité, donc $y = 1$; puis $y = a^b$, $y = a^{2b}$, $y = a^{3b}$ etc., quantités qui exprimeront une progression par quotient, dont le premier terme est l'unité et la raison a^b.

Lorsqu'on a pris une base a, tout nombre y ne peut avoir qu'un seul logarithme; mais si l'on change la base, il faudra un autre nombre x pour reproduire y; ainsi, tout nombre a une infinité de logarithme réels, parce qu'on peut prendre une infinité de bases différentes; mais il n'en a qu'un pour une base donnée.

Il est facile, d'après l'équation $y = a^x$, d'en déduire les usages des logarithmes. représentons par y' un autre nombre déterminé, et par x' son logarithme; a étant toujours la base du système, il en résulte que $y' = a^{x'}$. En multipliant membre à membre les deux équations

$$y = a^x,$$
$$\text{et}\quad y' = a^{x'}$$
$$\text{Il vient}\quad y\,y' = a^x \times a^{x'} = a^{x+x'}$$

Ainsi $x + x'$ est l'exposant auquel il faut élever la base du système pour reproduire $y\,y'$: or x est logarithme de y, et x' celui de y'; donc lorsqu'on ajoute les logarithmes x, x' de deux nombres y, y', on a le logarithme $x + x'$ du produit $y \times y'$ de ces deux nombres.

Si l'on divise les deux équations proposées $y = a^x$ et $y' = a^{x'}$, membre à membre, on aura $\dfrac{y}{y'} = \dfrac{a^x}{a^{x'}} = a^{x-x'}$.

54.

214.

donc, lorsqu'on prend la différence des logarithmes de deux nombres y, y' on a le logarithme $x - x'$ du quotient $\frac{y}{y'}$ de ces deux nombres.

Si l'on élève les deux membres de l'équation
$$y = a^x,$$
à la puissance m, on aura $y^m = a^{mx}$: donc en multipliant par m le logarithme x d'un nombre quelconque y, on a le logarithme mx de la puissance m de ce nombre y.

Enfin si l'on extrait la racine du degré m des deux membres de l'équation
$$y = a^x,$$
cela revient à diviser l'exposant du second membre par le degré de la racine à extraire, on aura donc $\sqrt[m]{y} = a^{\frac{x}{m}}$.

Ainsi, en divisant le logarithme x d'un nombre quelconque y par l'indice m, on a le logarithme $\frac{x}{m}$ de la racine du degré m de ce nombre y.

Pour déterminer quel est le logarithme d'une quantité quelconque, il est clair qu'il suffit de mettre en place de y, dans l'équation $y = a^x$, la quantité dont on veut avoir le logarithme, et voir quelle est la valeur que doit avoir x pour satisfaire à l'équation; d'après cela si l'on proposait de trouver le logarithme de la base, il suffirait de poser $a = a^x$; équation qui sera satisfaite en faisant $x = 1$; donc le logarithme de la base est toujours égal à l'unité.

Pour déterminer quel est le logarithme de l'unité, il suffit de remplacer y par 1, dans l'équateur $y = a^x$, et l'on aura $1 = a^x$; Or cette équation sera satisfaite si $x = 0$; donc le logarithme de l'unité est toujours égal à zéro.

Le logarithme d'une quantité plus petite que 1 sera donc une quantité plus petite que zéro, c'est-à-dire une quantité négative. Représentons par y' ce nombre plus petit que l'unité, son logarithme devant être négatif, on a ainsi l'équation $y' = a^{-x}$; on conçoit que le second membre soit divisé par l'unité, alors l'équation aura la forme
$$y' = \frac{a^{-x}}{1};$$
et si l'on multiplie les deux termes de cette valeur par a^x on obtiendra $y' = \frac{1}{a^x}$; or il est clair que plus la valeur de x sera grande, plus celle de y' deviendra petite, et quelque grande que soit la valeur de x, elle ne rendra jamais le second membre nul; par conséquent le premier membre y' aura une valeur au dessus de zéro: ainsi pour que y' soit égal à zéro il faut que la valeur de x soit plus grande que toute quantité assignable, quantité que nous avons appelée symbole de

l'infini ; et puisque x doit être négatif, comme logarithme d'une quantité plus petite que zéro, nous pouvons donc dire que, le logarithme de zéro est l'infini négatif.

Les nombres négatifs n'ont pas de logarithmes, puisque depuis la valeur infinie négative de x, jusqu'à la même infinie positive, on ne trouve dans l'équation $y = a^x$ aucun résultat négatif pour y.

La construction d'une table de logarithme consiste à trouver quelles sont les valeurs de x qui donnent pour y les nombres entiers $1, 2, 3, 4 \ldots$ On a coutume de prendre $a = 10$, ce système est ce qu'on appelle les logarithmes de Briggs. Comme en prenant $x = 0, 1, 2, 3, \ldots$ on trouve $y = 1, 10, 100, 1000 \ldots$, les entiers $0, 1, 2, 3 \ldots$ sont les logarithmes des puissances de 10, ce sont aussi respectivement les parties entières ou les caractéristiques des logarithmes intermédiaires.

Voici quel est le procédé à suivre pour calculer le logarithme d'un nombre proposé dans un système indiqué.

Prenons l'équation $y = a^x$, et représentons par N le nombre dont on cherche le logarithme écrit dans un système dont la base est a, on a alors $N = a^x$.

On satisfera à cette équation en mettant en place de x tous les nombres entiers successifs depuis zéro jusqu'à ce qu'on en trouve deux successifs dont le plus grand rende le second membre plus fort que le nombre N, et dont le premier au contraire le rende plus petit que N, en sorte que la vraie valeur de x est comprise entre ces deux nombres entiers successifs. Soit b le plus petit de ces deux nombres ; puisque x doit tomber entre deux nombres entiers successifs, on a donc $x = b + \frac{1}{z}$; en remplaçant x par cette valeur dans l'équation $N = a^x$, elle devient $N = a^{b+\frac{1}{z}}$: mais la somme de deux exposans exprime une multiplication ; ainsi $N = a^b \times a^{\frac{1}{z}}$; divisant par a^b on a $\frac{N}{a^b} = a^{\frac{1}{z}}$; $\frac{N}{a^b}$ étant une expression qui renferme des quantités connues, on fait $\frac{N}{a^b} = N'$, et on a $N' = a^{\frac{1}{z}}$. Élevant les deux membres à la puissance z on a $N'^z = a$, expression de la même forme que celle de la première équation. On remplace maintenant z, par tous les nombres entiers successifs depuis zéro jusqu'à ce qu'on trouve deux nombres successifs dont la première rende le premier membre plus petit que le second, et dont le second nombre au contraire rende le premier membre plus grand que le second, ensorte que la vraie valeur de z est comprise entre ces deux nombres successifs. Soit c le plus petit de ces deux nombres on aura donc $z = c + \frac{1}{t}$; en remplaçant z par cette valeur, l'équation $N'^z = a$ devient $\ldots$ $N'^{c+\frac{1}{t}} = a$ ou $N'^c \times N'^{\frac{1}{t}} = a$, d'où $N'^{\frac{1}{t}} = \frac{a}{N'^c}$, $\frac{a}{N'^c}$ étant composé de quantités connues, on fait $\frac{a}{N'^c} = N''$; ains

$N'^{\frac{1}{t}} = N''$: en élevant les deux membres à la puissance t on a $N' = N''^{t}$; expression de la même forme que celle de la première équation. En raisonnant toujours de la même manière, on dira : en remplaçant t par tous les nombres entiers successifs depuis zéro jusqu'à ce qu'on en trouve deux successifs dont le premier rende le second membre plus petit que le premier, et dont le premier rende au contraire le second membre plus grand que le premier ; alors la valeur de t sera comprise entre ces deux nombres entiers successifs. Soit d le plus petit de ces deux nombres, on aura $t = d + \frac{1}{u}$; en s'arrêtant à l'une de ces valeurs de t, à la première, par exemple, qui est trop petite, et la remplaçant dans chacune des équations qu'on a trouvées

$$x = b + \frac{1}{z}$$

et

$$z = c + \frac{1}{t} \quad,$$

la valeur de z est trop forte, donc celle de x est trop petite. Si on prend au contraire la seconde valeur de t, qui est trop forte, celle de z est trop petite : donc celle de x est trop forte. Ainsi la première valeur de t rend celle de x trop petite, et la seconde la rend trop forte : d'après cela en prenant l'une de ces deux valeurs pour la véritable de x, on commet une erreur qui sera toujours moindre que leur différence.

Du reste si l'on rapproche actuellement les équations

$$x = b + \frac{1}{z} \,,\, z = c + \frac{1}{t} \,,\, t = d + \frac{1}{u}$$

On obtiendra la valeur de x sous la forme d'une fraction continue

$$x = b + \cfrac{1}{c + \cfrac{1}{d + \cfrac{1}{u}}}$$

Or on a vu que, dans une fraction continue, plus on prend de parties intégrantes plus on approche de la valeur du nombre réduit en fraction continue ; ainsi l'on pourra par ce moyen trouver la valeur de x propre à vérifier l'équation $N = a^{x}$, sinon exactement, du moins avec tel degré d'approximation que l'on voudra : le calcul différentiel donne encore des méthodes plus expéditives.

Problème. On demande d'appliquer ce procédé à la recherche du logarithme tabulaire de 5 ?

D'après ce qui a été dit on posera l'équation $5 = 10^{x}$, en raisonnant comme nous venons de le faire, nous dirons que pour satisfaire à cette équation il suffit de remplacer x par tous les nombres successifs en commençant par zéro jusqu'à ce qu'on en trouve deux dont le premier rende le second membre plus petit que le premier, et le second au contraire plus grand que le premier membre. Si l'on remplace x par zéro, alors $10^{x} = 1$, quantité plus petite que le premier membre 5. Si l'on fait $x = 1$, alors $10^{x} = 10$,

quantité plus forte que le premier membre 5 : ainsi le logarithme cher-
-ché, ou la valeur de X, est comprise entre 0 et 1, elle est donc une frac-
-tion, il faut ainsi poser $x = 0 + \frac{1}{z}$; en remplaçant X par cette valeur,
dans la première équation, elle devient $5 = 10^{0+\frac{1}{z}}$, ou en élevant les
deux membres à la puissance z, $5^z = 10$.

Or si l'on fait $z = 0$, alors $5^z = 1$, plus petit que le second
membre 10 ; si l'on fait $z = 1$, $5^x = 5$, encore plus petit que 10 ;
enfin si l'on fait $x = 2$, $5^x = 25$, plus grand que le second membre 10 ; donc la valeur de z est comprise entre 1 et 2, elle est donc
1 plus une fraction; on posera $z = 1 + \frac{1}{t}$. Si l'on remplace
cette valeur de z, dans l'équation $5^z = 10$, elle devient
$5^{1+\frac{1}{t}} = 10$, ou puisque la somme de deux exposans exprime une
multiplication, $5 \times 5^{\frac{1}{t}} = 10$, d'où $5^{\frac{1}{t}} = \frac{10}{5} = 2$ élevant
les deux membres de l'équation $5^{\frac{1}{t}} = 2$ à la puissance t, elle
devient $5 = 2^t$.

En faisant $t = 0$, $2^t = 1$; plus petit que le premier 5,
si l'on fait $t = 1$, $2^t = 2$, encore plus petit que 5 ; si l'on fait
$t = 2$, $2^t = 4$ encore plus petit que le premier membre 5 ; enfin si
on pose $t = 3$, $2^t = 8$, plus fort que 5 ; donc la valeur de t
tombe entre 2 et 3, elle est donc 2 plus une fraction ; ainsi on posera
$t = 2 + \frac{1}{u}$. Alors l'équation $5 = 2^t$ devient
$5 = 2^{2+\frac{1}{u}}$, c'est-à-dire $5 = 2^2 \times 2^{\frac{1}{u}}$, d'où $\frac{5}{2^2} = 2^{\frac{1}{u}}$ ou $\frac{5}{4} = 2^{\frac{1}{u}}$
élevant les deux membres à la puissance u, cette équation devient
$\left(\frac{5}{4}\right)^u = 2$.

Si l'on fait
$\begin{cases}
u = 0, \text{ alors } \left(\frac{5}{4}\right)^u = 1, \text{ plus petit que le second membre } 2, \\
u = 1, \text{ alors } \left(\frac{5}{4}\right)^u = \frac{5}{4} \text{ évidemment plus petit que } 2, \\
u = 2, \text{ alors } \left(\frac{5}{4}\right)^u = \frac{25}{16}, \text{ plus petit que } 2, \\
u = 3, \text{ alors } \left(\frac{5}{4}\right)^u = \frac{125}{64}, \text{ encore plus petit que le } 2^d \text{ membre } 2, \\
u = 4, \text{ alors } \left(\frac{5}{4}\right)^u = \frac{625}{256} \text{ plus grand que le second membre } 2.
\end{cases}$

La valeur de u est donc comprise entre 3 et 4, elle est
donc 3, plus une fraction : d'après cela on posera $u = 3 + \frac{1}{v}$. En mettant en
place de u cette valeur dans l'équation $\left(\frac{5}{4}\right)^u = 2$, on a $\left(\frac{5}{4}\right)^{3+\frac{1}{v}} = 2$, c'est-à-dire
$\left(\frac{5}{4}\right)^3 \times \left(\frac{5}{4}\right)^{\frac{1}{v}} = 2$, d'où en divisant par $\left(\frac{5}{4}\right)^3$
$\left(\frac{5}{4}\right)^{\frac{1}{v}} = \frac{2}{\left(\frac{5}{4}\right)^3}$ c'est à dire $\left(\frac{5}{4}\right)^{\frac{1}{v}} = 2.\left(\frac{4}{5}\right)^3$ ou $= 2.\frac{64}{125}$;
donc $\left(\frac{5}{4}\right)^{\frac{1}{v}} = \frac{128}{125}$, élevant les deux membres de cette équation à la
puissance v on a $\frac{5}{4} = \left(\frac{128}{125}\right)^v$, réduisant ces deux quantités fraction-
-naires au même dénominateur afin de les comparer, on aura
$$\frac{625}{500} = \left(\frac{512}{500}\right)^v .$$

Si l'on fait $V=0$, alors $\left(\frac{512}{500}\right)^V = 1 < \frac{625}{500}$

Si l'on fait $V=1$, alors $\left(\frac{512}{500}\right)^V = \frac{512}{500} < \frac{625}{500}$; et en éprouvant ainsi les valeurs à donner à V, on trouverait que $V=9$ donne pour $\left(\frac{512}{500}\right)^V$ une quantité plus petite que $\frac{625}{500}$; mais pour $V=10$ la quantité $\left(\frac{512}{500}\right)^V$ serait plus grande que $\frac{625}{500}$. En s'arrêtant à la première 9, et la substituant dans la dernière équation que nous avons trouvée. Savoir $u = 3 + \frac{1}{V}$, il est clair que nous en déduirons celle de x, car nous avons eu ces équations $x = 0 + \frac{1}{z}$, $z = 1 + \frac{1}{t}$, $t = 2 + \frac{1}{u}$, $u = 3 + \frac{1}{V}$.

Si donc on remplace V par chacune de ces deux valeurs, d'abord par la première, $u = \frac{28}{9}$, $t = \frac{65}{28}$, $z = \frac{93}{65}$, $x = \frac{65}{93}$, et en décimales $x = 0,69892$. Si l'on fait $V=10$,
$$u = \frac{31}{10}, \quad t = \frac{72}{31}, \quad z = \frac{103}{72}, \quad x = \frac{72}{103},$$
et en décimales $x = 0.69902$, ou bien par la fraction continue

$$x = 0 + \cfrac{1}{1+\cfrac{1}{2+\cfrac{1}{3+\frac{1}{9}}}} \qquad = \cfrac{1}{1+\cfrac{1}{2+\cfrac{1}{\frac{28}{9}}}}$$

$$= \cfrac{1}{1+\cfrac{1}{2+\frac{9}{28}}} = \cfrac{1}{1+\cfrac{1}{\frac{65}{28}}} = \cfrac{1}{1+\frac{28}{65}} = \cfrac{1}{\frac{93}{65}} = \frac{65}{93}.$$

On trouverait ainsi de même

$$x = 0 + \cfrac{1}{2+\cfrac{1}{3+\frac{1}{10}}} = \frac{72}{103}.$$

Les deux valeurs de x, savoir $\frac{65}{93}$ et $\frac{72}{103}$ réduites au même dénominateur donnent $\frac{6695}{9579}$, $\frac{6696}{9579}$, entre ces deux valeurs tombe celle de x; il est clair qu'en prenant l'une de ces deux valeurs pour la véritable de x on commet une erreur qui sera toujours moindre que leur différence, on a donc dans ce cas la valeur de x, à moins d'un neuf cent mille cinq cent soixante-neuvième d'unité près.

En calculant par ce moyen les logarithmes des nombres premiers, on aura la table des logarithmes des nombres entiers.

On demande de trouver la relation qui existe entre les logarithmes du même nombre pris dans deux systèmes différents.

Soit y le nombre dont on demande le logarithme, soit x son logarithme et a la base du système, on a donc $y = a^x$.

Soit x' le logarithme du même nombre y, dont la base du système de numération serait b, alors $y = b^{x'}$.

Les deux premiers membres des deux équations

$$y = a^x$$
$$y = b^{x'}$$ étant les mêmes les deux seconds
sont donc égaux, ainsi .... $a^x = b^{x'}$. Je prends le logarithme
de a et de b tous deux dans le même système, c'est-à-dire que je prends
le logarithme des deux bases dans le système dont a est la base. Or deux
quantités étant égales, leurs logarithmes dans un même système sont évidemment
égaux, et puisque pour élever le logarithme d'un nombre à une puissance
quelconque il faut multiplier son logarithme par le degré de la puissance,
on a donc l'équation $\log. a \times x = \log. b \times x'$. Mais nous avons vu
que le logarithme de la base était égal à l'unité, on a donc
$1 \times x = \log. b \times x'$ ou $x = \log. b \times x'$ d'où $\dfrac{x}{\log. b} = x'$:
Or x est le logarithme de y dont a est la base; donc, connaissant
le logarithme d'un nombre dans un premier système, pour avoir
le logarithme du même nombre dans un second système, il faut
diviser le logarithme du même nombre calculé dans le premier
système, par le logarithme de la nouvelle base, calculé aussi dans
l'ancien système.

Ainsi le logarithme de 5 dans le système dont la base est 3
a pour valeur $\dfrac{\log. 5}{\log. 3}$; log. 5 et log. 3 étant deux logarithmes calculés
dans le système connu dont la base est 10.

De ce que $x' = \dfrac{\log. y}{\log. b}$, on aura en remplaçant $\dfrac{\log. y}{\log. b}$ par son
équivalent $\dfrac{1}{\log. b} \times \log. y$, l'équation $x' = \dfrac{1}{\log. b} \times \log. y$.
La quantité constante $\dfrac{1}{\log. b}$, c'est-à-dire le quotient de l'unité par le
logarithme de la nouvelle base, s'appelle .... le module de
la nouvelle table par rapport à l'ancienne; il sert à passer d'une table
à une autre, puisqu'il suffit de multiplier le logarithme du premier système
par le module. —

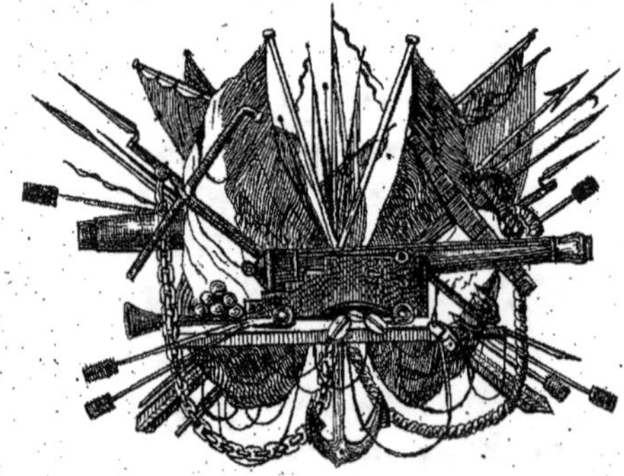

Description et usage de la table des logarithmes de Callet.

Au commencement de la table des logarithmes, les cinq premières pages dont le titre est Chiliade 1. (ce qui signifie premier mille), renferment les nombres depuis 1 jusqu'à 1200, écrits en colonnes, et à droite de chaque nombre on a placé la fraction décimale de son logarithme avec huit chiffres; chacune de ces pages renferme 240 nombres avec fractions décimales de leurs logarithmes.

Cette disposition très simple, est celle qui a été adoptée par les premiers auteurs qui ont publié des tables de logarithmes; dans ces anciennes tables, la fraction décimale du logarithme de chaque nombre est précédée de la caractéristique, pour le nombre écrit à côté, mais il est très facile de suppléer à la caractéristique, parce qu'on sait qu'elle est composée d'autant d'unités moins une qu'il y a de chiffres dans le nombre; et d'ailleurs en se servant d'une table de logarithmes, il arrive très souvent que les nombres sur lesquels on opère sont plus grands que ceux qui se trouvent dans la table, alors les caractéristiques qu'il faut employer ne sont pas celles qui se trouvent dans cette table; ainsi la seule chose qu'il soit nécessaire de chercher dans une table de logarithmes, c'est la fraction décimale ou la figure du logarithme de chaque nombre; c'est pour cette raison que les caractéristiques ont été omises dans les tables de logarithmes publiées par Callet et divers autres auteurs.

On a adopté une disposition un peu plus compliquée dans la suite de la table, afin de faire entrer plus de nombres et de logarithmes dans chaque page, ce qui diminue le volume et abrège les recherches: (voyez les spécimen de ces tables à la fin du chapitre).

La colonne marquée N renferme les nombres qui commencent à 1020, qui continuent jusqu'à 10,799 inclusivement. La colonne marquée zéro, qui est immédiatement à droite de celle des nombres, renferme les fractions décimales de leurs logarithmes avec sept chiffres jusqu'aux nombres 9999, et avec huit chiffres pour les nombres suivans; cette colonne est composée de deux parties, la première de trois ou de quatre chiffres qui sont les mêmes pour tous les nombres suivans, à côté desquels ils ne sont pas écrits, et la seconde de quatre chiffres écrits sur la ligne de chaque nombre, qui sont les quatre décimales suivantes du logarithme de ce nombre.

Les chiffres 0, 1, 2, 3 ... 9 qui sont sur la même ligne que N, peuvent être écrits sur la droite des nombres qui se trouvent dans la colonne N; alors la fraction décimale du logarithme de l'un de ces nombres qui aura à cinq ou six chiffres sera composée des trois ou quatre premiers chiffres de la colonne O, à droite de ce nombre, ou de ces mêmes chiffres que l'on trouve en remontant, s'ils ne sont pas écrits à côté du nombre, et les quatre derniers chiffres seront ceux qui se trouvent sur la ligne du nombre et dans la colonne du dernier chiffre.

On observera que les quatre derniers chiffres de la fraction décimale du logarithme d'un nombre croissent à mesure que le nombre augmente. Lorsque la valeur de ces quatre chiffres est plus grande que 9999, les trois premiers chiffres de la colonne O. sont augmentés d'une unité; ils sont écrits entre deux nombres de la colonne N, et la ligne du premier de ces nombres est brisée; on indique par là que la fraction décimale du logarithme d'un nombre doit commencer par ces trois chiffres, depuis le nombre terminé par le chiffre de la ligne N qui correspond au premier terme de la ligne brisée.

Cette manière de briser les lignes a été imaginée par Callet, pour indiquer à partir de quel nombre on doit prendre, avec une unité de plus, les trois premiers chiffres de la fraction décimale de logarithme. Dans les tables de logarithmes publiées en Angleterre par Ch. Hutton, on a marqué par un trait le nombre qui commencerait la ligne brisée; le nombre et les suivans de la ligne brisée sont désignés par des étoiles dans les tables publiées en Allemagne par Vegre; ces indications n'offrent pas le même avantage que celui qui résulte de la disposition des tables de Callet.

La dernière colonne de chaque page, dans la seconde partie de la table, renferme les différences de deux logarithmes consécutifs; et immédiatement au dessous de chaque différence, on a placé une petite table sur deux colonnes séparées par une ligne, les nombres simples 1, 2, 3..9 sont écrits à gauche de cette ligne, et à droite on a placé les produits de la différence par $\frac{1}{10}, \frac{2}{10}, \frac{3}{10}...\frac{9}{10}$ ces produits se nomment parties proportionnelles; nous ferons connaître la manière de s'en servir en expliquant l'usage des tables.

Les deux premières colonnes de chaque page n'ont aucun rapport avec les tables de logarithmes; ces deux colonnes servent à réduire les nombres complexes de degrés ou d'heures, en minutes et secondes, dont la réduction se trouve dans la colonne N. des nombres.

Dans la partie supérieure de l'encadrement, on a placé des nombres marqués des lettres S. T. et V; ces nombres peuvent servir pour trouver des logarithmes, sinus, et tangentes des trois premiers degrés

(Voyez le précis des logarithmes par Callet, page 113).

Pour faciliter les recherches tant des nombres que des logarithmes, on trouve à chaque page, au dessus du cadre, les trois ou quatre premiers chiffres du premier nombre de la colonne N et du premier logarithme de cette même page.

Après cette description des tables des logarithmes, nous en ferons connaître l'usage, qui est renfermé dans les deux problèmes suivans.

Premier problème. Un nombre étant donné, trouver son logarithme par le moyen des tables.

Si le nombre donné n'est pas plus grand que 1 200, on cherchera ce nombre au commencement de la table, et le logarithme demandé sera immédiatement à côté dans la colonne des logarithmes. Il sera presque aussi facile de trouver le logarithme de tout autre nombre qui n'excède pas le dernier de la colonne N, qui est 10,799 ; le logarithme de 10,800 a la même fraction décimale que celui de cent huit, ou celui de 1080.

Soit proposé de trouver le logarithme de 1072. Je cherche le nombre donné 1072 dans la colonne N des nombres, j'écris d'abord les trois premiers chiffres 030 isolés, que je trouve en remontant un peu dans la première colonne des logarithmes à droite de ces trois chiffres ; j'écris les quatre autres 1948, qui se trouvent dans la colonne 0, sur la ligne du nombre 1072, et j'ai 0301948 pour la fraction décimale du logarithme demandé : ce nombre étant composé de quatre chiffres, la caractéristique de son logarithme doit être 3 ; par conséquent le logarithme de 1072 est 3.0301948.

2° Si le nombre proposé renferme cinq chiffres, et qu'il soit plus grand que 10 800, pour trouver le logarithme qui lui correspond on cherchera d'abord les quatre premiers chiffres dans la colonne des nombres, et les trois premiers chiffres de la fraction décimale du logarithme se trouveront immédiatement à droite ; ensuite on cherchera le cinquième chiffre du nombre donné parmi les chiffres de la ligne A, et en suivant la ligne des quatre premiers chiffres du nombre donné jusqu'à la colonne du cinquième, on trouvera les quatre derniers chiffres de la fraction décimale du logarithme.

Soit proposé de trouver le logarithme de 10374. Je cherche d'abord les quatre premiers chiffres 1037 dans la colonne des nombres, et en remontant dans la colonne immédiatement à droite, je trouve 015 pour les trois premiers chiffres de la fraction décimale du logarithme ; pour trouver les quatre derniers chiffres de cette fraction je suis la ligne du nombre 1037 jusqu'à la colonne du chiffre 4, qui est le cinquième chiffre du nombre donné, et les quatre chiffres 9462 que je trouve dans cette colonne, sont les quatre dernières décimales du logarithme; en écrivant d'abord la caractéristique 4, et ensuite les deux parties de la fraction décimale, j'aurai 4.015 9462 pour le logarithme du nombre 10374.

Quelquefois la partie commune est un peu au dessous du nombre de la colonne N, et l'on peut être incertain si l'on prendra cette partie ou celle qui est au dessous. Pour lever ce doute il faut avoir égard au dernier chiffre du nombre proposé. On suivra à l'œil la ligne horizontale vis-à-vis le nombre N, et si elle n'est pas interrompue avant la colonne du dernier chiffre du nombre total, on prendra dans la colonne O la partie isolée supérieure. Par exemple, soit le nombre 107564, son log. = 4.0319737. Le logarithme du nombre 107565 = 4.0320140. Celui de 107566 = 4.0320544.

3° Lorsque le nombre dont il faut chercher le logarithme dans les tables renferme plus de six chiffres, on cherche d'abord, comme dans l'exemple précédent, le logarithme des cinq premiers chiffres, on prend le logarithme du nombre suivant; le premier de ces deux logarithmes, est plus petit que le logarithme demandé, et le second est plus grand: on cherche ensuite ce qu'il faut ajouter au plus petit des deux logarithmes consécutifs pour avoir la valeur très approchée du logarithme du nombre donné, en établissant cette proportion; si une unité de différence entre deux nombres consécutifs donne tant de différence entre leurs logarithmes, combien pour tant de dixièmes en aurai-je? Le quatrième terme que j'obtiens est une différence de logarithmes qui, ajoutée au logarithme du nombre exprimé par les cinq premiers chiffres du nombre donné, est le logarithme de ce nombre joint au chiffre séparé, considéré comme dixième; il ne s'agit plus que d'écrire la caractéristique convenable au nombre donné. Mais par la disposition des tables de Callet, on est dispensé de faire cette proportion; l'auteur a placé à la droite de la page une petite table supplémentaire, qui indique la différence de deux logarithmes consécutifs, et qui donne pour un, deux, trois dixièmes, etc. jusqu'à 9, ce que précisément aurait donné le quatrième terme de la proportion que je viens de faire.

Exemple: trouver le logarithme du nombre 103748. On cherche dans la table la figure du logarithme des cinq premiers chiffres à gauche du nombre donné, comme dans l'exemple précédent; cette figure est 015 9462, à côté se trouve celle des derniers chiffres du nombre suivant; la différence de ces deux logarithmes consécutifs égale 419, avec cette différence on entre dans la petite table supplémentaire surmontée de ce nombre, et l'on trouve que le dernier chiffre 8 du nombre donné, considéré comme dixième, augmente la figure du logarithme du nombre 10374 de 335 ; cette somme donne la valeur de la figure décimale du logarithme du nombre donné, il n'y a donc plus qu'à écrire la caractéristique 5 à gauche de cette somme, et on a 5.0159795 pour le logarithme demandé.

L'opération que nous venons de faire pourra s'appliquer aux nombres qui excédait ceux que renferment les tables. Ainsi pour trouver le logarithme du nombre 10374859.

Détail du calcul

$$
\begin{array}{lr}
\text{fig. du log. } 10374 = \dots\dots\dots & 0159462 \\
\text{pour} \dots\dots\dots 0{,}8 \dots\dots\dots & 335 \\
\text{pour} \dots\dots\dots 0{,}05 \dots\dots\dots & 16{,}8 \\
\text{pour} \dots\dots\dots 0{,}009 \dots\dots\dots & 3{,}77 \\
\hline
\text{log. } 10374859 = & 7.0159818{,}\cancel{77}
\end{array}
$$

Je cherche la figure décimale du logarithme des cinq premiers chiffres du nombre donné, j'écris sous cette quantité les parties proportionnelles de la différence 419, comme l'indique le calcul ci-dessus ; je fais l'addition en négligeant les derniers chiffres et ajoutant une unité à la dernière colonne, parce que les chiffres négligés surpassent 0,5 ; puis j'écris la caractéristique 7 devant la somme, et j'ai 7.0159818 pour le logarithme demandé.

On voit que l'usage de cette petite colonne des différences peut tout au plus s'étendre jusqu'à trois, puisque pour un quatrième la petite différence qu'elle fournirait cesserait d'influer sur les dernières décimales du logarithme principal. De sorte que si on avait un nombre supérieur à 108 000 000, il faudrait se contenter d'écrire la caractéristique convenable et de chercher ensuite les décimales du logarithme, en ayant égard aux 8 ou 9 premiers chiffres à gauche du nombre proposé, et négliger les autres.

Deuxième problème. Un logarithme étant donné, trouver par le moyen des tables le nombre qui lui correspond.

Je ne m'occupe nullement de la caractéristique, je prends dans la figure de ce logarithme les trois premiers chiffres à gauche, je les cherche dans la colonne des chiffres écrits isolément placés à la droite de celle intitulée N. Je cherche dans toutes les cases des nombres de quatre chiffres qui se trouvent dans l'espace compris depuis le nombre isolé que j'ai pris, jusqu'à celui qui vient immédiatement après, le nombre exprimé par les quatre chiffres de la figure du logarithme donné à la droite des trois premiers que j'ai pris ; si ce nombre s'y trouve exactement, le nombre correspondant au logarithme proposé n'aura que cinq chiffres, dont les quatre premiers à ~~~~

gauche sont le nombre de la colonne N sur la ligne correspondante à la case dans laquelle se sont trouvés les quatre derniers chiffres du logarithme; et le cinquième chiffre sera celui qui est en tête de la colonne verticale où ces quatre derniers chiffres sont écrits.

Le nombre correspondant au logarithme donné sera composé de cinq chiffres, ce qui ne conviendrait exactement qu'au cas où la caractéristique de ce log. serait de quatre unités. Si la caractéristique est plus grande que 4, on écrira autant de zéros qu'il sera nécessaire sur la droite du nombre trouvé dans la table, pour qu'il ait un chiffre de plus qu'il n'y a d'unités dans la caractéristique: et si la caractéristique a moins de 4 unités on séparera par une virgule, sur la droite du nombre, les chiffres qui doivent former une fraction décimale; de sorte que la partie entière de ce nombre soit toujours composé d'un chiffre de plus qu'il n'y a d'unités dans la caractéristique du logarithme. Si le nombre exprimé par les quatre derniers chiffres à droite de la figure du logarithme ne s'y trouve pas exactement, je prends celui qui en approche le plus ou moins, et j'écris le nombre à cinq chiffres auquel correspond le logarithme des tables. Je prends ensuite la différence entre le nombre à quatre chiffres trouvé dans les tables et celui exprimé par les quatre derniers chiffres du log. proposé. Je cherche cette différence dans la première colonne de la petite table supplémentaire, et le chiffre qui correspond à sa gauche sera le sixième chiffre du nombre cherché; je place ensuite la virgule, comme l'indique la caractéristique du logarithme donné.

La raison de ce procédé est facile à saisir; car si je cherchais le logarithme du nombre trouvé, je passerais précisément par tous les les nombres qui m'ont servi à déterminer le nombre correspondant au logarithme donné. Je n'ai donc fait que l'inverse du premier problème.

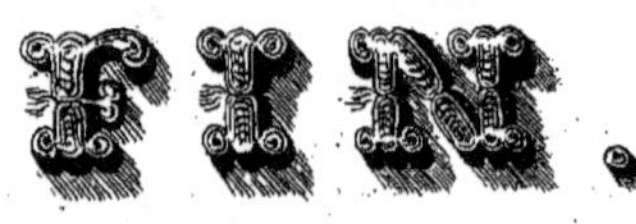

LOGARITHMES DE CALLET.

1re page servent de specimen pour les pages 1 à 15.

S.T. 4.6355748			S.5748; T. 5750			S.5848; T. 5750			S.5748; T. 5751	
......			− 0.03; + 0.05			− 0.05; + 0.09			− 0.07; +0,15	
N.	Log. 0'	»	N.	Log. 1'	»	N.	Log. 2'	»	N.	Log.
1	00000000		61	78532984		121	08278537		181	25767857	
2	30103000		62	79239169		122	08635983		182	26007139	
3	47712125		63	79934055		123	08990511		183	26245109	
4	60205999		64	80617997		124	09342169		184	26481782	
5	69897000		65	81291336		125	09691001		185	26717173	
6	77815125		66	81954394		126	10037055		186	26951294	
7	84509804		67	82607480		127	10380372		187	27184161	
8	90308999		68	83250891		128	10720997		188	27415785	
9	95424251		69	83884909		129	11058971		189	27646180	
10	00000000	10	70	84509804	10	130	11394335	10	190	27875360	
11	04139269		71	85125835		131	11727130		191	28103337	
12	07918125		72	85733250		132	12057393		192	28330123	
13	11394335		73	86332286		133	12385164		193	28555731	
14	14612804		74	86923172		134	12710480		194	28780173	
15	17609126		75	87506126		135	13033377		195	29003461	
16	20411998		76	88081359		136	13353891		196	29225607	
17	23044892		77	88649073		137	13672057		197	29446623	
18	25527251		78	89209460		138	13987909		198	29666519	
19	27875360		79	89762709		139	14301480		199	29885308	
20	30103000	20	80	90308999	20	140	14612804	20	200	30103000	
21	32221929		81	90848502		141	14921911		201	30319606	
22	34242268		82	91381385		142	15228834		202	30535137	
23	36172784		83	91907809		143	15533604		203	30749604	
24	38021124		84	92427929		144	15836249		204	30963017	
25	39794001		85	92941893		145	16136809		205	31175386	
26	41497335		86	93449845		146	16435286		206	31386722	
27	43136376		87	93951926		147	16731733		207	31597035	
28	44715803		88	94448267		148	17026172		208	31806333	
29	46239800		89	94939001		149	17318627		209	32014629	
30	47712125	30	90	95424251	30	150	17609126	30	210	32221929	
31	49136169		91	95904139		151	17897695		211	32428246	
32	50514998		92	96378783		152	18184359		212	32633586	
33	51851394		93	96848295		153	18469143		213	32837960	
34	53147892		94	97312785		154	18752072		214	33041377	
35	54406804		95	97772361		155	19033170		215	33243846	
36	55630250		96	98227123		156	19312460		216	33445375	
37	56820172		97	98677173		157	19589965		217	33645973	
38	57978360		98	99122608		158	19865709		218	33845649	
39	59106461		99	99563519		159	20139712		219	34044411	
40	60205999	40	100	00000000	40	160	20411998	40	220	34242268	
41	61278386		101	00432137		161	20682588		221	34439227	
42	62324929		102	00860017		162	20951501		222	34635297	
43	63346846		103	01283722		163	21218760		223	34830486	
44	64345268		104	01703334		164	21484385		224	35024802	
45	65321251		105	02118930		165	21748394		225	35218252	
46	66275783		106	02530587		166	22010809		226	35410844	
47	67209786		107	02938378		167	22271647		227	35602586	
48	68124124		108	03342376		168	22530928		228	35793485	
49	69019608		109	03742650		169	22788670		229	35983548	
50	69897000	50	110	04139269	50	170	23044892	50	230	36172784	
51	70757018		111	04532298		171	23299611		231	36361198	
52	71600334		112	04921802		172	23552845		232	36548798	
53	72427587		113	05307844		173	23804610		233	36735592	
54	73239376		114	05690485		174	24054925		234	36921586	
55	74036269		115	06069784		175	24303805		235	37106786	
56	74818803		116	06445799		176	24551267		236	37291200	
57	75587486		117	06818586		177	24797327		237	37474835	
58	76342799		118	07188201		178	25042000		238	37657696	
59	77085201		119	07554696		179	25285303		239	37839790	
60	77815125	60	120	07918125	60	180	25527251	60	240	38021124	

N. 12. L. 068. *Specimen de la page 6 et suivante.*

3. A. 683 5731 ; N. − 0, 37 : T. 5784 ; V. + 0,71.

O^d	2^d	N.	0	1	2	3	4	5	6	7	8	9	dif. et p
17'	50	1020	008.6002	6427	6853	7279	7704	8130	8556	8981	9407	9832	
	10	21	009.0257	0683	1108	1533	1959	2384	2809	3234	3659	4084	
	20	22	4509	4934	5359	5784	6208	6633	7058	7483	7907	8332	425
	30	23	8756	9181	9605								
		010.			0030	0454	0878	1303	1727	2151	2575		
5"	40	24	3000	3424	3848	4272	4696	5120	5544	5967	6391	6815	424
	50	1025	7239	7662	8086	8510	8933	9357	9780				
		011.								0204	0627	1050	
51		26	1474	1897	2320	2743	3166	3590	4013	4436	4859	5282	423
	10	27	5704	6127	6550	6973	7396	7818	8241	8664	9086	9509	
	20	28	9931										
		012.	0354	0776	1198	1621	2043	2465	2887	3310	3732		
	30	29	4154	4576	4998	5420	5842	6264	6685	7107	7529	7951	
10	40	1030	8372	8794	9215	9637							
		013.				0069	0480	0901	1323	1744	2165		422
	50	31	2587	3008	3429	3850	4271	4692	5113	5534	5955	6375	
5'2		32	6797	7218	7639	8059	8480	8901	9321	9742			421
	10	33	014.1003	1424	1844	2264	2685	3105	3525	3946	4365	4785	
	20	34	5205	5625	6045	6465	6885	7305	7725	8144	8564	8984	
15	30	1036	9403	9823									
		015.		0243	0662	1082	1501	1920	2340	2759	3178		420
	40	36	3597	4017	4436	4855	5274	5693	6112	6531	6950	7369	
	50	37	7788	8206	8625	9044	9462	9881					419
		c16.						0300	0718	1137	1555		
	53	38	1974	2392	2810	3229	3647	4065	4483	4901	5319	5737	
	10	39	6155	6573	6991	7409	7827	8245	8663	9080	9498	9916	
20	20	1040	017.0333	0751	1168	1586	2003	2421	2838	3258	3673	4090	
	30	41	4507	4924	5342	5759	6176	6593	7010	7427	7844	8260	418
	40	42	8677	9094	9511	9927							417
		018.				0344	0761	1177	1594	2010	2427		
	50	43	2843	3259	3676	4092	4508	4925	5341	5757	6173	6589	
25	54	44	7005	7421	7837	8273	8669	9084	9500	9916			
		019.									0332	0747	
	10	1045	1163	1578	1994	2410	2825	3240	3656	4071	4486	4902	416
	20	46	5317	5732	6147	6562	6977	7392	7807	8222	8637	9052	415
	30	47	9467	9882									
		020.		0296	0711	1126	1540	1955	2369	2784	3198		
	40	48	3613	4027	4442	4856	5270	5684	6099	6513	6927	7341	
	50	49	7755	8169	8583	8997	9411	9824					
		021.						0238	0652	1066	1479		414
30	55	1050	1893	2307	2720	3134	3547	3961	4374	4787	5201	5614	
	10	51	6027	6440	6854	7267	7680	8093	8506	8919	9332	9745	413
	20	52	022.0157	0570	0983	1396	1808	2221	2634	3046	3459	3871	
	30	53	4284	4696	5109	5521	5933	6345	6758	7170	7582	7994	
	40	54	8406	8818	9230	9642							
		023.				0054	0466	0878	1289	1701	2113		412
35	50	1055	2525	2936	3348	3759	4171	4582	4994	5405	5817	6228	
	56	56	6639	7050	7462	7873	8284	8695	9106	9517			411
		024.									9928	0339	
	10	57	0750	1161	1572	1982	2393	2804	3214	3625	4036	4446	
	20	58	4857	5267	5678	6088	6498	6909	7319	7729	8139	8549	
	30	59	8960	9370	9780								
		025.			0190	0600	1010	1419	1829	2239	2649		
40	40	1060	3059	3468	3878	4288	4697	5107	5516	5926	6336	6744	410
	50	61	7154	7563	7972	8382	8791	9200	9609				
		026.							0018	0427	0836		
	57	62	1245	1654	2063	2472	2881	3289	3698	4107	4516	4924	409
	10	63	5333	5741	6150	6558	6967	7375	7783	8192	8600	9008	
	20	64	9416	9824	0235								
		027.			0641	1049	1457	1866	2273	2680	3088		408
45	30	1065	3496	3904	4312	4719	5127	5535	5942	6350	6757	7165	
	40	66	7572	7979	8387	8794	9201	9609					
		028.							0016	0423	0830		
	50	67	1644	2051	2457	2865	3272	3679	4086	4492	4899	5306	407
	58	68	5713	6119	6526	6932	7339	7745	8152	8558	8964	9371	
	10	69	9777	0183	0590	0996	1402	1808	2214	2620	3026	3432	
50	20	1070	029.3838	4244	4649	5055	5461	5867	6272	6678	7084	7489	406
	30	71	7895	8300	8706	9111	9516	9922					
		030.							0327	0732	1137	1543	
	40	72	1948	2353	2758	3163	3568	3973	4378	4783	5188	5593	405
	50	73	5997	6402	6807	7211	7616	8020	8425	8830	9234	9638	
55	59	74	031.0043	0447	0851	1256	1660	2064	2468	2872	3277	3681	404
	10	1075	4085	4489	4893	5296	5700	6104	6508	6912	7316	7719	
	20	76	8123	8526	8930	9333	9737						
		032.					0140	0544	0947	1350	1754		
	30	77	032.2157	2560	2963	3367	3770	4173	4576	4979	5382	5785	
	40	78	6188	6590	6993	7396	7799	8201	8604	9007	9409	9812	
	50	79	033.0214	0617	1019	1422	1824	2226	2629	3031	3433	3835	
"	"	N.	0	1	2	3	4	5	6	7	8	9	

TABLE DES MATIÈRES.

Fin de la table
des matières.

58